# 禮記注疏長編編委會

國家古籍整理出版專項經費資助項目

禮記注疏長編

王鍔　井超　主編

# 檀弓注疏長編

壹

王寧玲　編纂

廣陵書社

圖書在版編目（CIP）數據

檀弓注疏長編 / 王寧玲編纂. -- 揚州 : 廣陵書社,
2021.12
（禮記注疏長編 / 王鍔，井超主編）
ISBN 978-7-5554-1740-8

Ⅰ. ①檀… Ⅱ. ①王… Ⅲ. ①禮儀－中國－古代②《禮記》－注釋 Ⅳ. ①K892.9

中國版本圖書館CIP數據核字(2021)第206271號

書　　名　檀弓注疏長編
編　　纂　王寧玲
責任編輯　李　佩
出 版 人　曾學文

出版發行　廣陵書社
揚州市四望亭路 2-4 號　郵編 225001
(0514)85228081(總編辦)　85228088(發行部)
http://www.yzglpub.com　E-mail:yzglss@163.com

印　　刷　無錫市海得印務有限公司
裝　　訂　無錫市西新印刷有限公司

開　　本　889 毫米 × 1194 毫米 1/32
印　　張　56.25
字　　數　1150 千字
版　　次　2021 年 12 月第 1 版
印　　次　2021 年 12 月第 1 次印刷
標準書號　ISBN 978-7-5554-1740-8
定　　價　480.00 圓(全 4 册)

# 禮記注疏長編序

伏俊璉

孔子曰：「民之所由生，禮爲大。」（禮記哀公問）人類從蒙昧至文明，禮儀乃第一縷曙光，先秦諸子多有論述，至現代英國考古學家丹尼爾最初文明：文明起源之考古學所倡言，全世界遂篤信爲文明之標誌也。荀子一書，最爲講禮。其編排首勸學，終堯問，蓋仿論語之首學而，終堯曰者。勸學論證嚴謹，理直氣壯，開後來諸子首篇「勸學」之先河。大戴禮記、賈子皆有勸學，潛夫論有贊學，抱朴子有勗學，顏氏家訓有勉學，皆踵武荀子者也。荀子勸學論禮曰：「禮者，法之大分，類之綱紀也。故學至乎禮而止矣。夫是之謂道德之極。禮之敬文也，樂之中和也，詩、書之博也，春秋之微也，在天地之間者畢矣。」又曰：「禮、樂法而不説，詩、書故而不切，春秋約而不速。」又曰：「原先王，本仁義，則禮正其經緯蹊徑也。若挈裘領，詘五指而頓之，順者不可勝數也。」又曰：「故隆禮，雖未明，法士也；不隆禮，雖察辯，散儒也。」荀子言禮之重要若是！其中所言「禮」與「法」之關係，「禮」爲「原先王，本仁義」之「經緯蹊徑」，至爲精辟，蓋爲荀學之燦爛光芒！孔子云：「禮云禮云，玉帛云乎哉！」（論語陽貨）禮之本質絶非揖讓送迎，乃是制度和途徑。禮爲人倫之規範，含道德、法制兩義：論道德要求人們自覺遵守，講法制則要求人們必須遵守，其有西人所言契約精神在焉。荀子禮法結合，其弟子韓非棄禮專任於法，引繩墨，切事情，明是非，然極其刻薄寡恩，而終不爲世所用。

戰國而降，荀學遂漸爲絶唱。司馬遷儒林列傳論及禮學，云孔甲持禮器往歸陳勝，漢興則禮家講習大射、鄉飲之禮，叔孫通作漢禮儀，爲天子壯威。至於禮書，獨有士禮，唯高堂生能言之。禮之法制契約精神，遂不提及。鄭康成以禮學注五經，卓然一代巨擘，其以禮説詩，論及二雅，荀學精神尚有餘光。越八代而有司馬光，温公無專門禮學著作，然其資治通鑒，浸含禮學之精髓。是書始於周威烈王二十三年（公元前四〇三年）三家分晉，首句云：「初命晉大夫魏斯、趙籍、韓虔爲諸侯。」此「初命」二字乃全書關鍵，温公懼讀者不解，乃加按語一段，其首句曰：「臣聞天子之職莫大於禮，禮莫大於分，分莫大於名。」胡氏三省深得温公之意：「三卿竊晉之權，暴蔑其君，剖分其國，此王法所必誅也。威烈王不惟不能誅之，又命之爲諸侯，是崇獎奸名犯分之臣也。通鑒始於此，其所以謹名分歟！」惜哉，温公知「禮」以「分」「名」爲大，而不知「分」「名」需「法」而後立也！

三禮之學，號稱絶學。先師郭晉稀先生曾言，太老師曾運乾研究儀禮，嘗以舊紙繪製禮圖，剪作喪服等。余以爲儀禮一書，乃古代祭司陳俎豆、設禮容之説明文也，大致相當於今之導演説明詞，其北面南向左揖右趨之説，有司瞭然於心，時過境遷，後人乃不明白其主語爲誰。鄭氏之注，乃從師傳之説並據所見漢代禮儀補充之，故訓釋名物，往往與齊魯之地出土文物合，而與晉楚文物相抵牾。今傳先秦禮學之精粹，在二戴禮記而不在儀禮也。

王鍔教授，吾同門師兄也。一九八八年季冬吉日，我們同聚西北師範大學古籍整理研究所辦公室讀儀禮，五人一組，其中一人讀書，其餘校其上下，斷句標點，數月遂通讀胡培翬儀禮正義。接著同讀黄侃批注白文本，劃分詞語作訓詁，分篇分段作注譯，兩年而完成儀禮辭典、儀禮注譯。嗣後，余轉而校注敦煌俗賦，又協助郭晉稀師抄校聲類疏證，於三禮之書再無染指矣。王鍔兄雖有隴右文獻研究之任務，而受十三經辭典編纂處委托，編纂三禮論著目録，與禮學再度結緣，至此遂確定禮學爲今後研究之方向。禮學自周公始，三千餘年矣。其早期著述之集成，劉向、劉歆父子用力甚多。王鍔兄從目録入手，廣搜群書，孜孜矻矻，數年而成三禮研究論著提要一百二十萬言（甘肅教育出版社二〇〇一年初版，二〇〇七年增訂本）。是書上編收録漢代至二〇〇四年歷代學者研究周禮、儀禮、禮記、大戴禮記專著凡二千七百九十五部，民國以前專著撰有提要，提要内容包括書名、卷數、作者簡介、内容、價值、版本、存佚狀況及藏書單位，亦考證其版本源流。下編收録一九〇〇年至二〇〇四年國内外研究三禮論文凡三千二百七十五篇，每篇論文著録篇名、作者、刊物名稱、發表時間、卷(期)號和頁碼。吾國史學發展甚早，然古來無專門之經學史、史學史、文學史著作，學者或謂吾國此類著作，皆受西人(日人)著述之影響而成。余竊以爲不然，吾國之學術史論著，其形式與西人不同。概而言之，以下數種形式最爲重要：一是目録提要形式，從別録、七略到四庫全書總目，皆辨章學術、考鏡源流者也。總目之經部，即一部中國經學史；總目之史部，爲一部中國史學史；總目之子部，即一部中國哲學史；總目之集部，爲一部中國文學史。二是文章選集形式，昭明文選通過選文定篇，辨章文學發展理路於其中，可謂昭明太子之文學史。曾國藩經史百家雜鈔雖曰雜鈔，其中寓含曾氏之經學史觀、史學史觀、文學史觀，非細讀不足以明其真。三是文章評論形式，劉勰文心雕龍上篇，「原始以表末，釋名以章義，選文以定篇，敷理以舉統」(序志)，則是分體文學史。鍾嶸詩品，分五言詩爲上中下三等，「一品之中，略以世代爲先後，不以優劣爲詮次」，亦爲一部五言詩史。如此説來，王鍔三禮研究論著提要不啻爲一部中國禮學史，亦爲一部中國禮學傳播史和禮學研究史！至此，禮學家、經學家之桂冠，可以奉給王鍔教授了！

二〇〇一年，王鍔兄師從趙逵夫先生攻讀博士學位，其博士學位論文即爲禮記成書考。論文之寫作，用功頗勤。他細讀禮記四十九篇，分類全書，每篇重新分段，每段再分層次。王鍔兄本科階段學歷史學，考古學爲必修課程。用考古類型理論研究文本，乃王鍔兄採用之法。禮記之檀弓、王制、月令、樂記、中庸、緇衣、表記、坊記八篇，漢儒皆謂作者可考。以此爲坐標，從其體例、套語、用事、文勢諸方面確定時代特徵，由此對照其他篇章，求其同異，攝取内證；再與傳世文獻、出土文獻類比，尋求旁證。於是禮記之四十九篇，大致可考其時代矣。是書之完成，則王鍔兄儼然爲禮學大家矣。於是，魯、滬、寧、杭諸大學，競向西北高樓抛來橄欖緑枝，而南京師大金臺早築，梧桐成蔭，隨園金釵，仙林雙樹，孔雀東南，已爲必然之勢。南京乃人文薈萃之地，名師雲集，群星燦爛，學苑宏闊，厚德載物。此情此境，真所謂山高鳥飛，海闊魚躍。王鍔兄在這樣自由之學術平臺，精神輕鬆，能量能够釋放，厚積得以薄發。十餘年間，與方向東先生合作整理五禮通考六百萬言，協助趙生群教授從事點校本史記修訂，率江東弟子馳騁學術江湖，已發憤完成禮記鄭注彙校、禮記鄭注定本、禮記版本研究等著作數千萬字，歷代學者有關禮記之成果，已收入囊中矣。

近年，王鍔兄率弟子編纂禮記注疏長編。長編爲體，蓋濫觴於南朝裴松之之注三國志。其名確立，則爲北宋司馬光，温公彙集相關史料成資治通鑒長編，然後删繁考證，成資治通鑒、資治通鑒考異二書，爲史學名著。南宋李燾仿温公之體，編訂北宋一代編年史，自謙不敢名續通鑒，而曰續資治通鑒長編。李氏一代良史，廣徵博採，校其同異，訂其疑誤，考證詳慎，多有依據。故「長編」者，非謂資料彙集也，需彙校衆本，集合諸説，刪繁就簡，按斷是非，具有經緯總體，非挂一漏萬者可比。今觀禮記注疏長編凡例及曲禮注疏長編三十卷，博徵其材，約守其例，條理秩然。一編在手，則漢唐以來研究禮記之重要成果，燦然盈矚；學者用此鈎稽參互，則可事半功倍。王鍔兄禮記鄭注彙校成，始有禮記鄭注定本之作；今禮記注疏長編成，則站在現代學術高度之禮記彙校集注亦當腹中待産矣。

二〇一七年十一月十三日

# 禮記注疏長編前言

中國文化的核心是經學，經學的核心是禮學。周禮、儀禮、禮記合稱三禮，自漢鄭康成作注，三禮之學即禮學興盛。禮學是以三禮研究爲中心，旁及中國禮儀制度演變之學。禮源於俗，是俗之粉飾化；禮作於情，是爲人處世之原則；禮者理也，是區别人與禽獸之標誌；禮是制度，乃維護社會和諧之法寶。禮記曲禮上曰：「夫禮者，所以定親疏、決嫌疑、别同異、明是非也。」「太上貴德，其次務施報。禮尚往來。往而不來，非禮也；來而不往，亦非禮也。人有禮則安，無禮則危。故曰：禮者，不可不學也。夫禮者，自卑而尊人，雖負販者，必有尊也，而况富貴乎！富貴而知好禮，則不驕不淫；貧賤而知好禮，則志不懾。」人與社會，有禮則安，無禮則亂。

西漢東漢，重視禮經，設置禮經博士，傳習禮學。戴德、戴聖，分編大、小戴記，依附於經，教授生徒。魏晉以降，因禮記便於誦讀，切於實用，受到朝廷和士大夫之重視，地位逐漸提高，及至唐代，禮記與周易、尚書、詩經、春秋並稱五經。兩宋時期，理學興起，禮記儒行，單獨刊刻，作爲禮品，皇帝賞賜新科進士；大學、中庸與論語、孟子，合稱四書，朱子作四書章句集注。四書、五經，成爲科舉考試必讀之書，禮記更是深入人心。清儒焦里堂禮記補疏敘曰：「周官、儀禮，一代之書也；禮記，萬世之書也。必先明乎禮記，而後可學周官、儀禮。記之言曰：『禮以時爲大。』此一言也，以蔽千萬世制禮之法可矣。」誠哉斯言！

孔夫子曰，夏禮能言，杞不足徵，殷禮能言，宋不足徵，文獻不足，足則能徵。今言周禮，亦復如是。三禮文字簡奥，禮節繁縟，因革損益，歷時彌久，故司馬子長云：「累世不能通其學，當年不能究其禮。」黄季剛先生謂治禮之難有四：一曰古書殘缺，二曰古制茫昧，三曰古文簡奥，四曰異説紛紜。皆爲確論。清代經學昌盛，疏經之作，層出不窮，章太炎先生甄别抉擇，挑選新疏，謂周易等十一經皆有新作，獨禮記、穀梁缺如。余讀禮廿餘載，不自量力，於小戴竊有志焉。

戊子仲夏，余以禮記彙校集注爲題申報高校古委會項目，獲准立項。時正忙於整理五禮通考，校勘史記，彙校禮記，時斷時續。甲午仲夏，五禮通考交付中華書局，始專心於禮記彙校集注之作，此書需彙校衆本，集合諸説，删繁就簡，按斷是非。丙申歲末，禮記鄭注彙校、禮記注整理本寫定，彙校禮記，遂得蕆事。禮記自漢唐以來，注家衆多，鄭注孔疏，最爲根本。説禮諸家，或專尚鄭孔，或喜自立説，聚訟紛紜，令人目眩。集注工作，乃效仿司馬君實撰資治通鑑之法，先爲長編。癸巳仲春，余發凡起例，率弟子瞿林江、王寧玲、張琪、邱亮、井超、李佩等編纂禮記注疏長編，首以中華書局影印阮刻本十三經注疏之附釋音禮記注疏六十三卷爲底本，迻録經注疏文，標點分段；次選取衛湜禮記集説、吴澄禮記纂言、陳澔禮記集説、郝敬禮記通解、納喇性德陳氏禮記集説補正、方苞禮記析疑、江永禮記訓義擇言、甘汝來等欽定禮記義疏、杭世駿續禮記集説、孫希旦禮記集解、王引之經義述聞、朱彬禮記訓纂、郭嵩燾禮記質疑之注解，分别整理，彙編於相應經文之後，漢唐以還，專訓禮記者，俱集於斯。歲末，整理諸書曲禮注解成，彙總爲曲禮注疏長編初稿，作爲學禮堂每周會讀禮記之資料。曲禮以下，仿效曲禮注疏長編，分工編纂，諸如王寧玲彙編檀弓、雜記、喪大記，孫術蘭彙編王制、冠義，劉曉詠、吕梁彙編月令，蔣林佳彙編曾子問、鄉飲酒義，侯婕彙編文王世子，張琪彙編禮運、禮器，瞿林江彙編郊特牲、明堂位、喪服小記，井超彙編内則、玉藻，李佩彙編大傳、少儀、學記、樂記，李學辰彙編祭法、祭義、祭統，趙之劼彙編經解、哀公問、仲尼燕居、孔子閒居，董政彙編坊記、中庸、表記、緇衣，李猛元彙編奔喪，葉静燕彙編問喪、燕義，劉婧恩彙編服問、深衣、昏義、聘義，金子楊彙編間傳、喪服四制，劉佳怡彙編三年問、射義，王少帥彙編投壺、儒行、大學。時至今日，初稿已成。

禮記注疏長編是學禮堂會讀禮書之資料，亦學禮堂整理禮學文獻之成果。丙申孟冬，弟子李佩在廣陵書社曾學文、孫葉鋒先生支持下，將曲禮注疏長編申報出版資助，榮獲丁酉年度國家古籍整理出版專項經費資助，並先後被列入江蘇省「十三五」重點圖書出版規劃和「十三五」國家重點圖書出版規劃項目，學禮堂師生，深受鼓舞！丁酉仲春，命弟子井超、張琪主事，瞿林江、王寧玲、李學辰、侯婕、李佩、劉曉詠、陶曉婷、李猛元、曹晉婷、呂梁、董政、王少帥等協作，依據凡例和學禮堂會讀意見，修改曲禮注疏長編，歷時半載，成曲禮注疏長編二稿。暑假期間，余衡石量書，將書稿審讀一過，修改標點，統一格式，謄清寫定，約百萬言。宋元明清，解説禮記，或尊鄭孔，或立新説，或刪正義，或襲舊注，或疑注疏，或補罅漏，是非對錯，莫衷一是。禮記注疏長編之作，彙集諸家之説，編爲一書，於研讀禮學，不無裨益。曲禮注疏長編業已殺青，其他各篇，陸續寫定，如約交付廣陵書社付梓，整理之當否，冀希方家賜教。

戊戌年寒露王鍔於學禮堂

# 禮記注疏長編凡例

一、禮記注疏長編之經、注、疏、釋文，以中華書局一九八〇年影印之阮刻本附釋音禮記注疏爲底本，以脚注形式保留阮刻本所附校勘記。曲禮注疏長編是禮記注疏長編之一，因卷帙浩繁，析爲三十卷。其他各篇，據内容多寡，亦分爲若干卷。

二、禮記注疏長編將阮刻本附釋音禮記注疏每卷前「附釋音禮記注疏卷第幾」「禮記」「漢鄭氏注」「孔穎達疏」等文字删除，以免繁冗。禮記每篇參照阮刻本分段，依據四十九篇次序用漢字編號，如「一·一」代表曲禮上第一段，「二·一」代表曲禮下第一段，他篇類推。

三、禮記每段經注疏下，依次彙入宋衛湜禮記集説、元吴澄禮記纂言、陳澔禮記集説、清納喇性德陳氏禮記集説補正、明郝敬禮記通解、清方苞禮記析疑、江永禮記訓義擇言、甘汝來等欽定禮記義疏、杭世駿續禮記集説、孫希旦禮記集解、王引之經義述聞、朱彬禮記訓纂、郭嵩燾禮記質疑等十三部書之注解。

四、爲閲讀方便，清納喇性德陳氏禮記集説補正置於陳澔禮記集説之後，其他著作，各依作者年代順序編排。所彙之書各擬簡稱，置於段首，以示區分。禮記注疏長編所彙各書簡稱及版本如下：

（一）衛湜禮記集説——衛氏集説，文淵閣四庫全書本。
（二）吴澄禮記纂言——吴氏纂言，文淵閣四庫全書本。
（三）陳澔禮記集説——陳氏集説，文淵閣四庫全書本。
（四）納喇性德陳氏禮記集説補正——納喇補正，文淵閣四庫全書本。
（五）郝敬禮記通解——郝氏通解，續修四庫全書本。
（六）方苞禮記析疑——方氏析疑，文淵閣四庫全書本。
（七）江永禮記訓義擇言——江氏擇言，文淵閣四庫全書本。
（八）甘汝來等欽定禮記義疏——欽定義疏，文淵閣四庫全書本。
（九）杭世駿續禮記集説——杭氏集説，續修四庫全書本。
（十）孫希旦禮記集解——孫氏集解，續修四庫全書本。
（十一）王引之經義述聞——王氏述聞，續修四庫全書本。
（十二）朱彬禮記訓纂——朱氏訓纂，續修四庫全書本。
（十三）郭嵩燾禮記質疑——郭氏質疑，續修四庫全書本。

五、所彙各書之注解，或依解經者區分，或依論述方式分段，如包含鄭玄、孔穎達、朱熹等多家之説者，每家獨自成段；類似欽定禮記義疏，包含「正義」「通論」「案」等不同論述者，亦各自成段。禮記纂言一書，吴澄對經文進行了段落排序調整，今按照附釋音禮記注疏順序重新排列。陳澔禮記集説、朱彬禮記訓纂二書，言簡意賅，層次簡單，故多不分段。經文後接以注疏文字，若其徵引注釋有多家，各家注解之間空兩格以示分別。

六、禮記注疏長編每段起始之經文用四號黑體字；鄭注、孔疏、陸德明釋文及所彙各書之疏解，皆爲五號宋體字，隨文夾注六號宋體字，校勘記小五號宋體字。每段之下，彙入之書本有經文，爲避免疊床架屋，若該書未將本段經文細分，則不録經文；如細分爲若干段落，則録出相應經文；所彙之書解經，如糅合若干段經文，則將其置於最後一段下，并依該書録出所有經文。所録經文，一律用黑體五號字，經文末施以句號。

七、陸德明禮記釋文，衹保留阮刻本經注下之釋文，所彙各書釋文文字，一律删除。

八、禮記注疏長編全書施以新式標點，人名、地名、朝代名等加專名線（——），書名加書名綫（﹏），引號之使用，一般不超過三層。爲減省引號層級，各家之説單獨成段者，不加前後引號，段内又有引文時，方加引號。

九、爲求簡明，注、疏、正義、傳、箋等字，在不影響文意的情況下，一律不加書名綫。

十、禮記注疏長編中的異體字，若不影響文意，一律改爲規範的繁體字。避諱字統一回改，皆不出校。

# 目録

# 檀弓注疏長編卷一

檀弓上第三○陸曰：「檀弓，魯人。檀，大丹反，姓也。弓，名。以其善於禮，故以名篇。」

【疏】正義曰：案鄭目録云：「名曰檀弓者，以其記人善於禮，故著姓名以顯之。姓檀名弓，今山陽有檀氏。此於別録屬通論。」此檀弓在六國之時，知者，以仲梁子是六國時人，此篇載仲梁子，故知也。案子游譏司寇惠子廢適立庶，又檀弓亦譏仲子舍適孫而立庶子，其事同，不以子游名篇，而以檀弓爲首者，子游是孔門習禮之人，未足可嘉，檀弓非是門徒，而能達禮，故善之以爲篇目。

【衛氏集説】孔氏曰：姓檀名弓，今山陽有檀氏，以其善於禮，故著姓名以顯之。此於別録屬通論。此檀弓在六國之時，知者，此篇載仲梁子是六國時人故也。

【陳氏集説】劉氏曰：檀弓篇首言子游，及篇内多言之，疑是其門人所記。

【郝氏通解】檀弓，人姓名，記者以篇首有檀弓語，因以命篇。篇中所記多春秋以來事，未必盡實，於禮亦未盡合。蓋先秦、戰國閒人之筆，非古聖舊典也。

【欽定義疏】正義　陸氏德明曰：檀弓，魯人。

存疑　孔氏穎達曰：鄭目録云：「名檀弓者，以其善於禮，故著姓名顯之。」今山陽有檀氏，此檀弓在六國之時，以此篇載仲梁子，故知是六國時人也。

案　此篇雜出傳聞，多不可信。檀弓名篇者，因其在簡端耳。篇中檀弓不再見，未必因其善禮著之也。

劉氏彝曰：篇首言子游，及篇内多言之，疑是其門人所記。

【杭氏集説】芮氏城曰：篇中記喪者十八，故今取其言喪之義者入上篇。其行禮之得失，凡屬孔門者，次爲檀弓上；屬君、卿大夫、士者，爲檀弓下。

姚氏際恒曰：此篇疑義特多，僞言百出，觀其文儇便雋利，亦可知是賢者，過之一流人，故不必言之。其皆實與義之皆正爾，列下帖。然其中亦有可採者，學者宜分別擇焉，可也。篇中凡言春秋事，與經傳多錯互，夫明明經傳而且異之，况其無可證據者乎？讀檀弓者當知之。此篇爲子游門人之後人所記，疑義各詳文下。

陸氏奎勳曰：以檀弓名篇何也？注疏皆謂檀弓達禮，故首稱之。然則曾子、有子之屬，反出檀弓下耶？愚謂戴聖仕於孝宣朝，宣固孝武嫡曾孫也。戴之首記檀弓，而標爲篇目者以此，其中多載喪禮。有可爲儀禮疏者，如「銘，明旌也」「重，主道也」「葬日虞，弗忍一日離」之類是也；有可補儀禮闕者，如「天子之棺四重」「天子之殯，菆塗龍輴以椁」之類是也。雜採列國之語，詳於魯、晉，其文筆能于左、國外自成一家言。若衛、若宋、若邾、滕，亦可補國語所遺。至若孔門三世，皆出其妻，曾子、子貢入廐修容，抑夏則揚曾，抑曾則揚游，復譏言游爲汰，恣意雌黄，此稷下狂生之横議也。戴氏皆詳録之，烏知其不可以信一時傳萬世哉？

姜氏兆錫曰：以篇首二字名篇，分上下者，猶曲禮之意也。劉氏曰：檀弓篇首言子游，篇内亦多言之，疑是其門人所記。

齊氏召南曰：與孔子、子游同時，則非六國之時也。或作此記之人爲六國時人耳。

任氏啟運曰：篇中多推尊子游，似劉説近是。但篇中所記，多傳聞非實。而孔云「仲梁子，六國時人」，則成是書者必戰國時人，非弓也。或弓有所記而後人因之，未可知耳。

**【孫氏集解】**别録屬通論。

鄭氏曰：名曰檀弓者，以其善於禮，故著姓名以顯之。檀，姓。弓，名。今山陽有檀氏。

孔氏曰：檀弓作在六國時。仲梁子是六國人，此篇載仲梁子，故知也。

愚謂此篇蓋七十子之弟子所作，篇首記檀弓事，故以檀弓名篇，非因其善禮著之也。篇中多言喪事，可以證士喪禮之所未備，而天子、諸侯之禮亦畧有考焉。然其中多傳聞失實之言，亦不可以不知。

【朱氏訓纂】正義：鄭目録云：「名曰檀弓者，以其記人善於禮，故著姓名以顯之。姓檀名弓，今山陽有檀氏。此於别録屬通論。」此檀弓在六國之時，知者，以仲梁子是六國時人，此篇載仲梁子，故知也。

三·一　**公儀仲子之喪，檀弓免焉。** 故爲非禮以非仲子也。禮，朋友皆在他邦，乃袒免。○公儀仲子，公儀，氏；仲子，字。魯之同姓也，其名未聞。免，音問，注同。以布廣一寸，從項中而前交於額上，又卻向後繞於髻。袒，音但。**仲子舍其孫而立其子，** 此其所立非也。公儀，蓋魯同姓。周禮，適子死，立適孫爲後。○舍，音捨，下皆同。適，多歷反，下皆同。**檀弓曰：「何居？我未之前聞也。」** 居，讀爲「姬姓」之姬[一]，齊、魯之間語助也。前，猶故也。○居，音毆，下同。**趨而就子服伯子於門右，曰：「仲子舍其孫而立其子，何也？」** 去賓位，就主人兄弟之賢者而問之。子服伯子，蓋仲孫蔑之玄孫子服景伯。蔑，魯大夫。○蔑，音芒結反。

[一] 居讀爲姬姓之姬　閩、監、毛本同，岳本、嘉靖本同，衛氏集説同，考文引古本、足利本「爲」作「如」。○鍔按：「居讀」上，阮校有「禮記注疏卷六校勘記」「阮元撰盧宣旬摘録」「附釋音禮記注疏卷第六」「惠棟校宋本題禮記正義卷第八」「檀弓上第三」「公儀仲子之喪節」等五十二字。

**○伯子曰：「仲子亦猶行古之道也。昔者文王舍伯邑考而立武王，微子舍其孫腯而立衍也。夫仲子亦猶行古之道也。」**伯子爲親者隱耳，立子非也。文之立武王，權也[一]。微子適子死，立其弟衍，殷禮也。○腯，徐本作「遁」，徒本反，又徒遜反。衍，以善反。爲，于僞反，下「爲晉」「禮爲」「爲師」同。**○子游問諸孔子，孔子曰：「否！立孫。」**據周禮。○孔子曰否，絶句。

**【疏】**「公儀」至「立孫」。正義曰：此一節論仲子廢適立庶，爲檀弓所譏之事。公儀仲子而身今喪亡[二]，檀弓與之爲友，又非處他邦，爲之著免，故爲重服譏其失禮。所以譏者，仲子適子既死，舍其適孫而立其庶子。檀弓居在賓位而言曰：「何居？」居是語辭。言仲子舍適孫立庶子，是何道理乎？「我未之前聞」，前，猶故也，言我未聞故昔有此事。既言之後，乃從賓位趍而就子服伯子於門右，問之曰：「仲子舍其適孫而立庶子，是何禮也？」伯子爲仲子隱諱，乃言曰：「仲子雖生周世，猶上行古之道也。」言「亦」者，餘人有行古之道，仲子亦如餘人，故云亦也。即引文王、微子之事爲古之道也。更繼之云：

[一] 文之立武王權也　閩、監、毛本同。惠棟校宋本「文」下有「王」字，宋監本、岳本、嘉靖本同，考文引古本、足利本同。

[二] 公儀仲子而身今喪亡　閩、監、毛本同，考文引宋板無「而」字。

仲子亦猶行古之道，與文王、微子無異。子游以此爲疑，問諸孔子。孔子以仲子周人，當從周禮，不得立庶子，當立孫也。

○注「禮朋友」至「袒免」。○正義曰：知者，喪服記云，若他邦來，還家而無主，猶爲之免。故鄭注云「歸有主人乃已」，明無主猶袒免也。若朋友俱在家，則弔服加麻。加麻者，素弁上加緦之環絰。若一在一否，亦然。知者，以云「皆在他邦，乃袒免」，明不皆在者則否。

○注「公儀，蓋魯同姓」。○正義曰：知者，案史記魯相公儀休，此云子服伯子是魯人，故疑魯同姓也。知同姓者，以春秋有公鳥、公若、公儀，同稱公，故知同姓也。

○注「去賓」至「大夫」。○正義曰：案賓位之法[一]，隨主人而變。小斂之前，主人未忍在主位，有事在西階下，則賓亦入門西，弔於西階下。故士喪禮君使人襚，主人拜送，拜賓，即位西階下，東面，鄭云「未忍即主人位也」。小斂之後，尸則出堂廉，然後有飾，主人位則在阼階下，西面，賓弔者入門東，於東階下弔也。故士喪禮小斂訖，故「士舉，男女奉尸俠於堂，主人降自西階，即位，踊，襲絰于序東」，鄭云「即位踊，東方位」也。則衆主人不接賓，發初在東耳。而檀弓之來者，當在小斂之前，初于西階行襚弔，而主人未覺，

[一] 案賓位之法 閩本同，惠棟校宋本同。監、毛本「法」作「位」，非，衛氏集說同。

後乃趍嚮門右問伯子焉。必知小斂前者，以仲子初喪，即正適庶之位故也。未小斂而著免者，故爲非禮之弔，亦異常也。然則子游之弔惠子，是小斂後也，故服衰而在門東。故鄭云「大夫家臣，位在賓後」，又云「在門内北面」。

云「子服伯子蓋仲孫蔑之玄孫子服景伯」者，案世本：「獻子蔑生孝伯，孝伯生惠伯，惠伯生昭伯，昭伯生景伯。」云「蓋」者，彼云子服景伯，此云子服伯子，不同，故云「蓋」。景是謚，伯是字也。

〇注「文王之立武王，權也」。〇正義曰：案文王在殷之世，殷禮，自得舍伯邑考而立武王。而言「權」者，殷禮，若適子死得立弟也，今伯邑考見在而立武王，故云「權也」。故中候云：「發行誅紂，且弘道也，是七百年之基驗也。」

**【衛氏集説】**鄭氏曰：公儀，魯之同姓。周禮，適子死，立適孫爲後。仲子所立，非也。禮，朋友皆在他邦，乃袒免。檀弓故爲非禮，以非仲子也。居，讀爲「姬姓」之姬，齊、魯之間語助也。前，猶故也。檀弓去賓位，就主人兄弟之賢者而問之。子服伯子，蓋魯大夫仲孫蔑之玄孫子服景伯也。伯子爲親者隱耳。文王立武王，權也。微子適子死，立其弟衍，殷禮也。孔子曰「立孫」，據周禮。

孔氏曰：此一節論仲子廢適立庶，爲檀弓所譏之事。仲子喪亡，檀弓與之爲友，非處他邦，爲之著免，故爲重服譏其失禮也。所以譏者，仲子適子死，舍適孫而立庶子故也。

何居，猶言是何道理乎。前聞，言我未聞古昔有此事也。既言之後，乃從賔位趨而就子服伯子於門右。案，賔位之法隨主人而變，小斂之前，主人未忍在主位，有事在西階下，賔亦弔於西階。故士喪禮君使人襚，主人拜送，拜賔，即位西階下，東面，鄭云「未忍即主人位」是也。小斂之後，尸出堂廉，然後有飾，主人位在阼階下，西面，賔於東階下弔也。檀弓之來，當在小斂前，蓋以仲子初喪，即正適庶之位也，初於西階行譏弔，而主人未覺，後乃趨向門右，問於伯子舍適孫立庶子是何禮也，伯子乃爲隱諱，言仲子雖生周世，猶上行古之道也。故士喪禮小斂訖，「男女奉尸俠于堂，主人降自西階，即位，踊，襲絰于序東」是也。言「亦」者，餘人有行古之道，仲子亦如餘人也。

唐陸氏曰：免，以布廣一寸，從項中而前，交於額上，又卻向後，繞於髻。

長樂陳氏曰：木之正出爲本，旁出爲枝；子之正出爲嫡，旁出爲庶。故伐枝不足以傷木，伐其本則木斃矣；廢庶不足以傷宗，廢其嫡則宗絶矣。本固而枝必茂，嫡立而庶必寧，此天地自然之禮也。先王知其然，於是貴嫡而賤庶，使名分正而不亂，争奪息而不作。故子生則冢子接以大牢，庶子少牢。冢子未食而見，庶子已食而見。冠，則嫡子於阼階，庶子於房外。死，嫡子斬，庶子期。其禮之重輕、隆殺如此，豈有他哉？以其傳重與不傳重故也。禮曰：庶子不祭祖，明其宗也。又曰：庶子不祭禰，明其宗也。史曰：父不祭於支庶之宅，君不祭於臣僕之家，此嫡、庶之分，不可不辨也。昔公儀仲子舍孫立子，而檀弓弔以免；司寇惠子舍嫡立庶，而子游弔以麻衰。皆重其服以譏之，欲其辨嫡、庶之分而已。春秋之時，宋宣公舍子與夷，立弟穆公，穆公又舍子馮，立與夷，而與夷卒於見殺；莒紀公黜太子僕，愛季佗，而卒於召禍；晉獻公殺世子申生，立奚齊，而卒以亂晉；齊靈公廢太子光，立公子牙，而卒以亂齊。蓋嫡一而已，立之足以尊正統而一人之情；庶則衆矣，立之則亂正統而啓覬覦之心。宋、莒、齊、晉之君不察乎此，每每趨禍，良可悼也。禮書

嚴陵方氏曰：免之爲服，特施於五世之親耳，而朋友死於他邦者亦服之。仲子之於檀弓，既非五世之親，而其喪又非死於他邦者，檀弓爲之免焉，蓋非所服而服之也。服非所服之服，所以譏立非所立之意耳。馬氏曰：「古者，朋友之喪若兄弟而無服，其弔哭則麻絰可也。」蓋死喪之威致哀戚者，唯兄弟而已。若朋友皆在他邦而無宗族、兄弟，乃得施親親之恩，相爲袒免。檀弓之免、子游之麻絰，非皆在他邦者也，而其服有過焉，以爲仲子之舍孫、惠子之立庶而父兄不能正，是猶無親也。檀弓、子游雖有朋友之道，欲正而不可得。故重爲之服，所以視其親，言唯親則有可正之恩；就臣之位，所以視其臣，言唯臣則有可正之義。

山陰陸氏曰：古之人，諫救人失，其婉有如此者，矧在言語之際乎？故子貢曰：「夫子不爲也。」以問伯夷、叔齊而知之。此其所以在言語之科歟？居讀如字，亦語辭也。詩

曰：「日居月諸。」伯子之言，非隱也，是其心所謂然也。

廬陵胡氏曰：武王之立以功，非當立也。

【吴氏纂言】鄭氏曰：公儀，蓋魯同姓。周禮，適子死，立適孫爲後，仲子所立非也。禮，朋友皆在它邦，乃袒免。檀弓故爲非禮，以非仲子也。居，讀爲「姬姓」之姬，語助。前，猶故也。子服伯子，魯大夫仲孫蔑之玄孫子服景伯也。檀弓去賓位，就主人兄弟之賢者而問之。伯子爲親者隱爾，立子，非也。文王立武王，權也。微子適子死，立其弟衍，殷禮也。孔子曰「立孫」，據周禮。

孔氏曰：檀，姓；弓，名。今山陽有檀氏。仲子喪亡，檀弓與之爲友，非處他邦，爲之著免，故爲重服，譏其失禮也。所以譏者，仲子適子死，舍適孫而立庶子也。何居，猶言是何道理乎。我未之前聞，言我未聞故昔有此事也。既言之乃從賓位，趨而就子服伯子於門右。按，賓位之法隨主人而變。小斂之前，主人未忍在主位，有事在西階下，賓亦弔於西階下，士喪禮君使人襚，主人拜送，拜賓，即位西階下，東面是也。小斂之後，尸出堂廉，然後有飾，主人位在阼階下，西面，賓於東階下弔也，士喪禮小斂訖，「男女奉尸侇于堂，主人降自西階，即位，踊，襲絰於序東」是也。檀弓之來，當在小斂前，以仲子初喪，即正適庶之位也。初於西階下行譏弔，而主人未覺，後乃趨向門右，問於伯子舍嫡孫立庶子是何禮也？伯子乃爲隱諱，言仲子雖生周世，猶上行古之道也。「亦」者，言餘人有行古之道者，仲子亦如之也。即引文王、微子之事爲古之道，云仲子與文王、微子無異。子游以此爲疑，問諸孔子，孔子以仲子周人，當從周禮，不得立庶子，當立孫也。

方氏曰：免之爲服，特施於五世之親，而朋友死於它邦者亦服之。仲子之於檀弓，既非五世之親，又非死於它邦者，弓爲之免焉，蓋服非所服之服，以譏立非所立爾。

**【陳氏集説】公儀仲子之喪，檀弓免焉。仲子舍其孫而立其子，檀弓曰：「何居？我未之前聞也。」趨而就子服伯子於門右，**公儀，氏。仲子，字。魯之同姓也。檀弓，魯人之知禮者。袒免，本五世之服，而朋友之死於他邦而無主者，亦爲之免。其制，以布廣一寸，從項中而前交於額，又卻向後而繞於髻也。適子死，立適孫爲後，禮也。弓以仲子舍孫而立庶子，故爲過禮之免以弔而譏之。何居，怪之之辭，猶言何故也。此時未小斂，主人未居阼階下，猶在西階下受其弔，故弓弔畢，而就子服伯子於門右而問之也。**曰：「仲子舍其孫而立其子，何也？」伯子曰：「仲子亦猶行古之道也。昔者文王舍伯邑考而立武王，微子舍其孫腯而立衍也。夫仲子亦猶行古之道也。」子游問諸孔子，孔子曰：「否！立孫。」**曰，弓之問也。猶，尚也。亦猶，擬議未定之辭。伯邑考，文王長子，微子舍孫立衍，或是殷禮。文王之立武王，先儒以爲權，或亦以爲遵殷制，皆未可知，否則，以德不以長，亦如大王傳位季歷之意歟？　應氏曰：檀弓默而不復言，子游疑而復求正，非夫子明辨以示之，孰知舍孫立子之爲非乎？

【納喇補正】公儀仲子之喪，檀弓免焉。

集説 公儀，氏。仲子，字。魯之同姓也。檀弓以仲子舍孫而立庶子，故爲過禮之免以弔而譏之。

竊案 鄭注以公儀仲子爲魯同姓者，蓋因魯公族有公鳥、公若，又有公儀休爲相，以仲子與休同氏而同稱公，且意下文子服伯子即子服景伯，故云「蓋魯同姓」。「蓋」者，疑辭，未敢質言也。今集説直云「魯之同姓」，非先儒傳疑之意。郝氏曰：「凡免冠而皆布於首曰免，與『絻』通，自五服以至朋友，新喪皆絻，禮也。」而集説曰「故爲非禮之免」，非也。

【郝氏通解】此節明繼世以適之禮。公儀，氏。仲子，字。魯同姓大夫。免、絻通，免冠而加布曰絻，蓋初喪未成服之服。今人初喪，以白布纏頭，其遺制也。凡五服以至朋友，皆然。公儀仲子初死，檀弓爲之免，亦親在五服内者，鄭康成謂「故爲非禮以譏其廢適之失」，鑿也。仲子適子死而有適孫，舍適孫立庶子，檀弓疑之。何居，言于禮何在也。猶，尚也。「亦」者，擬議之辭。伯邑考，文王適子。腯，微子適孫。衍，微子弟。微子適子死，有適孫不立，立弟，所謂古之道也。孔子言「當立孫」，以適繼適，則統系正而人心一，有天下、國家者之定禮也。雖然，紂之亡商也以適，而衞輒之拒父也以立孫。禮非聖人不能權也。

按，免與絻異，脱帽露頂曰免，免冠戴布曰絻，故史記禮書引荀子云「郊之麻絻」，與冕同。喪服小記云：「爲母免而以布。」然則爲父免而不以布可知。不以布免也，以布則絻也，喪服記云：「朋友在他邦，袒免。」亦免以布也。五服初喪未成服皆免，何爲非禮？大傳云：「五世袒免。」謂五世外服盡者，止於袒免，猶今人弔死、送葬，皆著麻布、頭巾之類，以易玄冠，非别有袒免一服，輕於緦麻，在五服之外者也。音宜如字。

**【方氏析疑】公儀仲子之喪，檀弓免焉。**

聘使至他國，主君賜饔，先薦於祖考，卜一尸，或昭或穆，則子姓未有不從者。而卒於他邦，朋友爲之袒免以從之者，非主喪之子姓耳。仲子舍適孫立庶子，故以子不在之服感動之。何居，謂義何所處。

**昔者文王舍伯邑考而立武王。**

伯邑考疑無子，未可爲舍孫立子之證。設有子而未立武王，周公封建所必先，未有不見於書傳者。

**微子舍其孫腯而立衍也。**

非獨從殷禮也。作賓定國以成其仁，舍孫立弟以明其義。其事與泰伯不嗣，傳國於仲雍畧同。泰伯蓋不忍挾商之天下，并不欲受周之封國，皆遭變而止於至善。孔子所以目爲三仁，稱其至德也。

【江氏擇言】檀弓免焉。

陸氏釋文云：免音問，以布廣一寸，從項中而前交於額上，又卻向後繞於髻。

按，免當音問，程氏大昌「讀如字」，謂去冠。別有辨，見喪服小記篇。

【欽定義疏】正義　鄭氏康成曰：公儀蓋魯同姓。孔疏：案史記魯相公儀休，此子服伯子是魯人，故疑同姓也。周禮，適子死，立適孫爲後，仲子所立非也。居，讀爲「姬」，齊、魯間語助也。檀弓去賓位。案：賓入門左，入以西爲左也。今不左而右，故曰「去賓位」。就主人兄弟之賢者問之。孔疏：案賓位隨主人變。小斂之前，主人未忍在主位，有事在西階下，賓亦入門西，弔於西階。士喪禮君使人襚，主人拜送，拜賓，即位西階下，東面是也。小斂後，尸出堂，然後有飾，主人位在阼階下，西面，賓於東階下弔。士喪禮小斂訖，「男女奉尸侇於堂。主人降自西階，即位，踊，襲絰於序東」是也。檀弓之來，當在小斂前，知者，仲子初喪，即正適庶之位故也。子服伯子，蓋魯大夫仲孫蔑之玄孫子服景伯也。孔疏：案世本：「獻子蔑生孝伯，孝伯生惠伯，惠伯生昭伯，昭伯生景伯。」此云子服伯子者，「景」是謚，「伯」是字也。

孔氏穎達曰：此論仲子廢適立庶，爲檀弓所譏之事。「亦猶行古之道」者，言餘人有行古之道，仲子亦如餘人也。

通論　陳氏祥道曰：先王貴適賤庶，使名分正而不亂，爭奪息而不作。故子生則冢子接以大牢，庶子少牢。冢子未食而見，庶子已食而見。冠，則適子於阼階，庶子於房外。死，適子斬，庶子期。其禮之重輕、隆殺如此，以其傳重不傳輕故也。史曰：父不祭於支庶之宅，君不祭於臣僕之家，此適、庶之分不可不辨也。春秋之時，宋宣公舍子與夷，立弟穆公，穆公又舍子馮，立與夷，而與夷卒見殺；莒紀公黜太子僕，愛季佗，而卒召禍；晉獻公殺世子申生，立奚齊，而卒亂晉；齊靈公廢太子光，立公子牙，而卒亂齊。不察乎此，每每趣禍，良可悼也。禮書。

**存疑** 鄭氏康成曰：故爲非禮以非仲子也。禮，朋友在他邦乃袒免。案：鄭注士喪禮云「免之制未聞，舊説以爲如冠狀，廣一寸」，喪服小記曰「斬衰，髻髮以麻，免而以布」，此用麻布爲之，如今之著幓頭矣。自項中而前交於額上，却繞紒也。文王立武王，權也。胡氏銓曰：「武王之立以功。」陳氏澔曰：「或以德不以長，如大王傳位季歷之意與？」微子適子死，立其弟衍，殷禮也。案：湯崩，不立太甲而立外丙、仲壬，其後又多以弟嗣立，故鄭據之爲殷禮與？伯子爲親者隱耳。

方氏慤曰：檀弓之免，非所服而服之也。服非所服之服，所以譏立非所立之意耳。

馬氏晞孟曰：檀弓之免，子游之麻絰，有朋友之道，欲正而不可得者。故重爲之服，所以視其親，言惟親則有可正之恩；就臣之位，所以視其臣，言惟臣則有可正之義。

**案** 檀弓於仲子，據喪服記不應免，鄭氏因有廢適之文，謂弓爲非禮譏之。適庶廢立非細事，弓既知，當早爲救正。至以弔服譏之，所謂「成事不可説」者矣，乃始問廢立之故，何耶？就本文玩之，弓之來弔，似未知仲子之舍孫，故怪聞其事，趨而就子服伯子問也。所以免者，酌弔朋友之禮從厚耳。如子游之弔裼裘，曾子襲裘；同母異父昆弟，或齊衰或大功；從母之夫、舅之妻，或云「無服」，或云「同爨緦」。此等禮文，當時即無一定，子游之麻衰、檀弓之免似如此。喪服記「朋友在他邦，袒免」，檀弓免耳，未純用他邦無主之禮，譏弔之説，不足據也。史記周本紀不載伯邑考，逸周書武王克商，自大王、大伯、王季、虞公、文王、邑考以列升告，似伯邑考早卒矣。微子世家無腯名，此記所云不可考。

【杭氏集説】姚氏際恒曰：「檀弓免焉」，鄭氏謂「故非爲禮，以非仲子」。以下章「子游麻衰弔，謂子司寇知之」，或有然。然欲正人非禮，已而先爲非禮，甚迂而不可訓也。伯子答後，檀弓不復再語，另接子游問孔子。則記者歸重子游，初未嘗以檀弓爲知禮也，故謂此篇爲子游門人之後人所記不誤。

姜氏兆錫曰：公儀，氏。仲子，字。魯同姓之族。檀，姓。弓，名。魯之知禮者也。免，袒免也。其制，以布廣一寸，從項中而前交於額，又卻向後而繞于髻，本五世之服，而朋友之客死而無主者，亦爲之服。若其有主者，則弔服加麻而已。今檀弓初非同姓，而其家亦非無主，不宜服此。疏謂因其廢立而爲過禮之服，以譏之也。何居，怪辭。子服，氏。伯子，字。注謂仲孫蔑之玄孫景伯，蓋主人之兄弟也。禮，適子死，立適孫爲後。弓以仲子遺命舍孫而立庶子，故怪之。而小斂前，主人未居阼階，猶受弔於西階之下，此所就伯子于門右以問也。猶，尚也。亦猶，擬議未定之詞。伯邑考，文王之長子。衍，微子之庶弟微仲也。微子舍孫立衍，疑是殷禮。文王立武王，蓋亦太王傳位季歷之立，先儒以爲權，或亦以爲遵殷制也。應氏曰：「檀弓信而不復言，子游疑而復求正。非夫子明以示之，孰知立子之爲非乎？」愚按大宗之義，自天子下達，得聖人言而後天經地義，萬世爲昭也。三代而下，王侯廢立之禍多矣，則此義之不明也與？

方氏苞曰：聘使至他國，主君賜饔，先薦于祖考，卜一尸，或昭或穆，則子姓未有不從者。而卒于他邦，朋友爲之祖免以從之者，非主喪之子姓耳。仲子舍適孫立庶子，故以子不在之服感動之。何居，謂義何所處。伯邑考疑無子，未可爲舍孫立子之證。設有子而未立武王，周公封建所必先，未有不見於書傳者。微子舍其孫腯而立衍，非獨從殷禮也。作賓定國以成其仁，舍孫立弟以明其義。其事與太伯不嗣，傳國於仲雍畧同。太伯蓋不忍挾商之天下，并不欲受周之封國，皆遭變而止于至善。孔子所以目爲三仁，稱其至德也。

任氏啟運曰：本文言免，不言祖，是以親厚爲之免，非以無主爲之祖也。且弓來弔，初未知其立孫，即見而驚問，猶未遽得定論，安有先爲祖免以譏之之理？又按，周封同姓，不聞有伯邑考之後，是考無後可知。微仲之賢與微子並稱，或是民所愛戴，或是王命立之，總是一時權宜，非常法也。孔子，殷人，而曰立孫，安見殷人必立弟乎？後儒據此，謂商質立弟，周文立孫，似非確論。

【孫氏集解】鄭氏曰：檀弓故爲非禮以譏仲子也。禮，朋友皆在他邦，乃袒免。仲子所立，非也。公儀，蓋魯同姓。周禮，適子死，立適孫爲後。居，讀爲「姬姓」之姬，齊、魯之間語助也。前，猶故也。檀弓去賓位，就主人兄弟之賢者而問之。子服伯子，蓋仲孫蔑之玄孫子服景伯。蔑，魯大夫。伯子爲親者諱耳，立子非也。文王立武王，權也。微子適子死，立其弟衍，殷禮也。孔子曰「立孫」，據周禮。

孔氏曰：魯相公儀休。此有子服伯子，是魯人。春秋有公鳥、公若、公儀，同稱公，故知公儀仲子，魯同姓也。

愚謂免者，鄭注士喪禮謂「以布廣一寸，從項中而前交於額上，又卻向後而繞於髻」也。喪禮，既小斂，自齊衰以下皆免，無服而免者，惟同姓五世及朋友皆在他邦者耳。檀弓於仲子乃不當免者，未知其所以免之意。鄭氏謂檀弓以仲子廢適立庶，故爲非禮之服以非之，蓋以子游之弔司寇惠子者推之。然記文上言「檀弓免焉」，下言「仲子舍孫立子」，則似檀弓既弔，方見仲子立子而怪之，注說亦未知是否也。舍其孫而立其子者，仲子適子死，舍適孫而立庶子也。禮，適子死，立適孫爲後，所以重正統也。門右，門内之東，卿大夫弔位之所在，士喪禮「卿大夫在主人之南」是也。檀弓，魯之士，其弔位在西方，東面，見仲子之子爲喪主而拜賓，怪其非禮，故趨就伯子而問之。伯邑考早死，無後，武王自當立耳。微子適子死，立其弟衍者，殷法也。伯子不欲斥言仲子之非，遷就而爲之説，非夫子正言以質之，則人孰知夫禮之當立孫哉！

孔氏曰：小斂之前，主人有事在西階下。小斂之後，主人位在阼階下，西面。檀弓之來，當在小斂之前，初於西階下行譏弔，而主人未覺，後乃趨向門右問伯子焉。必知小斂前者，以仲子初喪即正適庶之位故也。未小斂而著免者，故爲非禮之弔，亦異常也。然則子游之弔惠子，是小斂後也，故著衰而在門東。

愚謂疏説非也，小斂前無免法，檀弓非當免之人而免，即足以示譏矣，不待小斂前著免也。士之弔位，自在門西，東面，不以小斂前後而異也。若謂仲子初喪，即正適庶之位，故知檀弓弔在小斂前，則司寇惠子亦初喪即正適庶者也，何害於子游於既小斂而行譏弔乎？

**【朱氏訓纂】公儀仲子之喪，檀弓免焉。**注：故爲非禮以非仲子也。禮，朋友皆在他邦，乃袒免。釋文：公儀仲子，公儀，氏；仲子，字。魯之同姓也，其名未聞。免，以布廣一寸，從項中而前交於額上，又卻向後繞於髻。**仲子舍其孫而立其子，**注：此其所立非也。公儀，蓋魯同姓。周禮，適子死，立適孫爲後。五經異義曰：公羊説云：「質家立世子弟，文家立世子子。」**檀弓曰：「何居？我未之前聞也。」**注：居，讀爲「姬姓」之姬，齊、魯之間語助也。前，猶故也。**趨而就子服伯子於門右，曰：「仲子舍其孫而立其子，何也？」**注：去賓位，就主人兄弟之賢者而問之。子服伯子，蓋仲孫蔑之玄孫子服景伯。蔑，魯大夫。伯子曰：「仲子亦猶行古之道也。昔者文王舍伯邑考而立武王，微子舍其孫腯而立衍也。夫仲子亦猶行古之道也。」注：伯子爲親者隱耳。立子，非也。文王之立武王，權也。微子適子死，立其弟衍，殷禮也。子游問諸孔子，孔子曰：「否！立孫。」注：據周禮。

【郭氏質疑】檀弓免焉。

鄭注：故爲非禮以非仲子也。禮，朋友在他邦，乃袒免。

嵩燾案，大傳：「四世而緦，五世袒免。」問喪：「緦者，其免也。」是喪服緦以上皆免，其專以袒免爲文，則無服而情有不能已者，喪服所謂「朋友皆在他邦，則袒免」是也。服窮於緦而終之以袒免，蓋惟臨喪有禮，哭無常服。大傳「五世袒免，殺同姓也」，殺於同姓五服之親，則義賅於朋友矣。士喪禮：「主人括髮，袒。衆主人免於房。」奔喪禮：「自齊衰以下，皆免袒。」喪服小記：「緦、小功，虞、卒哭則免。遠葬者，比反哭皆冠，及郊而後免，反哭。」問喪：「冠者不肉袒，故爲之免以代之。」古人哭皆袒踊，免者，所以爲袒也。齊衰以下，自小斂哭，皆免。五世無服，亦免。既夕禮：「商祝免袒，執功布。」袒者必免，是賓當事亦皆免也。喪服：「朋友皆在他邦，袒免，歸則已。」爲在他邦，朝夕奠將事，皆袒免。曰「已」者，無朝夕將事之文也。是朋友亦有免義，而同姓無不免者。姓統譜：「齊公族有食瑕邱、檀城，因以爲氏。」姓纂亦云：「瑕邱，魯地，衛亦有瑕邱。」姓統譜，六國時，齊有檀子望，周卿士亦有檀伯達，此檀弓則魯人也。疑檀氏亦出姬姓，於公儀氏爲遠族，故援五世袒免之例爲之免以弔之。凡弔，無不免。經云「免焉」，謂檀弓往弔其家也，辭之文也。注「故爲非禮以譏仲子之非」，恐不可爲訓。

**趨而就子服伯子於門右。**

孔疏：小斂前，主人未忍在主位，有事在西階下，賓亦弔於西階。小斂之後，主人位在阼階下，賓於東階下弔也。檀弓之來，當在小斂前，於西階行弔，乃趨向門右，問於伯子。

嵩燾案，士喪禮，卒塗，奠，燭升自阼階，衆主人皆西面於東方。喪事大斂於阼，殯於客位，故既殯而後主人由阼階。孔氏以爲「小斂後，位阼階下」者，誤。儀禮：「三日成服。」乃詳主人及賓即位之次：主人即位門外，西面，外兄弟在其南，賓繼之；門東，北面，西上；門西，北面，東上；西方，東面，北上。主人拜賓，還，入門，堂下直東序，西面；兄弟皆即位，如外位；卿大夫在主人之南，諸公門東，他國之異爵者，門西。賓位，門東、門西皆有之，而以異國者爲賓，朝夕奠皆然。先即位門外，而後入，是不當事皆在門外。鄭注「公儀，蓋魯同姓」，檀弓去賓位，就門之右，語最分明。蓋賓位，門外，東面，而趨門右以就伯子。趨者，趨而入也。鄭注士冠禮「出以東爲左，入以東爲右」。既夕禮，賓出，主人送。入，復位。公賵，主人迎於廟門外，先入門右，賓奉幣，北面致命。出，主人送於外門外。若奠，入，告。出，以賓入。將命如初。若賵，入，告。主人出，門左西面，賓東面將命。告事畢，拜送，入。是喪禮，主人即位東階下，弔者若賵若賻，有入而將命者，有主人出就賓而將命者，而主人皆在門内，賓皆在門外。同姓亦衆主人之列，位主人南，故在門右。孔疏不達鄭義，乃以未小斂，賓、主人皆就西階爲辭，失之遠矣。

三·二○**事親有隱而無犯，**隱，謂不稱揚其過失也。無犯，不犯顔而諫。論語曰：「事父母幾諫。」**左右就養無方，**左右，謂扶持之。方，猶常也。子則然，無常人。○左右，徐上音佐，下音佑，今並如字，下同。養，以尚反，下同。**服勤至死，致喪三年。**勤，勞辱之事也。致，謂戚容稱其服也。凡此以恩爲制。○稱，尺證反。**事君有犯而無隱，**既諫，人有問其國政者，可以語其得失，若齊晏子爲晉叔向言之。○語，魚據反，又如字。向，香亮反。叔向，羊舌肸。**左右就養有方，**不可侵官。**服勤至死，方喪三年。**方喪，資於事父。凡此，以義爲制。**事師無犯無隱，左右就養無方，服勤至死，心喪三年。**心喪，戚容如父而無服也。凡此，以恩義之間爲制。

【疏】「事親」至「三年」。○正義曰：此一節論事親、事君及事師之法，臣子著服之義，各依文解之。

○注「無犯」至「幾諫」。○正義曰：據親有尋常之過，故無犯；若有大惡，亦當犯顔。故孝經云「父有争子，則身不陷於不義」是也。論語曰「事父母幾諫」，是尋常之諫也。

○注「左右」至「常人」。○正義曰：凡言左右者，據僕從之臣，故立有左右僕從之官位。此「左右」言扶持之，謂子在親左相右相而奉持之。

云「子則然，無常人」，然，猶如是也。但是子則須如是，或左右奉持不常，遣一人在左，一人在右，故云「無常人」。

○注「勤勞」至「爲制」。○正義曰：言「服勤」者，謂服持勤苦勞辱之事。故云「致，謂戚容稱其服也」者，致之言至也，謂哀情至極而居喪禮，故云「致，謂戚容稱其服也」[一]。上曲禮云「五十不致毁」，與此同。

云「凡此以恩爲制」者，凡上三事，對下君與師，故云「以恩爲制」。

○注「既諫」至「言之」。○正義曰：知既諫而後人有問其國政可以語其得失者，昭三年左傳云，晏子謂景公曰：「小人近市，朝夕得所求。」景公曰：「子近市，何貴何賤？」於是景公繁於刑，有鬻踊者，故對曰：「踊貴屨賤。」諫景公重刑。後及其聘晉，與

[一] 故云致謂戚容稱其服也者　閩、監、毛本同，惠棟校宋本無「故」字。○鍔按：「故云」上，阮校有「事親節」三字。

叔向言：「齊國之政將歸陳氏，景公厚斂焉，陳氏厚施焉。」是既諫得言君之過。若其未諫而言君過，則不可。故昭三年子大叔如晉，張趯與子大叔言云：「火星中而寒暑退。此其極也，能無退乎？」未曾諫君，輒言君德之退。故傳云：「張趯有知，其由在君子之後乎[一]！」是其被譏也。魯昭公取同姓，孔子不仕昭公。既先諫，所以論語稱孔子爲昭公諱而稱「丘也過」者，聖人含弘勸獎，擎過歸己，非實事也。若史策書，理則不一。若其良史直筆，不隱君過，董狐書「趙盾弒君」，及丹楹、刻桷之屬是也。若忠順臣，則諱君親之惡者，春秋辟諱皆是[二]，故僖元年左傳云：「諱國惡，禮也。」

○注「不可侵官」。○正義曰：案成十六年左傳云，晉、楚戰于鄢陵，時欒書將中軍，欒鍼爲晉侯車右。晉侯陷於淖，欒書將載晉侯，鍼曰：「書退！侵官，冒也；失官，慢也；離局，姦也。」時欒書弃元帥之任，欲載晉侯，是侵官也，故云「不可侵官」。此謂君有平常小事，若有危難，當致死，故論語云：「事君能致其身。」

○注「方喪，資於事父」。○正義曰：方，謂比方也，有比方父喪禮以喪君，故云「資於事父」。資，取也，取事父之喪禮以喪君，但居處飲食同耳，不能戚容稱其服。

○注「心喪」至「爲制」。○正義曰：凡親有冥造之功，又有生育之惠，故懷哀戚之

[一] 其由在君子之後乎　惠棟校宋本、閩、監、毛本「由」作「猶」，與昭三年傳合。

[二] 春秋辟諱皆是　閩、監、毛本作「辟」，此本誤「辭」。

痛，同君哀服之限。君則徒有榮身顯親之事，而無冥造生育之功，故唯服麄衰，表盡哀戚。師則以恩愛成己，有同於親，故不爲制服，故云「心喪，戚容如喪父」，爲恩愛成己故也。

云「而無服」者[一]，既無親之冥造，又無君之榮顯，故無服也。

云「以恩義之間爲制」者，無犯是同親之恩，無隱是同君之義，兼有親恩君義，故言恩義之間爲制。但子之事親，本主恩愛，不欲聞親有過惡，故有隱；不欲違親顏色，故無犯。臣之事君，利在功義。若有惡不諫，社稷傾亡，故「有犯」；君之過惡，衆所同知，故云「無隱」也。

**【衛氏集説】**鄭氏曰：隱，謂不稱揚其過失。無犯，謂不犯顏而諫。論語曰：「事父母幾諫。」左右，謂扶持之。方，猶常也。子則然，無常人。勤，勞辱之事。致，謂戚容稱其服。此以恩爲制也。有犯無隱，謂既諫，人有問其國政者，可以語其得失，若齊晏子爲晉叔向言之。就養有方，不可侵官也。方喪，資於事父。此以義爲制也。心喪，戚容如父而無服。此以恩義之閒爲制也。

孔氏曰：此一節論事親及君、師之法，臣子著服之義。凡言左右，據僕從之臣立有左右。此「左右」，言扶持之，謂但是子或左或右奉持之不常，遣一人在左，一人在右，故

[一] 云而無服者　閩本同，惠棟校宋本同，監、毛本「而」誤「葬」。

鄭云：「無常人也。」服勤，謂服持勤苦勞辱之事。致之言至也，謂哀情至極而居喪禮也。方喪，謂比方父喪也。事師無犯，是同親之恩；無隱，是同君之義。

長樂陳氏曰：於親則致喪，以其恩厚而服重也。於君則方喪，以其資於事父以事君而敬同也。於師則心喪，以其如喪父而無服也。先王制禮，稱事以爲情，稱情以爲文。子生三年而後免於父母之懷，故喪必三年而後可以爲之報。然則君者，所以覆我；師者，所以成我，是亦恩與親等矣，其可以不三年乎？蓋親之所以育我，仁也，必報之以仁，自「有隱」至於「致喪」，皆所謂仁也。君之所以覆我，義也，必報之以義，自「有犯」至於「方喪」，皆所謂義也。師之所以成我，同乎仁而不全乎仁，同乎義而不全乎義，故「無犯」與親同，「無隱」則與親異，「無隱」與君同，「無犯」則與君異，喪三年則與君、親同，無服則與君、親異。師之有喪，不始於古，蓋先王之變禮歟？古者立學校以教民，一道德以同俗，方是時也，教出於君，恩歸於上，夫又孰爲喪師之禮哉！季世而下，家則有學，人則有師，此喪師之禮所以起也。

嚴陵方氏曰：「就養」者，就而養之，且不離也。「服勤」者，服其勤勞而不釋也。於養言「左右」，則養無所不至矣。於勤言「至死」，則勤無時或已矣。「致喪」者，言盡其所至也。孔子曰：「子生三年，然後免於父母之懷。三年，天下之通喪。」以爲報之，不如是不足以盡其所至焉。非親也，孰爲之生？非君也，孰爲之治？非師也，孰爲之教？

君、親之與師，亦相須而後成吾之身者也，所命之名雖異，所致之功則同。吾之所以報之者，宜如何哉？亦惟其稱而已。故其喪之也，或以「致」，或以「方」，或以「心」，雖各不同，至於所以盡三年之隆則一也。欒共子曰：「民生於三，事之如一。」蓋謂是矣。其序先親而後君者，内外之分也；先君而後師者，貴賤之等也。

馬氏曰：孝子之事親，以恩爲主，父母有過，不忍使之得鄉黨州閭之罪，故「有隱」，所以爲仁。人臣事君則不然，上無所阿，下無所比，君有失道，蓋如日月之食焉，人皆見之，則公卿大夫同心協議，救其惡可也，故不必有隱，所以爲義然。由怨懟以訕上者，仁人不爲此。孔子去魯，欲以微罪行者，亦依於仁而已矣。唯諫争，則君臣之間許有犯焉，而不必有隱。蓋沈潛剛克，高明柔克，而欲使守忠勵節之人得以直其道而已。父子之道，以犯而離，則不可去；以犯而夷，則不可死，故怡聲下氣以幾諫，至於不義，則子争於父，猶臣争於君也，而豈無犯乎？故「有隱無犯」者，事親之仁，及其變也，以義終之，則不能無犯。「有犯無隱」者，事君之義，及其變也，以仁終之，則不能無隱。若夫師者，所受教而非教之者也，故無犯則不全君臣之義，親其賢，愛其道，有故而合，非天性者也，故無隱則不全父子之仁。惟其三者不同道，是故有事服勤，雖皆至死，然其致喪之禮，顔色稱情、戚容稱服者，父母而已。而君之喪，則資於父以制之者也，其敬同，其愛則異，故衰麻飲食方於父，而其哀不及焉。致喪則盡其情，方喪則備其禮。古之人服父母之喪，自上世以來，未有改三年者，蓋其情不可變也。至於爲君之喪，以義之故，後世之爲君服，以日易月，以月易年，而遂除之者，止言其服，不責以情，則其禮亦可從時王之制也。若夫爲師，則心喪而已，雖有哀戚之情，而不爲齊斬之服，何者？學校有師，皆出於先王命教之所使，而學之者亦無常師，教出於上，則不可歸德於師，師無常，則不能皆爲三年之喪。然則孔子之喪，門人若喪父而無服者，蓋上世以來未嘗有也，則亦以心致其哀而已矣。

山陰陸氏曰：隱，謂恐傷親意，情有不盡，所謂幾諫是也。雖號泣而隨之，蓋亦如此。左右就養其親，豈特扶持之而已？事君有犯而無隱，君臣尚義，雖盡情以諫，可也。若以謂「無隱」得稱揚其過失，豈事君之道哉？豈事師之道哉？蓋臣子揚美隱惡，君、親一例也。故或問昭公知禮乎？孔子曰：「知禮。」事師無犯、無隱，蓋言雖盡情，猶微而婉，子路曰：「有是哉，子之迂也。」此季路之事耳。

廬陵胡氏曰：方，猶所也，不擇地而安之。致喪三年，致謂哀到。無隱，謂匿情。就養有方，有常職。

臨川王氏曰：君之喪重於師者，既教之，又養之也。

横渠張氏曰：有犯無隱，勿欺也而犯之，寧犯則可，不可欺也。古不制師服，師服無定體也。見彼之善而已傚之，亦師也。故有得其一言一義而如朋友者，有親炙如兄弟者，有成就己身而恩如天地父母者，此豈可一概服之？故聖人不制其服，心喪之可也。孔子死，門人一時心喪，又豈可責其一概以傳道久近，而各盡其哀之隆殺？如子貢獨居三年而後歸也，如言「二三子皆絰而出，羣居則絰」也。或曰弔服加麻，亦是服也，却不得謂無服也。

河南程氏曰：師不立服，不可立也，當以情之厚薄、事之大小處之，如顏、閔於孔子，雖斬衰三年，可也。其成己之功，與君父並，其次各有淺深，稱其情而已。下至曲藝，莫不有師，豈可一概制服？

**【吴氏纂言】事親有隱而無犯，左右就養無方，服勤至死，致喪三年。**

鄭氏曰：隱，謂不揚其過失。無犯，不犯顔而諫。論語曰：「事父母幾諫。」左右，謂扶持之。方，猶常也。子則然，無常人。勤，勞辱之事也。凡此以恩爲制。

**事君有犯而無隱，左右就養有方，服勤至死，方喪三年。**

盧陵胡氏曰：無隱，謂不匿情。有方，謂有常職。

鄭氏曰：有方，不可侵官。方喪，資於事父。凡此以義爲制。

**事師無犯無隱，左右就養無方，服勤至死，心喪三年。**

鄭氏曰：心喪，戚容如父而無服也。凡此以恩義之間爲制。

山陰陸氏曰：隱而無犯，謂恐傷親意，情有不盡。犯而無隱，謂君臣尚義，盡情以諫。若謂無隱，得稱揚其過失，豈事君之道哉？臣子揚美隱惡，君、親一例也。事師無犯無隱，言雖盡情，猶微而婉。

孔氏曰：子之事親主恩，不欲聞親過惡，故有隱；不欲違親顏色，故無犯。左右，僕從之臣，立有左右之位，子在親左右扶持不常，一人在左、一人在右也。致之言至也，謂哀情至極。方喪，謂比方父喪。事師無犯，是同親之恩；無隱，是同君之義。

方氏曰：「就養」者，就而養之不離也。「服勤」者，服其勤勞不釋也。養言「左右」，則養無所不至矣。勤言「至死」，則勤無時或已矣。非親孰生，非君孰治，非師孰教，吾所以報之者，其喪之，或以「致」，或以「方」，或以「心」，雖各不同，所以盡三年之隆則一也。其序先親後君，内外之分也；先君後師，貴賤之等也。

長樂陳氏曰：親育我，報之以仁，「有隱」至「致喪」，皆仁也。君覆我，報之以義，「有犯」至「方喪」，皆義也。師之成我，同乎仁而不全乎仁，同乎義而不全乎義，故「無犯」與親同，「無隱」則與親異，「無隱」與君同，「無犯」則與君異，喪三年與君、親同，無服則與君、親異。師之有喪，不始於古，古者教出於君，又孰爲喪師之禮哉？季世而下，家有學，人有師，此喪師之禮所由起也。

張子曰：古不制師服，師服無定體也。見彼之善而已傚之，亦師也。故有得其一言一義而如朋友者，有親炙如兄弟者，有成就已身而恩如天地父母者，此豈可一概服之？故聖人不制其服，心喪之可也。孔子死，門人一時心喪，又豈可責其一概以傳道久近，而各盡其哀之隆殺?如子貢獨居三年而後歸。

程子曰:師不立服,不可立也,當以情之厚薄、事之大小處之。如顔、閔於孔子,其成己之功,與君父並,雖斬衰三年可也。其次各有淺深,稱其情而已。下至曲藝,莫不有師,豈可一概制服?

【陳氏集説】饒氏曰:左右,音佐佑,非也。左右即是方,養不止飲食之養。言或左或右,無一定之方。子之於親,不分職守,事事皆當理會,無可推托。事師如事父,故皆「無方」。有方,言左不得越右,右不得越左,有一定之方。臣之事君,當各盡職守,故曰「有方」。朱氏曰:親者,仁之所在,故有隱而無犯。君者,義之所在,故有犯而無隱。師者,道之所在,故無犯無隱也。劉氏曰:隱皆以諫言,父子主恩,犯則爲責善而傷恩,故幾諫而不可犯顔。君臣主義,隱則是畏威,阿容而害義,故匡救其惡,勿欺也而犯之。師生處恩義之閒,而師者,道之所在,諫必不見拒,不必犯也;過則當疑問,不必隱也。「隱」非掩惡之謂,若掩惡而不可揚於人,則三者皆當然也,惟秉史筆者不在此限。就養,近就而奉養之也。致喪,極其哀毁之節也。方喪,比方於親喪而以義並恩也。心喪,身無衰麻之服而心有哀戚之情,所謂「若喪父而無服」也。

【郝氏通解】親生、君治、師成,古今之通誼也。子事親,臣事君,弟子事先師,民生之大分也。父母天親恩勝,故情有回護而無違拂。左右親就,奉養竭力,無有定方,服任勤勞，以至於死，極哀盡禮，致喪三年，此事親之禮也。君臣義合，以父母之無犯事之，則爲諂；以父母之有隱事之，則爲欺。雖將順同心，而勢遠分睽，不得上達，較之家庭父子，有不容不直者矣。庶民之養有限，故無方。君以天下養而無方則侈，故養與親異。子之身，親之身也；臣之身，亦君之身也，故服勤至死與親同，腹心手足相得之。君臣亦無異家庭父子，故君死，雖非父母之喪，亦當比于三年之服也。方，比也，後世以日易月，亦方喪意。師謂學問道德終身所宗仰者，其成我也，有生我之恩，故事無犯、養無方、服勞與事父母同。其長我也，有臣我之義，故無隱、服勞，與事君同。心喪，謂無三年之服，而有三年之哀也。

**【方氏析疑】事君有犯而無隱。**

疏引晏嬰之事以證注，蓋據左傳，既以告於公，故與叔向語而及之，但非記者本義，記謂不隱情以成君之過耳。

**左右就養有方。**

古者列國分土，君臣甚親，不獨公、孤、卿、大夫及朝廷之士朝夕御於君所，即鄉遂、公邑、都家、羣吏，凡有事於郊野，亦各承其事，故曰「左右就養」也。視學養老，則學校之官左右供奉。郊望、類蜡、師田、朝會，則所至之地，有司左右供奉，故曰「有方」。

**【江氏擇言】左右就養無方。**

饒氏云：養不止飲食之養，言或左或右，無一定之方。

按，當從饒氏説。

【欽定義疏】正義 鄭氏康成曰：隱，謂不稱揚其過失。無犯，謂不犯顔而諫。論語曰：「事父母幾諫。」孔疏：此指尋常之過，若有大惡，亦當犯顔，孝經「父有争子，則不陷於不義」是也。左右，謂扶持之。方，猶常也。子則然，無常人。孔疏：凡言「左右」者，據僕從之臣，立有左右之官位。此但是子左右扶持之不常，遣一人在左，一人在右，故云「無常人」。勤，勞辱之事。致，謂戚容稱其服。此以恩爲制也。有犯無隱，謂既諫，人有問其國政者，可以語其得失，若齊晏子爲晉叔向言之。孔疏：昭三年左傳景公謂晏子曰：「子近市，何貴何賤？」時景公繁於刑，有鬻踊者，對曰：「踊貴屨賤。」後聘晉，與叔向言齊國之政將歸陳氏。是既諫得言君之過也。孔子不仕昭公，諱取同姓而稱「丘也過」者。聖人含弘勸奬，擥過歸己，非實事也。若史策書，理則不一。良史直筆不隱，董狐書趙盾是也。忠順臣，則諱君、親之惡，春秋「諱國惡」之類是也。就養有方，不可侵官也。孔疏：成十六年，晉、楚戰於鄢陵，時欒書將中軍，欒鍼爲晉侯車右，晉侯陷於淖，欒書將載晉侯，鍼曰：「書退，侵官，冒也。」故云。然此謂平常小事，若君有危難，當致死，論語「能致其身」是也。方喪，資於事父。此以義爲制也。心喪，戚容如父而無服。此以恩義之間爲制也。

孔氏穎達曰：此論事親及事君、師之法，臣子著服之義。致之言至也，哀情至極，而居喪禮也。方喪，比方父喪也。事師無犯，同親之恩；無隱，同君之義。

饒氏魯曰：子之於親，不分職守，事事皆當理會，無可推託。事師如事父，故皆「無方」。臣之事君，當各盡職守，故曰「有方」。

通論　方氏慤曰：養言「左右」，則養無不至。勤言「至死」，則勤無時已。君、親與師相須而後成我之身者，喪之雖各不同，所以盡三年之隆一也。欒共子曰：「民生於三，事之如一。」其序先親而後君者，内外之分；先君而後師者，貴賤之等。

馬氏晞孟曰：「無犯」者，事親之仁也，及其變，以義終之，則不能無犯。「無隱」者，事君之義也，及其變，以仁終之，則不能無隱。若夫師者，所受教而非教之者也，故無犯則不全君臣之義，親其賢，愛其道，有故而合，非天性者也，故無隱則不全父子之仁。

【杭氏集説】饒氏魯曰：子之於親，不分職守，事事皆當理會，無可推託。事師如事父，故皆「無方」。臣之事君，當各盡職守，故曰「有方」。

姚氏際恒曰：隱、犯，皆指諫言。事親有隱無犯，即論語「幾諫」之義。事君有犯無隱，即論語「勿欺而犯」之義。鄭氏看隱、犯作兩義，故别以「隱」爲不稱揚過失，誤矣。此處諸儒已多駁過。然鄭之以隱、犯爲兩義者，以事師曰無犯、無隱，有難通也，而前儒于此，則不能了，不知此隱、犯亦與上同義。既爲人師，安有過失使弟子諫？蓋記文亦就君、親之隱、犯爲湊合而言耳。養，説文「供養也」，非獨指飲食，凡供養皆是。故鄭解「有方」爲「不可侵官」。若無方，是無事職，事事皆當爲之也。方喪，方字已爲後世以日易月開端矣。心喪三年，曰心似乎無服，故鄭引「若喪父而無服」以證之。然愚謂師恩有重輕，任人爲之，故喪服不言，以其無一定之服耳，非竟無服也。

朱氏軾曰：左右即是方，「無方」謂左右無一定，有方則左不得右，右不得左也。人子事親，自衽席、几杖之微，以至繼述之大，自一身呰笑居游之節，以至涖官之忠、臨陳之勇。凡父之事，莫非子之事，而子身之事，又莫非所以事父之事，非若設官分職之各司所事而已。養者，供也，奉也。事親承顔喻志，恪供子職，庶一室豫順，高堂杖履優游，頤養天和，可謂能養父矣。事君水火工虞，無曠厥官，使庶績咸熙，一人垂裳端拱，安享玉食，可謂能養君矣。師弟義比君臣，情同父子，弟子職所載沃盥、饋食，與子之事父無以異，而不止此也。師之所望于弟子者，傳吾道耳，一堂授受，心領神會，相悦以解，庶不負師教，而能傳師道，如是而後，可謂養師就親也。愛慕之誠，不在離合之迹，膝下承歡，相對融融就也。陟岵陟屺，明發有懷，亦就也。疑丞輔弼，朝夕王前，就也。君門萬里，天威咫尺，亦就也。顔、閔、由、賜之從游，患難相依，就也。不及門之蘧瑗，異代之孟子，其終身依歸，私淑諸人，亦莫非就也。服勤至死，謂服勤所養之事終，子臣弟之身而不衰也。

姜氏兆錫曰：就養，猶言趨承也。饒氏曰：「左右，或音佐佑，非也。左右即是方，養不止飲食之養。『無方』者，言或左或右，無定方也。子於親，不分職守，事事皆當理會。事師如事父，故皆『無方』。『有方』者，言左不得越右，右不得越左，有定方也。臣於君，各盡職守而已，故『有方』也。」朱氏曰：「親者，仁所屬，故有隱無犯。君者，義所屬，故有犯無隱。師者，道所屬，故無犯無隱。」劉氏曰：「隱、犯，皆以諫言，父子主恩，犯則責善而傷恩，故當幾諫。君臣主義，隱則畏威而害義，故勿欺也而犯之。師弟恩義兼，又以傳道授業解惑也，故不必犯，亦不必隱。致之言極，謂極其哀也。方之言比，謂比於親也。二者皆斬衰三年，心喪則身無衰麻，而心有哀戚，所謂『若喪父而無服』也。」

方氏苞曰：疏引晏嬰之事以證注，蓋據左傳，既以告於公，故與叔向語而及之，但非記者本義，記謂不隱情以成君之過耳。古者列國分土，君臣甚親，不獨公、孤、卿、大夫及朝廷之士朝夕御於君所，即鄉遂、公邑、都家、羣吏，凡有事於郊野，亦各承其事，故曰「左右就養也」。視學養老，則學校之官左右供奉。郊望、類蜡、師田、朝會，則所至之地，有司左右供奉，故曰「有方」。

齊氏召南曰：隱是緘默容忍，知而不言之謂。注非也，疏尤無謂。若謂既諫即可言君之過，必無此過。

【孫氏集解】鄭氏曰：隱，謂不稱揚其過失也。無犯，不犯顏而諫。左右，謂扶持之。方，常也。子則然，無常人。勤，勞辱之事也。致喪，戚容稱其服也。就養有方，不可侵官也。方喪，資於事父也。心喪，戚容如喪父而無服也。事親以恩爲制，事君以義爲制，事師以恩義之間爲制。

孔氏曰：親有尋常之過，故無犯。若有大惡，亦當犯顏。故孝經曰：「父有争子，則身不陷於不義。」

朱子曰：事親者，致喪三年，情之至、義之盡者也。事師者，心喪三年，其哀如父母而無服，情之至而義有不得盡者也。事君者，方喪三年，其服如父母而情有親疏，此義之至而情或有不至於其盡者也。

方氏慤曰：君、親與師相須而成我之身，喪之雖各不同，所以盡三年之隆一也。愚謂幾諫謂之隱，直諫謂之犯。父子主恩，犯則恐其責善而傷於恩，故有幾諫而無犯顔。君臣主義，隱則恐其阿諛而傷於義，故必勿欺也而犯之。師者，道之所在，有教則率，有疑則問，無所謂隱，亦無所謂犯也。就養者，近就而奉養之也。左右無方，言或左或右而無定所也。致，極也。致喪，謂極其哀戚以在喪也。曾子曰：「人未有自致者也，必也親喪乎？」

【朱氏訓纂】**事親有隱而無犯，左右就養無方，服勤至死，致喪三年。** 注：隱，謂不稱揚其過失也。無犯，不犯顔而諫。論語曰：「事父母幾諫。」左右，謂扶持之。方，猶常也。勤，勞辱之事也。致，謂戚容稱其服也。凡此以恩爲制。正義：據親有尋常之過，故無犯。若有大惡，亦當犯顔。故孝經云「父有争子，則身不陷於不義」是也。致之言至也，謂哀情至極而居喪禮。饒雙峰曰：養，不止飲食之養。言或左或右，無一定之方。**事君有犯而無隱，** 注：既諫，人有問其國政者，可以語其得失，若齊晏子爲晉叔向言之。**左右就養有方，服勤至死，方喪三年。**注：不可侵官。方喪，資於事父，凡此以義爲制。正義：方，謂比方也，謂比方父喪禮以喪君，但居處、飲食同耳，不能戚容稱其服。王氏懋竑曰：隱、犯皆以諫争，言隱則不犯，犯則不隱。事君者，道合則服從，不合則去。記謂「服勤至死」，亦大概指合者言之，非謂與親一例也。**事師無犯無隱，左右就養無方，服勤至死，心喪三年。**注：心喪，戚容如父而無服也。凡此以恩義之間爲制。正義：無犯，是同親之恩。無隱，是同君之義。但子之事親，本主恩愛，不欲聞親有過惡，故有隱，不欲違親顔色，故無犯。臣之事君，利在功義，若有惡不諫，社稷傾亡，故有犯。君之過惡，衆所同知，故云「無隱」也。

三·三 ○**季武子成寢，**武子，魯公子季友之曾孫季孫夙。**杜氏之葬在西階之下，請合葬焉，許之。入宮而不敢哭。武子曰：「合葬，非古也，自周公以來，未之有改也。**自見夷人冢墓以爲寢，欲文過之[一]。○葬，徐才浪反，又如字。合，如字，徐音閤，後「合葬」

[一] 自見夷人冢墓以爲寢欲文過之 閩、監、毛本同。嘉靖本「寢」作「宅」。惠棟校宋本亦作「宅」，無「之」字，岳本同，宋監本同。衛氏集説亦無「之」字，「宅」作「寢」。○按：疏標起訖無「之」字。○鍔按：「自見」上，阮校有「季武子成寢節」六字。

皆同。文，如字。徐音問。吾許其大而不許其細，何居？」命之哭。記此者，善其不奪人之恩。

【疏】「季武」至「之哭」。○正義曰：此一節明不奪人之恩，兼論夷人冢墓爲寢欲文過之事，各隨文解之。

○注「武子」至「孫夙」。○正義曰：案世本「公子友生齊仲，齊仲生無逸，無逸生行父，行父生夙」，夙是公子友曾孫也。

○注「自見」至「文過」。○正義曰：言「文過」者，武子自云合葬之禮非古昔之法，從周公以來始有合葬，至今未改。我成寢之時，謂此冢墓是周公以前之事，不須合葬，故我夷平之以爲寢。不肯服理，是文飾其過。先儒皆以杜氏喪從外來，就武子之寢合葬，與孔子合葬於防同。又案晏子春秋景公成路寢之臺，逢於阿[一]、盆成逆[二]後喪，並得附葬景公寢中，與此同也。

○「吾許」至「何居」。○「吾許其大」者，聽之將喪而入葬，是許其大。「不許其細」，哭是細也。「何居」，居，語辭。既許其大而不許其細，是何道理？故云「何居」。

[一] 逢於阿　閩本同，惠棟校宋本同，衛氏集説同，監、毛本「阿」誤「何」。○按：晏子春秋作「逄於阿」。

[二] 盆成逆　閩本同，惠棟校宋本同。監本「逆」誤「造」，毛本誤「适」，衛氏集説同。

過。

【衛氏集説】鄭氏曰：武子，魯公子季友之曾孫季孫夙。自見夷人冢墓以爲宅，欲文過。記此者，善其不奪人之恩。

孔氏曰：此一節明不奪人之恩，兼論夷人冢墓爲寢欲文過之事。武子自云合葬之禮非古昔之法，從周公以來始有合葬，至今未改。我成寢之時，謂此冢墓不須合葬，故平之以爲寢。是文飾其過也。先儒皆以杜氏喪從外來，就武子之寢合葬，與孔子合葬於防同。又案晏子春秋景公成路寢之臺，逢於阿、盆成适後喪，並得附葬景公寢中，與此同也。聽之葬，是許其大。哭是細也。

横渠張氏曰：季武子成寢，杜氏之葬在西階之下。此必是殯，故取其柩以歸合葬也。自伯禽至於武子，多歷年，豈容城中有墓？

嚴陵方氏曰：周官墓大夫之職：「凡争墓地者，聽其獄訟。」當是時，豈有夷人之墓以成寢者哉？而季子乃有是事者，由周官之法壞故也。

馬氏曰：聖人盡人道以送死者，故夫婦合葬，所以從生者之志。詩曰：「穀則異室，死則同穴。」蓋其生則雖有禮以限内外之别，而其死未嘗不同所歸，是故葬則同穴，附則同壙，祭則同几。體魄既降，魂氣在上，而先王設爲喪祭之禮，必有以聚其散、附其離而同之者，所以合鬼神而立至教也。

山陰陸氏曰：請遷於外而合葬之，先儒謂杜氏之喪從外來，就武子之寢合葬，不近人情。

廬陵胡氏曰：鄭云：「記此者，善其不奪人之恩。」非也，譏其夷人之墓，顧爲是瑣瑣耳。

**【吴氏纂言】**鄭氏曰：武子，魯公子季友之曾孫季孫夙。自見夷人冢墓以爲宅，欲文過。

孔氏曰：按世本：「公子友生齊仲，齊仲生無逸，無逸生行父，行父生夙。」武子云合葬之禮非古法，從周公以來始有，至今未改。我成寢之時，謂此冢是周公以前，不須合葬，故夷平之以爲寢。是文飾其過。先儒皆以杜氏喪從外來，就武子之寢合葬，與孔子合葬於防同。又按晏子春秋景公成路寢之臺，逢於阿、盆成逆後喪，並得附葬景公寢中，與此同也。聽將喪入葬，是許其大，哭是細。

方氏曰：周官墓大夫之職：「凡争墓地者，聽其獄訟。」當是時，豈有夷人之墓以成寢者哉？季子乃有是事者，由周官之法壞故也。

張子曰：自伯禽至於武子，多歷年，豈容城中有墓？此必是殯，欲取其柩以歸合葬也。

山陰陸氏曰：請遷於外而合葬之，先儒謂杜氏之喪從外來，就武子之寢合葬，不近人情。

澄曰：張子、陸氏與注、疏異，姑存其說。

【陳氏集說】劉氏曰：成寢而夷人之墓，不仁也。不改葬而又請合焉，亦非孝也。許其合而又命之哭焉，矯僞以文過也。且寢者，所以安其家，乃處其家於人之冢上，於汝安乎？墓者，所以安其先，乃處其先於人之階下，其能安乎？皆不近人情，非禮明矣。

【納喇補正】集說　劉氏曰：成寢而夷人之墓，不仁也。不改葬而又請合焉，亦非孝也。許其合而又命之哭焉，矯僞以文過也。且寢者，所以安其家，乃處其家於人之冢上，於汝安乎？墓者，所以安其先，乃處其先於人之階下，其能安乎？皆不近人情，非禮明矣。

竊案　如劉氏之說，非禮明矣，何取而記之？故張子曰：「自伯禽至於武子，多歷年所，豈容城中有墓？此必是殯，欲取其柩以歸合葬也。」山陰陸氏則曰：「請遷於外而合葬之，先儒謂杜氏之葬從外來，就武子之寢合葬，不近人情。」然晏子春秋云：景公成路寢之臺，逢于阿、盆成逆後喪，並得附葬景公寢中。則是古來多有此事，不獨杜氏葬於季武子之寢也。張子以爲城中無墓，恐非。且記文明說杜氏之葬在西階之下，何得乃謂之殯？意者請遷於外而合葬，如陸氏之說，殆未可知，姑存以備考。

【郝氏通解】愚按，爲宮室而夷人之墓于階下，季武子或忍爲之，然杜氏何不以情請，不得則當改葬。不改葬，未有更往合葬者。檀弓之言，大抵脩文而託之乎禮。如左傳於春秋，未足深據耳。

**【方氏析疑】季武子成寢，杜氏之葬在西階之下。**

古者萬民族葬，墓大夫掌之，兆域必在郊野。卿大夫居國中，即休沐之居，亦宜在私邑，無緣有成寢而墓在階下之事。蓋周禮久廢，勢家縱侈，作苑囿於郊野，因成寢室，以恣淫樂也。觀魯公薨於臺下，則强臣則而象之，苑囿中各有寢室可知矣。吴夫差宿有妃嬙嬪御焉，鄭伯有之臣曰「吾公在壑谷」，則當時列國君臣之淫侈皆可見矣。

**【江氏擇言】季武子成寢，杜氏之葬在西階之下。**

按，檀弓記事在戰國之初，距季武子已遠，此事蓋得之傳聞。意武子作別宅，其地先有杜氏之葬，傳聞失實，遂謂武子之居寢耳。居寢之階下，許人合葬，情理所無者也。

**【欽定義疏】** **正義** 鄭氏康成曰：武子，魯公子季友之曾孫季孫夙。孔疏：世本「公子友生齊仲，齊仲生無逸，無逸生行父，行父生夙」。自見夷人冢墓以爲寢，欲文過。孔疏：武子云：合葬非古法，從周公以來始有。我成寢時，謂此冢墓不須合葬，故夷平之。是文飾其過也。

孔氏穎達曰：聽之葬，是許其大。哭是細也。先儒皆以杜氏喪從外來，就武子之寢合葬，與孔子合葬於防同。又案晏子春秋景公成路寢之臺，逢於阿、案：古本晏子春秋作「何」。盆成括後喪，並得附葬景公寢中，與此同。

**通論** 馬氏晞孟曰：聖人盡人道以送死。夫婦合葬，所以從生者之志。詩曰：「穀則異室，死則同穴。」蓋生雖有禮以限内外之别，死未嘗不同所歸。葬則同穴，附則同壙，祭則同几，體魄既降，魂氣在上。先王設爲喪祭之禮，聚其散、附其離而同之者，所以合鬼神，立至教也。

劉氏彝曰：成寢而夷人之墓，不仁也。不改葬而又請合焉，非孝也。許其合而命之哭，矯僞以文過也。寢者，所以安其家，乃處其家於人之冢上；墓者，所以安其先，乃處其先於人之階下，皆不近人情，非禮明矣。

方氏慤曰：周官墓大夫之職：「凡争墓地者，聽其獄訟。」當是時，豈有夷人之墓以成寢者哉？而季氏乃有是事者，由周官之法壞故也。

**存疑** 鄭氏康成曰：記此者，善其不奪人之恩。

**存異** 陸氏佃曰：杜氏請遷於外而合葬之。

張子曰：杜氏必是殯，故取其柩以歸合葬也。自伯禽至武子之世，多歷年，豈容城中有墓？

**辨正** 胡氏銓曰：謂善其不奪人之恩，非也。譏其夷人之墓，故爲是瑣瑣耳。

**案** 如張子説，宜記曰杜氏之殯。周法殯於西階，夏、殷於阼、於兩楹，此外别無殯法。禮，士、庶人逾月葬。小記云未葬，主人不釋服。此有故，必不得已者，若停柩，衰世之法耳，古無此事。然如陸氏「請遷」之説，則成寢之先宜遷矣，奈何聽其夷耶？此事晏子春秋自可徵，不必疑也。

【杭氏集説】劉氏彝曰：然終不若改墓之爲安也。

湯氏三才曰：杜氏請合而不哭，豈其所欲哉！

姚氏際恒曰：凡古事、古禮有與後世懸殊者，不可執今以疑古也。如記文明謂武子成寢室而存杜氏之葬于西階下，當時容有此事，而鄭氏謂夷人冢墓以爲寢。按杜氏仍來請合葬，則未嘗夷可知也。張子厚謂「此必是殯，豈容城中有墓」，皆非也。請合葬焉，張子厚又謂「掘其柩以歸合葬」，陸農師亦謂「請遷于外而合葬之」，皆非也。

朱氏軾曰：細玩禮文，是杜氏以新死者就寢合葬，武子謂「合葬之禮，其來已久」，不能禁杜氏之不葬也。既許其葬，又何靳而不令哭耶？然蟜固不脱齊衰，武子且善之，何至夷人冢墓？果夷墓爲宅，杜氏欲合葬，可得乎？此與晏子春秋所載景公事，皆無稽之論也。

姜氏兆錫曰：劉氏曰：「成寢而夷人墓，不仁也。不改葬而又請合焉，亦非孝也。許其合又命之哭，矯以文過也。且寢以安身，乃處於人之冢上；墓以安先，乃處於人之階下乎？皆非禮也。」

方氏苞曰：古者萬民族葬，墓大夫掌之，兆域必在郊野。卿大夫居國中，即休沐之居，亦宜在私邑，無緣有成寢而墓在階下之事。蓋周禮久廢，勢家縱侈，作苑囿于郊野，因成寢室，以恣淫樂也。觀魯公薨於臺下，則强臣則而象之，苑囿中各有寢室可知矣。吴夫差宿有妃嬙嬪御焉，鄭伯有之臣曰「吾公在壑谷」，則當時列國君臣之淫侈皆可見矣。

齊氏召南曰：按注未確。季氏不仁甚矣，而矯僞以文過，有何稱乎？記此者以爲戒也。方正學曰：「成寢而夷人之墓，合葬于人階下，二子皆不足爲知禮，其稱之也奚當？然則知禮者宜何居？曰：無已，則卜野而遷諸，猶爲善乎是。」

**【孫氏集解】**鄭氏曰：季武子，魯公子季友之曾孫季孫夙。言「合葬非古」者，自見夷人冢墓以爲寢，欲文過。

愚謂言合葬非古，以見不必合葬，解已所以夷墓之意。又言周公以來有合葬之禮，解已今日許之之意。皆文過之辭也。然古者葬於國北，季武子成寢必在國中，而乃有杜氏之墓，亦事之未必然者。

**【朱氏訓纂】季武子成寢，**注：武子，魯公子季友之曾孫夙。正義：案世本「公子友生齊仲，齊仲生無逸，無逸生行父，行父生夙」，夙是公子友曾孫也。**杜氏之葬在西階之下。請合葬焉，許之。入宫而不敢哭。武子曰：「合葬，非古也，自周公以來，未之有改也。**注：自見夷人冢墓以爲宅，欲文過。**吾許其大而不許其細，何居？」命之哭。**注：記此者，善其不奪人之恩。　正義：先儒皆以杜氏喪從外來，就武子之寢合葬，與孔子合葬於防同。又案晏子春秋景公成路寢之臺，逢於阿、盆成逆後喪，并得附葬景公寢中，與此同也。江氏永曰：檀弓記事，在戰國之初，距季武子已遠，此事蓋得之傳聞。意武子作别宅，其地先有杜氏之葬，傳聞失實，遂謂武子之居寢耳。居寢之階下，許人合葬，情理所無者也。

**【郭氏質疑】季武子成寢，杜氏之葬在西階之下，請合葬焉，許之。入宫而不敢哭。**

鄭注：季孫夙自見夷人冢墓以爲寢，欲文過。記此者，善其不奪人之恩。

孔疏引晏子春秋景公成路寢之臺，逢於阿、盆成适後喪，竝得附葬景公寢中，與此同。

嵩燾案，雜記：「主妾之喪，其殯祭不於正室。」此或季武子有庶子、庶婦之喪而殯於正室。横渠以杜氏之葬當爲杜氏之殯，良然。然謂取其柩以歸合葬，未知合葬何所？取柩者又誰也？語意皆未分明，於此經亦多一轉折。疑季武子成寢，若小宗伯之「兆甫竁」，冢人之「請度甫竁」，鄭注「度量始竁之處」，謂始穿壙也。漢舊儀，奉常屬有諸廟、寢園令長丞，又有園郎、寢郎。續漢書祭祀志：「諸陵皆有園寢，承秦制。」秦始起寢墓側，名陵寢。此云「成寢」，秦語也。冢人：「掌公墓，辨其兆域，爲之圖。」武子蓋自治其兆域，而庶婦有請合葬者。喪服小記：「妾祔於妾祖姑。」禮無庶婦合葬之文，故曰「非古」。入宫不敢哭者，庶子、庶孫不當哭於正室也。此記季氏之失禮，遂非無所顧也。哭於正室，視合葬之違禮，固爲細矣。

三·四 ○**子上之母死而不喪，**子上，孔子曾孫，子思伋之子，名白，其母出。○不喪，如字，下同，徐息浪反，下放此。伋，音急，子思名也，孔子之孫。**門人問諸子思曰：「昔者子之先君子喪出母乎？」曰：「然。」**禮，爲出母期，父卒，爲父後者不服耳。○期，居宜反，本又作「朞」，後放此。**「子之不使白也喪之，何也？」子思曰：「昔者吾先君子無所失道，道隆則從而隆，道污則從而污。**污，猶殺也。有隆有殺，進退如禮。○隆，力中反，盛也。污，音烏，下同。殺，所戒反，又所例反，下同。**伋則安能？**自予不能及。○予，羊許反，許也；一云「我也」，又音餘。**爲伋也妻者，是爲白也母；不爲伋也妻者，是不爲白也母。」故孔氏之不喪出母，自子思始也。**記禮所由廢，非之。

【疏】「子上」至「始也」。○正義曰：此一節論子上不喪出母之事，各隨文解之。

○注「禮爲」至「服耳」。○正義曰：案喪服齊衰杖期章「出妻之子爲母」，又云：「出妻之子爲父後者，則爲出母無服。」傳云「與尊者爲一體，不敢服其私親」是也。子思既在，子上當爲出母有服，故門人疑而問之。云「子之先君子」，謂孔子也，令子喪出母乎？子思曰：「然。」然，猶如是也，言是喪出母故也。伯魚之母被出，死，期而猶哭，是喪出母也。

○「子思」至「而污」。○道，猶禮也。言吾之先君子無所失道，道有可隆則從而隆，謂父在爲出母宜加隆厚，爲之著服。

「道污」者，污猶殺也，若禮可殺則從而殺，謂父卒，子爲父後，上繼至尊，不敢私爲出母，禮當減殺，則不爲之著服。

「伋則安能」者，子思自以才能淺薄，不及聖祖，故云「伋則何能」。鄭云「自予不能及」，予，猶許也，自許不能及也。

**【衛氏集説】**鄭氏曰：子上，孔子曾孫，子思伋之子，名白，其母出。禮，爲出母期，父卒，爲父後者不服耳。汙，猶殺也。有隆有殺，進退如禮。自子思始，記禮所由廢，非之也。

孔氏曰：此一節論子上不喪出母之事。出妻之子爲父後，則與尊者爲一體，不敢服其私親。子思既在，則子上當爲出母有服，故門人疑而問之。云「子之先君子」，謂孔子也，令子喪出母乎？子思曰：「然。」伯魚之母被出，死，期而猶哭，是喪出母也。道，猶禮也。子思言吾先君子無所失道，道有可隆則從而隆，謂父在爲出母宜加隆厚，爲之著服。「道汙」者，汙猶殺也，若禮可殺則從而殺，謂父卒，子爲父後，禮當減殺，不爲著服也。子思自以才能淺薄，不及聖祖，故云「伋則安能」。

横渠張氏曰：孔子之母雖不正，然非遭出，當其死也，安得不以母服服之？當時正是死不在孔氏之家，遂疑以爲出，子思於此又難以劇論，故但言先君子無所失道，謂無不中禮也，此語最好。子思不使白也喪出母，必是子思止有一子，故不使喪出母，適長則不爲出母服也。言不喪出母自子思始，非謂孔氏世世有出母，特於子思見此事耳。道隆則從而隆，道汙則從而汙，亦就其出母以定汙隆。聖人則處情，子思則守禮，出妻不當使子喪之，禮也。子於母則不可忘，若父不使之喪，子固不可違父，當默持心喪，亦禮也。若父使之喪而喪之，亦禮也。子思以爲我不至於聖人，不敢不循理，而孔子使喪出母，乃聖人處權。子思自以爲不敢處權，唯循理而已，不敢學孔子也，故曰：「先君子無所失道，道隆則從而隆，道汙則從而汙。」孔子所爲皆義也，但子思未識聖人之意，所以不敢學也。道即義也。隆，高也。汙，下也。義高則禮亦高，義下則禮亦下。

長樂陳氏曰：夫之於妻有出之之禮，子之於母無絶之之道。故不爲父也妻，不可謂之不爲子也母，以其不可謂之不爲子也母，故死而必喪。以其不爲父也妻，故止於期年而已。喪之者，恩也。期年者，義也。義資恩以爲用，恩資義以爲斷，此喪出母之禮也。儀禮曰：「出妻之子爲母期。」故伯魚之母死，期而猶哭，孔子以之爲甚。是哭於期年之内則可，哭於期年之外則甚也。子上之母死而不喪，子思謂先君子之無失道者，以情徇道而未嘗以道徇情也。道隆則從而隆，故喪出母，道汙則從而汙，故止於期年而已。若伋則以道徇情而不能以情徇道，故爲伋也妻是爲白也母，不爲伋也妻是不爲白也母。嗚呼！君子之於禮，不知而不行者，其過小；知而不行者，其過大。子思知而不行，而以「不能」自詘，此所以不爲君子取也。

嚴陵方氏曰：父在而服出母期，此從道之隆也。父没而爲後則不爲之服，此從道之汙也。君子之於禮，過者俯而就之，不至者跂而及之而已。子思乃有「安能」之語，豈爲知禮之道哉！

馬氏曰：夫婦以義合，亦可以義離，子母之恩無絶也。雖子之於出母猶必喪之，而父亦不得禁焉。蓋夫婦失義，不可以奪子母之恩也。子思之不使白也喪出母，則既薄矣，又從而爲之辭，其可乎？

石林葉氏曰：汙、隆，猶言升、降。道可以恩而上之者，謂之隆，故父在無嫌，則與之俱隆而服期。道可以義而殺之者，謂之汙，故父没而爲人後不可以有二本，則與之俱汙而不爲服。此人之所可勉也，而子思自以爲不能而使白絶其母，故記「不喪出母，自子思始」。異父，禮亦謂之繼父，繼父同居，則服期；不同居，則不服，自其母推之也。此亦服者其隆，而不服者其汙也。異父既服期，則其昆弟死，視異父以爲差而服大功，子游之言是矣。而子夏不及知，乃自以「未之前聞」，而從「魯人齊衰」以答狄儀之問，所以記「今之齊衰，狄儀之問也」。出母之無服，非所汙而汙；異父昆弟之齊衰，非所隆而隆，君子是以謹之。近世士大夫多疑於出母與異父之喪，服不服率自其意，而莫能一，殆未嘗學禮之過歟？

父卒，爲父後者不服爾。污，猶殺也。有隆有殺，進退如禮。

【吴氏纂言】鄭氏曰：子上，孔子曾孫，子思伋之子，名白，其母出。禮，爲出母期，父卒，爲父後者不服爾。污，猶殺也。有隆有殺，進退如禮。

孔氏曰：按喪服「出妻之子爲人後者，爲出母無服」，傳云：「與尊者爲一體，不敢服其私親也。」子思既在，子上當爲出母有服，故門人疑而問，云子之先君子令子喪出母乎？先君子，謂孔子也。子思曰：「然。」然，猶如是，言喪出母也。伯魚之母被出，朞而猶哭是也。道，猶禮也，言吾之先君子無所失道。道可隆則從而隆，謂父在爲出母加隆厚，爲之服也。若道可殺則從而殺，謂父卒子爲父後，上繼至尊，不得私服出母，禮宜減殺，則不爲服也。「伋則安能」，子思自以不及聖祖，故云。

方氏曰：父在而服出母朞，此從道之隆也。父没而爲後則不爲之服，此從道之殺也。

澄曰：伯魚父在，故得爲出母服。子思雖是父與祖俱已没，然亦得爲嫁母服者，支子不主祭故也。子上雖有父在，而不得爲出母服者，蓋子思兄死時，子思使其子接續伯父，主祖與曾祖之祭。既主尊者之祭，則不敢服私親也。此禮昔所未有，子思以義起之，乃孔氏一家之變禮，權而得宜者。門人但見常禮，父在當服出母，而子上不服，故疑而問。子思不以其子已主祖與曾祖之祭，不可服出母答門人，但推尊聖祖之於禮，或隆或污，無不得宜，而自謙抑己之不能及。爲伋妻者爲白母，不爲伋妻者不爲白母，此主祭爲後者之正服也，言此俾門人深思詳察而自知之。「伋則安能」之語，與論語「我則不暇」之語相類。孔子答人之問，多有似此含蓄不露者。子思此答，語意甚似聖人，真可爲孔子之孫哉！而周末記禮者已不悟，故以「不喪出母，自子思始」貶之。而後之注禮者，馬氏則謂子思不使白喪出母，既薄矣，又從而爲之辭。石林葉氏則謂子思自以「不能」而使白絶其母。長樂陳氏則謂子思以「不能」自處，君子不取也。方氏則又謂子思「安能」之語，豈爲知禮之道哉？甚矣，其不知言，而輕於非議聖賢也！張子亦謂子思未識聖人之意，故不敢學。孔子雖不非議，亦是思之未精者。或曰子思兄死，不自代兄主祭，而使其子繼伯父主祭，何也？曰：子思有兄，則支子爾，子上則繼禰之宗子也。古禮有奪宗，謂宗子死，無後，則非宗子者代之主祭也。然以支子奪宗子，不若以繼禰之宗，進而爲繼祖、繼曾祖之宗者爲順。且以己代兄，無尊者命，是自奪宗也。以子繼伯父，則有父命，愈於無命而自奪宗者也。子思之處此，蓋精審矣，非得聖道之傳者不能也。曰：不爲伯父後而接續主祭，可乎？曰：禮，唯大宗無子者，族人以支子後之。若小宗無子者，不立後而但奪宗也。曰：何以知子思之有兄？曰：子思哭嫂，則有兄明矣。曰：或言孔氏九世單傳，非乎？曰：此雜書所言，本不足深信。然子思雖有兄而蚤死無子，其傳世者皆子思之子孫，是即單傳也。

【陳氏集説】子上之母，子思出妻也。禮，爲出母齊衰杖期，而爲父後者無服，心喪而已。伯魚、子上皆爲父後，禮當不服者，而伯魚乃期而猶哭，夫子聞之曰：「甚！」而後除之。此賢者過之之事也。子思不使白喪出母，正欲用禮耳，而門人以先君子之事爲問，則子思難乎言伯魚之過禮也，故以聖人無所失道爲對，謂聖人之聽伯魚喪出母者，以道揆禮而爲之隆殺也。惟聖人能於道之所當加隆者，則從而隆之；於道之所當降殺者，則從而殺之。汙，猶殺也。是於先王之禮有所斟酌，而隨時隆殺，以從於中道也，我則安能如是哉！但爲我妻，則白當爲母服，今既不爲我妻，則白爲父後而不當服矣。子思是欲守常禮，而不欲使如伯魚之加隆也。

【納喇補正】集説　禮，爲出母齊衰杖期，而爲父後者無服，心喪而已。伯魚、子上皆爲父後，禮當不服者，而伯魚乃期而猶哭，夫子聞之曰：「甚！」而後除之。此賢者過之之事也。子思不使白喪出母，正欲用禮耳，而門人以先君子之事爲問，則子思難乎言伯魚之過禮也，故以聖人無所失道爲對，謂聖人之聽伯魚喪出母者，以道揆禮而爲之隆殺也。

竊案　張子、朱子皆以不喪出母爲正禮，而孔子令伯魚喪出母爲行權，心每疑之。嘗讀吾師徐先生健菴所著讀禮通考，然後知喪出母爲禮之正，而記禮者誌其變禮之始，不得反以夫子爲行權也。通考曰：「玩經傳所言，爲出母之喪者，父在則齊衰杖期，父歿，嫡子爲父後，嫌於不祭，則無服。若衆子，則雖父没，猶得爲出母服。」伯魚母死與子上母死，皆當父在之時，則齊衰杖期固其禮矣。伯魚服過期而猶哭，故夫子甚之，明乎不及期則哭之可也。子上母死而不喪，則齊衰杖期之禮廢矣。子思道隆、道汙之説，先儒皆不能無疑，而從而爲之辭者。朱子曰：「出母既得罪於祖，則不得入祖廟，不喪出母，禮也。」是不分父在父没、衆子嫡子，而皆以爲不當服矣。陳澔曰：「禮，爲出母齊衰杖期，而爲父後者無服。伯魚、子上皆爲父後，禮當不服。」是謂嫡子宜無服，而不思嫡子於父在時猶有服也。伯魚父在而服期，爲合於禮，則子上父在而不服，爲非禮，明甚。然則先儒何所據而斷從子思之言，爲能守禮之常者乎？且道即禮也，解之者曰：「聖人以道揆禮，而於道之所加隆者，則從而隆之，於道之所當降殺者，則從而殺之。」是禮全無定準，一聽道之轉移。聖人用道，恐不如是之模棱前却，使人皆得以其意爲重輕，而令守禮之學者，亦將漫無所依據也。大抵戴禮所記多駁雜，如孔氏再世出妻，子思母嫁，皆不可信。後世定禮，不分嫡子衆子，皆齊衰杖期以喪其出母，所以緣人情之不得已而變通之者，於古制亦無害。如子上之事之有無，皆不可知，其不可援以爲據也，明矣。

**又案** 草廬吴氏云：「子上雖有父在，而不得爲出母服者，蓋子思兄死時，使其子續伯父，主祖與曾祖之祭。既主尊者之祭，則不敢服私親也。此禮所未有，子思以義起之者。」又云：「子思有兄，則支子爾，子上則繼禰之宗子也。古禮有奪宗，謂宗子死，無後，則非宗子者代之主祭也。然以支子奪宗子，不若以繼禰之宗，進而爲繼祖、繼曾祖之宗者爲順。或曰：不立後而但奪宗，可乎？曰：禮，惟大宗無子者，不立後而但奪宗也。」吾友姜西溟宸英嘗駁之曰：「使子上主尊者之祀，而不敢服其私親，則不但不當服出母之喪，亦當降服於其父矣。今但以續伯父主祭爲不服出母之證，於義安乎？傳曰『天子建國，諸侯奪宗』，謂諸侯爲一國之主，雖非宗子，亦得移宗於己，此所謂奪宗也。禮，自大夫以下，支子不祭，或宗子有故而代攝之，祭則必告於宗子。宗子爲士，庶子爲大夫，以上牲祭於宗子之家，祝稱『孝子某爲介子某，薦其常事』。宗子有罪適他國者，庶子爲大夫，其祭也，祝亦如之，而禮有降等。庶子無爵而居者，望墓爲壇，以時祭。宗子死，稱名，不言孝。凡禮言庶子代宗子祭者，如是而已，皆不得謂之奪。若宗子無後者，則必爲之立後，而繼大宗者，必繼其禰，未有越禰而直繼其曾祖、祖者。喪服傳曰『爲人後者，爲其父母衰』，言繼禰也。禮，惟大宗無子爲立後，非大宗則不立後。不言惟大宗不立後，而但奪宗，爲此説者，所以祖述濮議，縱一時之辨，不知其下貽末世議禮小人之口實，其爲剌謬，豈不甚哉？且子上誠爲伯父後，則子思不當云『爲伋也妻者，爲白也母』矣。設使子上既不後伯父，又不後其私親，天下有無父之人則可也。古者士惟一廟，以祭其禰，而祭祖於其禰之廟。子上，士也，不祭禰，不立其禰之廟矣，雖有曾祖、祖之祭，不知其將安設，此尤理之不可通者也。然則爲子上者宜何居？曰：自有孔子之禮在矣。記言之『孔氏之不喪出母，自子思始』，志變禮也。明其爲變禮，從而强爲之辭者，皆後儒之過也。」此辨吴氏之謬，而與先生之言足相發明，故併録之。

又案 孔子年十九娶宋亓官氏女，明年生子，適魯昭公賜之鯉，孔子榮君之賜，因以名之。至六十六而亓官夫人卒，則無出妻之事可知。聖門禮義之宗，豈有不能刑于而三世出妻者？其爲異學詆毁無疑也。

【郝氏通解】按儀禮，爲出母齊衰杖期，冢嗣爲父後者，於出母無服。子上、伯魚皆爲父後者也，子上，子思之子，名白，子思之妻生白，見出。死，而子思不使白爲其母喪，門人疑，故問也。先君子，謂祖仲尼、父伯魚也。伯魚之母亦見出，而孔子使伯魚喪，期而猶哭，故門人引以爲比。無所失道，謂惟聖人能盡道，乃能以道行權，而自爲隆殺。中人惟守常執經，不敢違禮也。污，猶殺也。隆，指先君子。污，子思自謂。

按出妻，人倫之變，非士君子之高誼。大戴記有「婦人七出」之説，於人情未宜。今謂孔氏三世出妻，無稽甚矣。詩云：「刑于寡妻。」豈聖人之配，名賢之母，皆不克其家？好事之説，本無足信，但喪服於父母，何其低昂也。物有天地，人有父母，同天不獨施，父不獨生，故曰父母之喪，無貴賤一。母死無喪，是路人耳。此禮不宜自孔氏始。然則禮重父而殺母，何也？天地之分也，人生先有氣，後有形，故父稱至尊，知親不知尊者，禽獸也。禮所以别人于禽獸，故以尊爲本，非謂母獨可薄也。

【方氏析疑】道隆則從而隆，道污則從而污。

疏以父在、父没别隆污，非也。伯魚、子上皆爲父後之子，而遇出母之喪，皆父在之時，則張子謂道隆、道污，就所出之母以定之，無疑矣。蓋或見出同，而過有小大也。

【江氏擇言】子上之母死而不喪。

按，子之先君子喪出母，謂孔子也。孔子之父先娶施氏，無子而出，後娶顔氏，生孔子。其後施氏卒，孔子猶爲之服出母之服，蓋閔其無子也，所謂道隆則從而隆也。舊説皆謂伯魚之母出，伯魚猶爲之服，誤矣。此因「伯魚之母死，期而猶哭」一章，遂傳誤。期而猶哭，夫子謂其甚，乃是裁其過禮耳。伯魚之母未嘗出也，近世豐城甘紱始爲辨明。

【欽定義疏】正義　鄭氏康成曰：子上，孔子曾孫，子思伋之子，名白，其母出。禮，爲出母期。父卒，爲父後者不服耳。孔疏：喪服傳云：「與尊者爲一體，不敢服其私親也。」汙，猶殺也。有隆有殺，進退如禮。自子思始，記禮所由廢，非之也。

孔氏穎達曰：此論子上不喪出母之事。子思既在，子上當爲出母有服，故門人疑而問之。道隆則從而隆，謂父在，爲出母宜加隆厚，爲之著服。汙，猶殺也，謂父卒子爲父後，禮當減殺，不爲著服。

陳氏祥道曰：夫於妻有出之禮，子於母無絶之道。故不爲父也妻，不可謂不爲子也母。爲子也母，故必喪。不爲父也妻，故止於期。喪之者恩，期年者義。

**存疑** 孔氏穎達曰：先君子，謂孔子。伯魚之母被出，死，期而猶哭，是喪出母也。

案：説在本章。此「先君子」泛言孔氏以下耳。

**存異** 張子曰：出妻，不當使子喪之，禮也。子於母，則不可忘。父不使之喪，固不可違父，當默持心喪。若父使之喪而喪之，聖人處權，子思惟循禮而已。

朱子曰：出母得罪於祖，不得入祖廟，不喪出母是正禮，孔子却是變禮也。又曰：子思所答與儀禮都不相應。禮，爲人後者爲出母無服，只合以此答之。

吴氏澄曰：子上父在，不得爲出母服者。子思兄死時，使其子續伯父，主祖與曾祖之祭。既主尊者之祭，則不敢服其私親。不爲伯父後而接續主祭者，禮，大宗無子，不立後，而但奪宗也。何以知子思之有兄？曰：子思哭嫂。

**案** 喪服傳「爲父後者，爲出母無服」，張子、朱子皆據之，斷子上不喪出母爲合禮。考孔氏疏，「爲後」指父没適子承重主祭者。孔知指承重主祭言者，小記云「爲父後者，爲出母無服，喪者不祭」故也，此孔説之確有所據者。子上既父在，無廢祭之嫌，有服明矣。朱子又云：「出母得罪於祖，不得入祖廟，故無服。」而以孔子使服出母爲變禮，是又不分父在、父没，適子、衆子俱不當服矣。喪服齊衰杖期章有出妻之子爲母者，何耶？

母出，雖得罪於祖，然於子猶爲親者屬。既不當制服，則繼母嫁者從爲之服，報，繼父同居者爲服不杖期，皆不可通也。史記孔子世家，伯魚八傳至鮒始有弟，子襄以上俱單傳，「哭嫂」之説不可據。即如其説，既不爲伯父後，而但藉口主祭，逃出母之服，於義安耶？吴氏蓋求其説不得，而爲之辭者也。

【杭氏集説】朱子曰：出母得罪於祖，不得入祖廟，不喪出母，是正禮，孔子卻是變禮也。又曰：子思所答與儀禮都不相應。禮，爲人後者爲出母無服，只合以此答之。

吴氏澄曰：子上父在，不得爲出母服者。子思兄死時，使其子續伯父，主祖與曾祖之祭。既主尊者之祭，則不敢服其私親。不爲伯父後而接續主祭者，禮，大宗無子，不立後，而但奪宗也。何以知子思之有兄？曰：子思哭嫂。

姚氏際恒曰：諸儒解此事，或謂禮宜爲出母齊衰杖期；或謂禮不宜喪出母；或謂喪出母爲聖人處權，不喪出母爲子思守禮；或謂禮爲出母齊衰杖期，而爲父後者無服，伯魚、子上皆爲父後，伯者，乃賢者之過，子思正欲用禮。紛紛諸辨，皆可不必。孔子必無三世出妻之事也。黄叔陽曰：「夫子年十九娶宋亓史記注作「上」，家語作「亓」，「并」字誤。官氏，明年生子，適魯昭公賜之二史記無「二」字。鯉魚。夫子榮君之賜，因以名其子而字之曰伯魚。至六十六而夫人亓官氏卒，傳記之所可考者，昭然如此，豈可以爲世出其妻乎？」按黄之前説，乃史記注引家語，其六十六夫人卒之事，史記、家語皆無之，彼説固難信。今欲闢彼説而僞撰其事以爲證，又烏乎可？

朱氏軾曰：道隆則隆，道污則污，道義也。義可厚則厚，可降則降，不問禮制之有無也。按儀禮「出妻之子爲母期」，又曰：「爲父後者，則不爲出母期。」先儒謂爲父後則父没矣，父没主祭則不服私親。據此則伯鯉父在，喪出母爲禮。子上之不喪，爲變于禮矣。竊意喪服此條乃漢儒增入，孔子、子思時本無此禮。然母子天性有不能恝然于衷者，伯鯉天資純厚，夫子不忍違其志，而聽服期，蓋以義起也。義可隆，則禮隆者不妨隆；義可降，禮隆者不妨降。然必見道之真，如聖人乃能之，大賢以下不得不守其常，故子思曰「我則不能」。或曰先王制禮，隆殺之宜，審之悉矣，安得有義外之義？曰：禮固道也，而有時不盡乎道者，緣情也，因時也。如母喪三年，嫂叔小功，婦服舅姑三年之類。不得謂先王之制爲非，亦不得謂後人所變爲不是，要揆之于道，無悖焉耳。然三世出妻，子思母嫁，必非實事，先儒言之詳矣。

徐氏乾學曰：言「不喪出母，自子思始」，是子思前未有不喪出母者。檀弓凡言「始」，皆變禮之失，此亦微文示譏耳。

陸氏奎勳曰：爲出母之喪者，父在，則齊衰杖期；父殁，嫡子爲父後者無服，以不祭爲嫌也。若衆子，則雖父殁，猶得服期，禮之正也。子思之不喪出母，信斯言也，於禮不合，况夫詩詠文德，首曰「刑于」；傳列鴻妻，曾聞「舉案」。孔門大聖大賢，豈有三世出其妻者？此皆起于戰國遊士詆毀之口。案孔子年十九娶宋亓官氏，明年生子，昭公賜鯉，因以命名，年六十六而亓官夫人乃卒，其無出妻事明矣。

姜氏兆錫曰：子上，子思之子，其母子思之出妻也。子之先君子喪出母，謂孔子聽伯魚之喪出母也。道，猶禮也。汙，猶殺也。隆謂有服，汙謂無服。白，子上名。伋，子思名也。此章陳注全背禮制，與古注歷相反，今一以古注正之。鄭注曰：「禮，爲出母期，父卒，爲父後者無服。」孔子有隆有殺，進退如禮，而子思自謂不能及，記禮所由廢也。疏曰：「按儀禮喪服經傳，子思既在，子上當爲出母有服，故門人疑而問之。禮可隆則從隆，謂父在爲出母宜隆厚也；禮可殺則從殺，謂父卒子爲父後，上繼至尊，不敢私爲出母，宜減殺也。而子思自謂不能及聖祖，亦過矣。」陳氏曰：「伯魚之母死，期而猶哭，孔子以爲甚。是哭於期以内則可，哭於期以外則甚也。道隆以隆，故喪出母；道汙而汙，故喪不過期。子思知之，而以不能自詘，殆非也。」愚歷按古注，蓋言先聖之盡禮，而子思始變之也。而陳注乃謂伯魚、子上皆爲父後，不合爲出母服，伯魚期而猶哭，子思難乎言伯魚之合禮也，故爲權詞以答之。蓋欲子上之守常以行禮，而不欲其加隆以變禮也。夫陳注之與古注，其是非如是相反者，何哉？原其病，蓋緣「禮，爲父後者無服」一，解有不合而然也。陳注不論父在、父卒而直以伯魚、子上皆爲父後者，則于母自合無服，而古注則以父卒乃與尊者爲一體，所傳重而後無服，故相反也。據儀禮喪服篇言「出妻之子爲母齊衰杖期」，此經也。又言「出妻之子爲父後者，則爲出母無服」，此傳也。又釋無服之意謂「與尊者爲一體，不敢服其私親也」，此引舊傳以釋傳也。又釋「尊者爲一體」之意，謂不言與父爲體，而言與尊者爲體，本祖以下而言也，此以注釋傳也。由傳及注推之，蓋長子正體于上，嫡嫡相承，又以傳重爲宗廟主，是爲父後，本于父卒承重，非謂父在時也。且經傳不言出妻之衆子爲母期，長子則無服，而言出妻之子爲母期，爲父後者則無服，是其言出妻之子，該衆子、長子而言。而其言爲父後者，乃以父卒，長子承重得名，又易明也。喪服小記云：「爲父後者爲出母無服。」無服也者，喪者不祭故也。注云：「事宗廟爲祭主者，不得服其私親也。」夫出母是私親，以父卒，身爲祭主而不得服，則父在，爲祭主，其爲之服宜也。如之何以父尚在，伯魚、子上妄謂之爲父後者而不服出母也？且陳注以伯魚、子上皆爲父後而不當有服，則伯魚期固非矣，况期而猶哭乎？伯魚責固難辭，而夫子乃不蚤止其期而徒儆其猶哭，則是違禮徇俗，而姑爲紾兄者之徐徐爾也，而至聖又豈爲之者？考孔氏三世，皆母與廟絶，孔子出其妻，而其後聽伯魚之喪之者，父在時也；子思之母嫁于衛之庶氏，而不爲服者，父卒後也。今子思尚在而不聽子上之喪出母，故言「自子思始」以概之。若不論父在、父卒，而長子概不爲出母服，則不爲服者已始于子思之自不爲其母服矣，不待其不聽子上之喪出母而後云「自子思始也」。孔氏三世，始末並見此篇之内，則注疏稱父卒、爲父後者乃無服，歷考甚明，而陳注未之思也。故愚備載而質之，以俟達禮者擇焉。

任氏啟運曰：子思于出母，其神傷于出妻，其詞厲，此爲子、爲夫之别也。夫于妻有絶道，子于母無絶道。聖人制禮，出妻之子爲母期，夫亦知子之心，必有不忍故也。夫子寬仁，故使子喪之。子思嚴毅，故不使白喪之。于是見聖賢氣象之别，而玩子思語意，亦似其妻罪大也。然則人子處此，將如何？父殁，則喪之；父在，則聽命于父焉爾。又按孔門三代出妻，事之有無，雖不可必，然亦可見古人夫綱之肅，内治之嚴。婦人是夫比于君父，家道之成，此義著也。自出妻之法不行，而强妻悍婦遂敢抗衡其夫，甚至淫垢横行，喪家絶嗣而莫可制，皆由此義之不講故也。然則説禮者何必以出妻爲孔氏諱哉！程子曰：「世俗以出妻爲醜行，隱忍不敢發，不知纔修身便到刑家，妻不善便當去也。」或問：「古出妻，有坐對姑叱狗、蒸梨不熟者，似非大惡。」程子曰：「此古人忠厚之道也。不忍以惡大出之，使以微罪去。」古語云「出妻，令可嫁。絶友，使可交」是也。

方氏苞曰：疏以父在、父没别隆污，非也。伯魚、子上皆爲父後之子，而遇出母之喪，皆父在之時，則張子謂道隆、道污，就所出之母以定，似無疑矣。蓋或見出同，而過有小大也。

齊氏召南曰：非之，按正是爲父後者無服，何謂「非之」？子之先君子，疏指孔子，陳氏集説指伯魚爲長。

【孫氏集解】鄭氏曰：子上，孔子曾孫，子思伋之子，名白，其母出。禮，爲出母期，父卒，爲父後者不服耳。污，猶殺也。有隆有殺，進退如禮。伋則安能，自予不能及。孔氏不喪出母，自子思始，非之。

孔氏曰：案喪服齊衰杖期章「出妻之子爲母」。又云：「出妻之子爲父後者，則爲出母無服。」傳云「與尊者爲一體，不敢服其私親」是也。子思既在，則子上爲出母有服，故門人見其不服，疑而問之。子之先君子，謂孔子也。

愚謂隆，高也，污讀爲洿，下也。道之隆污，謂禮之隆殺，妻當出則出之，是禮宜污而污也。出母當服，則使其子服之，是禮宜隆而隆也。言隨時隆殺以合理者，惟聖人能之，而己則不能也。蓋伯魚之母出，而在父室者也。子上之母出，而已嫁者也。喪服，惟有母嫁而從者之服，而無母嫁不從者之服，則出母之嫁者，其無服可知矣。子思於門人之問不欲斥言，而但爲遜辭以答之，忠厚之道也。然其言「不爲伋也妻，則不爲白也母」，則固有微示其意者。蓋妻出而未嫁，猶有可反之義。出而嫁，則彼此皆絶矣。以其義絶於其夫也，故曰「不爲伋也妻」。以其義并絶於其子也，故曰「不爲白也母」。不然，以天屬之恩，而於禮之宜爲服者，强奪之而使不服，豈所以處其子哉！記者不察其實，遂謂「孔氏不喪出母，自子思始」，其亦誤矣。

【朱氏訓纂】子上之母死而不喪，注：子上，孔子曾孫，子思伋之子，名白，其母出。

門人問諸子思曰：「昔者子之先君子喪出母乎？」曰：「然。」注：禮，爲出母期，父卒，爲父後者不服耳。「子之不使白也喪之，何也？」子思曰：「昔者吾先君子無所失道，道隆則從而隆，道汙則從而汙。注：汙，猶殺也。有隆有殺，進退如禮。伋則安能？注：自予不能及。釋文：予，許也。爲伋也妻者，是爲白也母；不爲伋也妻者，是不爲白也母。」故孔氏之不喪出母，自子思始也。注：記禮所由廢，非之。正義：案喪服齊衰杖期章「出妻之子爲母」。又云：「出妻之子爲父後者，爲出母無服。」傳云「與尊者爲一體，不敢服其私親」是也。子思既在，子上當爲出母有服，故門人疑而問之。子之先君子，謂孔子也。伯魚之母被出，死，期而猶哭，是喪出母也。

三·五 ○**孔子曰：「拜而后稽顙，頹乎其順也；**此殷之喪拜也。頹，順也。先拜賓，順於事也。○顙，素黨反。稽顙，觸地無容。頹，徒回反。**稽顙而后拜，頎乎其至也。**此周之喪拜也。頎，至也。先觸地無容，哀之至。○頎，音懇，惻隱之貌，又音畿。觸，音昌欲反。**三年之喪，吾從其至者。」**重者尚哀戚，自期如殷可[一]。

【疏】「孔子」至「至者」。○正義曰：此一節論殷、周喪拜之異也。拜者，主人孝子拜賓也。稽顙者，觸地無容也。頹然，不逆之意也。拜是爲賓，稽顙爲己，前賓後己，各以爲頹然而順序也。

○「稽顙而后拜，頎乎其至也」者，頎，惻隱貌也。先觸地無容，後乃拜賓也。是爲

[一] 自期如殷可　閩、監、毛本作「可」，岳本、嘉靖本同。此本「可」誤「何」。○鍔按：「自期」上，阮校有「孔子曰節」四字。

親痛深貌，惻隱之至也。

○「三年之喪，吾從其至」者，孔子評二代所拜也。至者，謂先稽顙後拜也。重喪，主貌惻隱，故三年喪則從其頎至者也。

○注「重者」至「殷可」。○正義曰：三年之喪，尚哀戚則從周，自期以下如殷可。此經直云「拜而后稽顙」「稽顙而后拜」，鄭知「拜而後稽顙」是殷之喪拜，「稽顙而后拜」是周之喪拜者，於孔子所論，每以二代相對。故下檀弓云：「殷人既封而弔，周人反哭而弔。殷以慤[一]，吾從周。」又云：「殷朝而殯於祖，周朝而遂葬。」皆以殷、周相對，故知此亦殷、周相對也。知並是殷、周喪拜者，此云「三年之喪，吾從其至」，明非三年喪者則從其順，故知並是喪拜。但殷之喪拜，自斬衰以下，緦麻以上，皆拜而后稽顙，以其質故也[二]。周則杖期以上，皆先稽顙而后拜，不期杖以下[三]，乃作殷之喪拜。鄭知殷先拜而后稽顙，周先稽顙而后拜者，以孔子所論，皆先殷而後周。今「拜而后稽顙」文在其上，故爲殷也；「稽顙而后拜」文在其下，故爲周也。且下檀弓云「秦穆公使人弔公子重耳，重耳稽顙而不拜」，示不爲後也。若爲後，當稽顙而後拜也。重耳既在周時，明知先稽顙

[一] 殷以慤　惠棟校宋本同，閩、監、毛本「以」作「已」。○按：「以」「已」多通用。
[二] 以其質故也　惠棟校宋本作「以其」，此本「以其」二字闕，閩、監、毛本作「殷尚」。
[三] 不期杖以下　閩本如此，此本「期」字闕，監、毛本「不期杖」作「不杖期」。

而後拜者。若然，士喪禮既是周禮，所以「主人拜稽顙」，似亦先拜而後稽顙者。士喪禮云「拜稽顙」者，謂爲拜之時先稽顙。其喪大記每「拜稽顙」者，與士喪禮同。案：晉語云，秦穆公弔重耳，重耳「再拜不稽顙」。與下篇「重耳稽顙不拜」文異者，國語之文不可用。此「稽顙而後拜」，即大祝「凶拜」之下，鄭注「稽顙而後拜」謂三年服者。此「拜而後稽顙」，即大祝「吉拜」，鄭注云謂「齊衰不杖以下」者。鄭知「凶拜」是三年服者，以雜記云：「三年之喪，以其喪拜。」喪拜即凶拜。鄭又云「吉拜，齊衰不杖以下」，則齊衰杖者，亦用凶拜者。知齊衰杖用凶拜者，以雜記云：「父母在，爲妻不杖不稽顙。」明父母殁，爲妻杖得稽顙也。是知杖齊衰得爲凶拜。若然，雜記云：「三年之喪，以其喪拜；非三年之喪，以吉拜。」則杖期以下皆用吉拜，今此杖期得用凶拜者，雜記所云。大判而言，雖有杖期，總屬三年之内。熊氏以爲雜記所論，是拜問、拜賜，故杖期亦屬吉拜。必知然者，以鄭注大祝「凶拜」云「三年服」者，是用雜記之文解以「凶拜」之義，則拜賓、拜問、拜賜不得殊也。且雜記「問與？賜與？」於拜文上下不相接次，不可用也。周禮大祝「一曰稽首」，鄭云「頭至地」。案中候我應云「王再拜稽首」，鄭云：「稽首，頭至手也[一]。」此即臣拜君之拜，故左傳云：「天子在，寡君無所稽首，大夫於諸侯亦稽首。」故

[一] 稽首頭至手也　惠棟校宋本、閩本同，監、毛本「手」作「地」。

下曲禮云：「大夫之臣不稽首。」則大夫於君得稽首。

「二曰頓首」，鄭曰「頭叩地」，不停留也[一]。此平敵以下拜也，諸侯相拜則然，以其不稽首唯頓首也。

「三曰空首」，鄭云「頭至手，所謂拜手也」。以其與拜手是一，故爲頭至手也。此答臣下之拜，其敵者既用頓首，故知不敵者用空首。「四曰振動」，鄭云「戰栗變動之拜」，謂有敬懼，故爲振動。故尚書泰誓「火流爲烏，王動色變」是也。「五曰吉拜」者，謂先作頓首拜，後作稽顙。故鄭康成注：「與頓首相近。」「六曰凶拜」者，既重於吉拜，當先作稽顙而後稽首。「七曰奇拜」，鄭大夫云：「奇拜，謂一拜也。」鄭康成云：「一拜答臣下。」然燕禮、大射，公答再拜者，爲初敬之，爲賓尊之，故再拜。燕末無筭爵之後，唯止一拜而已。「八曰褒拜」者，鄭大夫云：「褒讀爲報。拜[二]，再拜也。」鄭康成云：「再拜，拜神與尸。」

---

[一] 不停留地 閩、監、毛本同。惠棟校宋本「地」作「也」，是也。

[二] 褒讀爲報拜 閩、監、毛本同，惠棟校宋本「報」字重。

「九曰肅拜」者，鄭司農云：「但俯下手，今時撎是也[一]。介者不拜。」引成十六年「爲事故，敢肅使者」。此禮拜，體爲空首一拜而已，其餘皆再拜也。其肅拜或至再，故成十六年晉郤至「三肅使」[二]。此肅又謂婦人之拜，故少儀云「婦人吉事，雖有君賜，肅拜」是也。

**【衛氏集説】**鄭氏曰：頽，順也。先拜賓，順於事也。此殷之喪拜。頎，至也。先觸地無容，哀之至。此周之喪拜。重者尚哀戚，自期如殷可。

孔氏曰：此一節論殷、周喪拜之異。拜者，主人孝子拜賓也。稽顙者，觸地無容也。拜是爲賓，稽顙爲己，前賓後己，頽然而順序也。頎，惻隱之至也。鄭知殷、周喪拜之異者，以孔子所論，每以二代相對，皆先殷而後周也。

長樂陳氏曰：拜而後稽顙，頽乎其順也，以其先致敬故也。稽顙而後拜，頎乎其至也，以其先致哀故也。孔子之時，禮廢滋久矣，天下不知先稽顙之爲重，而或以輕爲重，是猶不知拜下之爲禮、拜上之爲泰，而或以泰爲禮。故孔子救拜之弊則曰「吾從其至」，救泰之弊則曰「吾從下」。凡欲禮之明於天下而已。禮書。

馬氏曰：記曰三年之喪，喪拜；非三年之喪，以吉拜。當周之衰，蓋人不知喪拜之

[一] 今時撎是也　惠棟校宋本同，閩、監、毛本「撎」作「揖」。

[二] 晉郤至三肅使　閩、監、毛本同，考文引宋板「使」下有「者」字。

儀，故孔子遂及之，言雖拜起之末，猶欲不失其序，非知制作之情者，孰能盡於此？此動容周旋中禮，所謂盛德之至也。鄭氏以此爲殷、周拜，而於經無所見，豈其然乎？

【吴氏纂言】孔氏曰：緦麻以上，不杖朞以下，先拜而后稽顙。杖朞以上，斬衰以下，先稽顙而后拜。拜者，主人孝子拜賓也。稽顙者，觸地無容也。拜是爲賓，稽顙爲己，先賓後己，頽然而順序也。頎，惻隱之至也，爲親痛深貌。

鄭氏曰：頽，順也。先拜賓，順於事也。此殷之喪拜。頎，至也。先觸地無容，哀之至。此周之喪拜。重者尚哀戚，自期如殷可。

馬氏曰：記曰三年之喪以喪拜，非三年之喪以吉拜。當周之衰，人不知喪拜之儀，故孔子及之。鄭氏以此爲殷、周喪拜，於經無見。

長樂陳氏曰：拜而后稽顙，先致敬也。稽顙而后拜，先致哀也。禮廢滋久，天下不知先稽顙之爲重，而或以輕爲重。是猶不知拜下之爲禮、拜上之爲泰，而或以泰爲禮。孔子救拜之弊則曰「吾從其至者」，救泰之弊則曰「吾從下」。

澄曰：周官「九拜」之目，今約之爲三：一曰拜，先跪兩膝著地，次拱兩手到地，乃俯其首，不至於地，其首懸空，但與腰平，荀子所謂「平衡曰拜」是也。周官謂之「空首」，尚書謂之「拜首」，與凡經傳記單言「拜」字者，皆謂此拜也。此拜之正也，故得專「拜」之名。二曰頓首，先兩膝著地，次兩手到地，乃俯其首，下至于手，此拜之加重者。三曰稽首，兩膝著地，兩手到地，乃俯其首，下至於地，在手之前，首下腰高，如衡之頭低尾昂，荀子所爲「下衡曰稽首」是也，此拜之最重者。頓首亦首下腰高，然頓首首但至手，稽首首直至地，比之頓首，其首彌下，故「下衡」二字，特於稽首言之。稽顙，即是稽首，以其爲凶禮，故易「首」爲「顙」，以别於吉禮云爾。凡喪之再拜者，先作空首一拜，後作稽首一拜，則曰「拜而后稽顙」，九拜中此名吉拜，輕喪之拜用此。先作稽首一拜，後作空首一拜，則曰「稽顙而後拜」，九拜中此名凶拜，重喪之拜用此。末世重喪之拜亦如輕喪，故夫子正之，曰：「三年之喪，吾從其至者。」「吾從」二字，與論語所言「吾從下」「吾從周」「吾從先進」意同。

【陳氏集説】此言喪拜之次序也。拜，拜賓也。稽顙者，以頭觸地，哀痛之至也。拜以禮賓，稽顙以自致，謂之順者，以其先加敬於人，而后盡哀於己，爲得其序也。頎者，惻隱之發也，謂之至者，以其哀常在於親，而敬暫施於人，爲極自盡之道也。夫子從其至者，亦與其易也，寧戚之意。朱子曰：「『拜而后稽顙』，先以兩手伏地如常，然後引首向前叩地也。『稽顙而后拜』者，開兩手而先以首叩地，却交手如常也。」

【納喇補正】**集説** 朱子云：「『拜而后稽顙』，先以兩手伏地如常，然後引首向前叩地也。『稽顙而后拜』者，開兩手而先以首扣地，卻交手如常也。」

**竊案** 朱子周禮太祝九拜辨皆取注疏爲説，此其一節也。吴幼清則以周禮「九拜」

約之爲三：一曰拜，先跪兩膝著地，次拱兩手到地，乃俯其首，不至於地，其首懸空，但與腰平，荀子所謂「平衡曰拜」是也。周禮謂之「空首」，尚書謂之「拜手」，與凡經傳記單言「拜」者，皆謂此拜也。此拜之正也，故得專「拜」之名。二曰頓首，先兩膝著地，次兩手到地，乃俯其首，下至於手，此拜之加重者。三曰稽首，兩膝著地，兩手到地，仍俯其首，下至於地，在手之前，首下腰高，如衡之頭低尾昂，荀子所謂「下衡曰稽首」是也，此拜之最重者。頓首亦手下腰高，然頓首首但至手，稽首首直至地，比之頓首，其首彌下，故「下衡」二字，特於稽首言之。稽顙，即是稽首，以其爲凶禮，故易「首」爲「顙」，以別於吉禮云爾。凡喪之再拜者，先作空首一拜，後作稽首一拜，則曰「拜而後稽顙」，九拜中此名吉拜，輕喪之拜用此。先作稽首一拜，後作空首一拜，則曰「稽顙而後拜」，九拜中此名爲凶拜，重喪之拜用此。末世重喪之拜亦如輕喪，故夫子正之，曰：「三年之喪，吾從其至者。」「吾從」二字，與論語所言「吾從周」「吾從下」「吾從先進」意同。

**又案** 士喪禮：「弔者入，升自西階，東面。主人進中庭，弔者致命。主人哭，拜稽顙，成踊。」「有襚者，則將命。擯者出請，入告。主人待于位。擯者出，告須，以賓入。賓入中庭，北面致命。主人拜稽顙。」疑若先拜而後稽顙者，然孔疏言拜稽顙者，爲拜之時先稽顙，非拜而後稽顙也。喪大記每拜稽顙，與士喪禮同，且檀弓下云秦穆公使人弔公子重耳，重耳稽顙而不拜，示未爲後也。若爲後，當稽顙而後拜矣。周末文勝，習儀禮之讀而昧其義，誤以拜稽顙爲先拜，故孔子正之如此。

【郝氏通解】此言凶拜之禮。凡俯、躬，皆謂之拜，故周禮有「九拜」。此所謂拜，屈身以兩膝著地，以首加于手也。稽顙，以顙叩地也。不言首言顙者，稽首，首不及地，稽顙，顙親土也。吉禮與輕喪，亦稽首，非父母之喪，不稽顙。蓋稽顙重于稽首，稽首重于頓首。當世大喪亦稽顙，但先後失次。拜而後稽顙，如尋常跪俯，而後以首叩地，先致敬于賓，而後盡哀于己，有從容順序之意。頎，順也，是當世之禮也。先稽顙而後拜者，開兩手跪伏，以顙叩地，然後交手，哀懇迫切之至也。頎，懇也，如是乃合凶拜之禮。

按拜者，俯躬之名，未有不先拜而顙能著地者，故士喪禮客弔襚，主人皆拜稽顙，則是拜而後稽顙常耳。此章之言，恐亦後人脩飾，拜稽顙與稽顙拜，其實一也。

【江氏擇言】吴氏云：周官「九拜」之目，今約之爲三：一曰拜，先跪而膝著地，次拱兩手到地，乃俯其首，不至於地，其首懸空，但與腰平，荀子所謂「平衡曰拜」是也。周官謂之「空首」，尚書謂之「拜手」，與凡傳記單言「拜」字者，皆謂此拜也。此拜之正也，故得專「拜」之名。二曰頓首，先兩膝著地，次兩手到地，乃俯其首，下至於手，此拜之加重者。三曰稽首，兩膝著地，兩手到地，乃俯其首，下至於地，在手之前，首下腰高，如衡之頭低尾昂，荀子所謂「下衡曰稽首」是也，此拜之最重。頓首亦首下腰高，然頓首首但至手，稽首首直至地，比之頓首，其首彌下，故「下衡」特於稽首言之。稽顙，即是稽首，以其爲凶拜，故易「首」爲「顙」，以别於吉禮云爾。凡喪之再拜者，先作空首一拜，則曰「拜而后稽顙」，九拜中此名吉拜，輕喪之拜用此。先作稽首一拜，後作空首一拜，則曰「稽顙而后拜」，九拜中此名凶拜，重喪之拜用此。

按，頓首、稽首之别，周禮疏謂「頓首者，頭叩地即舉。稽首者，頭至地多時」，此爲確詁。荀子謂「平衡曰拜」「下衡曰稽首」，此舉稽首包頓首，未可因此一語，遂謂頓首頭不至地也。周禮注：「空首，拜頭至首，所謂拜手也。」吴氏謂空首，手至地，首不至地。頓首，手至地，首不至手。則頓首與舊説空首無異矣。舊説以頭不至地爲空，吴氏以頭不至手爲空，此亦當從舊説。但俯首空懸，其九拜之「振動」乎？稽顙，頭觸地無容，問喪篇有明文，與稽首之拜，從容引首至地，遲留而後起者大異。乃謂「稽顙即稽首」，以凶服無容之拜，同於臣對君至恪之拜，害理甚矣。又空首之拜，可該奇拜、褎拜，而九拜最輕者爲「肅拜」，則不可該。約九拜爲三，終未確。肅拜，即今男子之長揖，古者爲婦人之拜及軍中介者之拜。

【欽定義疏】案　家語「孔子曰」上有「子張有父之喪公明儀相焉問稽顙于孔子」十七字。

正義　鄭氏康成曰：頹，順也。先拜賓，順於事也。頎，至也。先觸地無容，哀之至。

孔氏穎達曰：此論喪拜之異。拜者，主人孝子拜賓也。拜爲賓，稽顙爲己，前賓後己，頽然而順序也。頎，惻隱貌。先觸地無容，後乃拜賓。爲親痛深，惻隱之至也。

朱子曰：拜而后稽顙，先以兩手伏地如常，然後引首向前叩地。稽顙而后拜，開兩手先以首叩地，却交手如常。

姚氏舜牧曰：順亦從哀中出，但先拜猶知禮賓，不若先稽顙自致其哀耳，故孔子從其至。

**通論** 孔氏穎達曰：下檀弓云秦穆公使人弔公子重耳，重耳稽顙不拜，示不爲後也。重耳在周時，知先稽顙後拜者。士喪禮，周禮也。云「拜稽顙」者，謂拜之時先稽顙。喪大記云「拜稽顙」，與士喪禮同。

陳氏祥道曰：孔子之時，禮廢滋久，天下不知先稽顙之爲重，而或以輕爲重。是猶不知拜下之爲禮，而或以泰爲禮。故孔子救拜之弊則曰「吾從其至」，救泰之弊則曰「吾從下」。

吴氏澄曰：拜而后稽顙，九拜中此名吉拜，輕喪之拜用此。先作稽首一拜，後作空手一拜。稽顙而后拜，九拜中此名凶拜，重喪之拜用此。

**存疑** 鄭氏康成曰：拜而后稽顙，此殷之喪拜。稽顙而后拜，此周之喪拜。從其至者，重者尚哀戚，自期如殷可。孔疏：知殷、周之喪拜者，孔子所論，每殷、周相對。

吴氏澄曰：周官「九拜」，今約之爲三：一曰拜，先跪兩膝著地，次拱兩手到地，乃俯其首，不至於地，周官謂之「空首」。凡經傳記單言「拜」字者皆謂此，故得專「拜」之名。二曰頓首，先兩膝著地，次兩手到地，乃俯其首下至於手，此拜之加重者。三曰稽首，兩膝著地，兩手到地，乃俯其首至於地，在手之前，此拜之最重者。稽顙，即稽首，以其爲凶禮，故易「首」爲「顙」，以別於吉。凡喪之再拜者，先作空手一拜，後作稽首一拜。

**案** 大祝「九拜」注云：「空首者，拜頭至手，所謂拜手也。」疏云：「空首時引頭至地，首頓地即舉，故名頓首。其至地，稽留多時，則爲稽首。」三者之別如此。吴氏以此拜爲大祝之「空首」，是矣。但以首不至地爲空首，首下至手爲頓首，不已戾乎？稽首與稽顙固似無別，然據賈公彦以稽顙爲觸地無容，則與稽首別矣，烏得以稽首即稽顙耶？至先空手後稽首之説，則又不免武斷矣。

**辨正** 馬氏晞孟曰：三年之喪，喪拜；非三年之喪，以吉拜。案：非三年之喪者，大祝注所謂「齊衰不杖」以下也。鄭氏以爲殷拜、周拜，於經無見。

**【杭氏集説】** 孔氏穎達曰：下檀弓云秦穆公使人弔公子重耳，重耳稽顙不拜，示不爲後也。重耳在周時，知先稽顙後拜者。士喪禮，周禮也。云「拜稽顙」者，謂拜之時先稽顙。喪大記云「拜稽顙」，與士喪禮同。

朱子曰：拜而后稽顙，先以兩手伏地如常，然後引首向前叩地。稽顙而后拜，開兩手先以首叩地，卻交手如常。

其至。姚氏舜牧曰：順亦從哀中出，但先拜猶知禮賓，不若先稽顙自致其哀耳。故孔子從

吴氏澄曰：拜而后稽顙，九拜中此名吉拜，輕喪之拜用此。先作稽首一拜，後作空手一拜。稽顙而后拜，九拜中此名凶拜，重喪之拜用此。又曰：周官「九拜」，今約之爲三：一曰拜，先跪兩膝著地，次拱兩手到地，乃俯其首，不至于地，周官謂之「空首」。凡經傳記單言「拜」字者，皆謂此，故得專「拜」之名。二曰頓首，先兩膝著地，次兩手到地，乃俯其首，下至於手，此拜之加重者。三曰稽首，兩膝著地，兩手到地，乃俯其首至于地，在手之前，此拜之最重者。稽顙即稽首，以其爲凶禮，故易「首」爲「顙」，以别爲吉。凡喪之再拜者，先作空手一拜，後作稽首一拜。

姚氏際恒曰：此云「稽顙后拜」，士喪禮皆云「拜稽顙」，喪大記亦云每「拜稽顙」，與此不同。孔氏謂士喪禮諸文「拜稽顙」者，爲拜之時先稽顙，此執禮解禮之曲説也。又孟子述子思「再拜稽首而受」「稽首再拜而不受」是吉禮，其於受、不受亦分拜于稽首之先後，與凶禮同，此等禮，今無由考，不必强爲之説也。鄭氏以拜稽顙、稽顙拜分周、殷，益謬。若拜與稽首、稽顙諸義則有可考者。「拜」者，字從兩手從下，兩手爲拜也。内則云：「凡男拜，尚左手。」「凡女拜，尚右手。」則拜之用手爲義甚明。尚書云「拜手」，少儀云「手拜」，皆是也。先兩膝著地，次用兩手相交，但折腰俯首而已。荀卿云「平衡曰

拜」，謂首與腰齊也，吉、凶禮皆用之。「稽首」者，先兩膝著地，次兩手到地，乃俯其首，下至於手，荀卿云「下衡曰稽首」，謂首下于腰也，吉禮用之。「稽顙」者，較稽首之首至手者爲重，首至地，其兩手開也。凡首至地，惟顙貼地，故謂之稽顙，荀卿云「至地曰稽顙」，凶禮用之。此三者之大較也。惟拜則即起，以用手不用首故也。稽首、稽顙則遲起，故曰稽。稽者，稽留之義，以遲爲敬，以用首故也。惟拜又爲總名，亦兼稽首而言。拜通稽首，稽首不通拜也。如尚書「拜手」「稽首」，則分别言之。其餘若論語「拜下，禮也」，孟子「使己僕僕爾，亟拜」之類，皆兼稽首而言也。又少儀「婦人肅拜」，此立拜也，亦名拜，皆不可以辭害意。此外又有「頓首」者，不見于諸經，惟左傳「穆嬴日抱太子，頓首于宣子」，及申包胥乞秦師「九頓首而坐」，爲陡頓之義，與稽義正相反，以首叩地而速起，凡急遽有求、倉卒致情時用之。此禮之變，非列于拜禮中也。自周禮作，妄爲列于「九拜」之一，而注者不達，釋爲平常吉拜，是誤以頓首爲稽首矣。其後遂以頓首易稽首之稱，無復有稽首者。沿流及今，反以稽首爲凶拜，尤謬誤之可笑者也。又立而折腰曰「揖」，論語「揖所與立」，鄉飲酒禮作「揖」，亦曰「肅」，曲禮「肅客而入」，左傳「三肅使者」，大抵與今之「拱」同。今則以鞠躬俯首近地爲揖，微鞠躬俯首舉手爲拱，又不同。

姜氏兆錫曰：「拜」者，交手伏地以敬賓也。「稽顙」者，叩頭觸地以哀親也。頹，卑順之貌。頎，痛切之意。先加敬於賓，而後盡哀于己，是得行禮之序，故爲順。哀常於親而敬暫施于人，是極自盡之道，故爲至。從其至者，亦與寧戚之意也。愚按家語，「孔子」以上有「子張有父之喪公明儀相焉問啟顙于孔子」十七字，較有緣起，宜增之。

齊氏召南曰：殷拜、周拜是想當然，其實並無所據。

**【孫氏集解】**鄭氏曰：拜而后稽顙，此殷之喪拜也。頹，順也。先拜賓，順於事也。稽顙而后拜，此周之喪拜也。頎，至也。先觸地無容，哀之至。重者尚哀戚，自期如殷可。

孔氏曰：拜者，主人拜賓，稽顙者，觸地無容也。頹然，不逆之意也。拜是爲賓，稽顙爲己，先賓後己，頹然而順序也。頎，惻隱貌也。先觸地無容，後乃拜賓，是爲親痛深貌，惻隱之至也。知二者是殷、周之喪拜者，以孔子所論每以二代相對。故下檀弓云：「殷人既封而弔，周人反哭而弔。」「殷已慤，吾從周。」又云：「殷朝而殯於祖，周朝而遂葬。」皆以殷、周相對，故知此亦殷、周相對也。殷之喪拜，自斬衰以下、緦麻以上，皆拜而后稽顙，殷尚質故也。周則杖期以上，皆先稽顙而后拜，不期杖以下乃作殷之喪拜。

愚謂拜者，以首加手而拜也。稽顙者，觸地無容也。蓋拜所以禮賓，稽顙所以致哀，故先拜者於禮爲順，而先稽顙者於情爲至。蓋當時喪拜有此二法，而孔子欲從其至者。鄭、孔以二者爲殷、周喪拜之異，非也。士喪禮、雜記每言「拜稽顙」，皆據周禮也，則「拜而后稽顙」，非專爲殷法明矣。

○周禮大祝：「辨九拜。」「一曰稽首」，先拱兩手至地，加首於手，又引首至地，稽留而後起也。「二曰頓首」，如稽首之爲，但以首叩地而不稽留也。「三曰空首」，加首於手，首不至地，故曰空首。「四曰振動」，謂長跪而不拜手者。蓋凡人有所敬則竦身而跪，以致其變動之意，若秦王於范雎「跪而請教」是也。「五曰吉拜」，如頓首爲之而尚右手者也。「六曰凶拜」，即拜而後稽顙，稽顙而後拜是也。拜而後稽顙者，亦如稽首之爲，但稽首尚左手，稽顙尚右手，稽首以首平至於地，稽顙但引其顙以觸地也。若稽顙而後拜，則先以顙觸地，而後以首加手，爲空首之拜也。「七曰奇拜」，謂一拜也。「八曰襃拜」，謂再拜也。凡稽首皆再拜，稽顙皆一拜，頓首、空首則或一拜，或再拜，各視其輕重而爲之。「九曰肅拜」，跪引手而下之也。吉拜以稽首爲至重，頓首次之，空首爲輕。稽首者，臣拜君之法，故左傳孟武伯曰：「非天子，寡君無所稽首。」自敵以上，用頓首。尊者答卑者之拜，則空首。若振動，則因事爲之，非常禮也。喪拜以凶拜爲重，吉拜爲輕。凶拜惟施於三年，自期以下皆吉拜耳。婦人吉事皆肅拜，凶拜則稽顙爲重，手拜爲輕。手拜，即空首也。但婦人之肅拜施於吉事，則尚右手，稽顙、空首施於喪事，則尚左手，與男子相反耳。肅拜惟婦人有之，男子則或肅而已，不肅拜也。立而下手曰肅，跪而下手曰肅拜，介胄之士不拜，而郤至三肅使者，故知但肅者不名肅拜也。凡拜皆跪，凡再拜者皆跪而一拜，興而又跪一拜。婦人有俠拜，無再拜。

**【朱氏訓纂】孔子曰：「拜而后稽顙，頹乎其順也；」**注：此殷之喪拜也。頹，順也。

先拜賓，順於事也。　釋文：稽顙，觸地無容。**稽顙而后拜，頎乎其至也。**注：此周之喪拜也。頎，至也。先觸地無容，哀之至。　釋文：頎，惻隱之貌。**三年之喪，吾從其至者。」**注：重者尚哀戚，自期如殷可。　正義：拜者，主人拜賓也。頽然，不逆之意。拜是爲賓，稽顙爲己，前賓後己，各以爲頽然而順序也。稽顙而後拜者，先觸地無容，後乃拜賓也，是爲親痛深，惻隱之至也。至者，謂先稽顙後拜也。重喪主貌惻隱，故從其頎至者也。　鄭注周禮大祝云：「稽首，頭至地。頓首，頭叩地，不停留也。」

**【郭氏質疑】拜而后稽顙，頽乎其順也；稽顙而后拜，頎乎其至也。**

鄭注：拜而后稽顙，此殷之喪拜。稽顙而后拜，此周之喪拜。

嵩燾案，鄭注周禮太祝：「吉拜，拜而后稽顙，謂齊衰不杖以下者。凶拜，稽顙而后拜，謂三年服者。」據儀禮士喪弔者至，主人哭，拜稽顙，以次至三虞、卒哭，賓出，主人送，拜稽顙。無先稽顙后拜者，蓋周人尚文。始赴於君，主人命赴者，拜送。有賓，則拜之。賓有大夫，則特拜之。皆先拜，以致敬於賓，而后稽顙成踊以致哀。禮經具詳其文，鄭氏反據此以爲殷禮，深所未喻。因考太祝「九拜」之文，鄭氏已先失其義，宜喪拜之多有未詳也。太祝之拜四：稽首、頓首、空首、振動。四者，拜之體也。振動，即稽顙，杜子春曰：「振讀爲振鐸之振，動讀爲哀慟之慟。」哭、拜稽顙、成踊，所以爲振動也。吉拜、凶拜、褒拜、奇拜，則其用也。吉拜，若拜稽首、拜手稽首、再拜稽首、稽首再拜。凶拜，若拜稽顙、稽顙拜。周禮惟拜稽顙，經云「稽顙后拜」，疑當爲殷禮。鄭注惟奇拜、褒拜、肅拜得之，餘皆誤，而以吉拜、凶拜均屬之喪拜，則尤誤也。雜記：「非爲人喪，問與？賜與？三年之喪，以其喪拜。非三年之喪，以吉拜。」言非爲以喪來弔，則是所問、所賜皆常禮也。惟三年重服不爲之變，餘則拜受亦以常禮。奔喪禮：「遠兄弟之喪，既除喪而後聞喪，拜賓尚左手。」内則：「凡男拜，尚左手。」尚左手者，吉拜也。則凶拜當尚右手，是亦吉拜、凶拜之義也。鄭注「拜賓則尚左手」引逸奔喪禮「凡拜，吉、喪皆尚左手」。鄭意以拜稽顙爲吉拜，稽顙拜爲凶拜，因推論大功以上爲凶喪，小功以下爲吉喪，以喪服之輕重分吉凶，由誤解周禮「九拜」之文故也。喪服小記：「爲父母、長子稽顙。大夫弔，雖緦亦稽顙。」明非三年之喪無稽顙者。大夫弔則緦喪亦爲之稽顙，以大夫尊而專爲己來弔，故重其禮。若在喪次，則惟主人拜稽顙，衆主人無稽顙之文也。鄭氏據雜記「喪拜」「吉拜」之文，謂三年之喪凶拜，齊衰不杖以下吉拜，因牽合周禮以爲之説，亦所不能解矣。家語孔子相衛司徒敬子之喪，用殷禮，曰：「喪事吾從其質。」此經所記，亦是此意，鄭注適得其反耳。

三·六　〇**孔子既得合葬於防，**言「既得」者，少孤，不知其墓。〇少，詩召反，下文同。**曰：「吾聞之，古也墓而不墳。**墓謂兆域，今之封塋也。古，謂殷時也。土之高者曰墳。〇墳，扶云反。**今丘也，東西南北之人也，不可以弗識也。」於是封之，崇四尺。**東西南北，言居無常處也[一]。聚土曰封，封之，周禮也。周禮曰：「以爵等爲丘封之度。」崇，高也。高四尺，蓋周之士制。○識，式志反，又如字。處，昌慮反。之度，本又作「之數」。**孔子先反。**當脩虞事。**門人後，雨甚。至，**後，待封也。**孔子問焉，曰：「爾來何遲也[二]？」曰：「防墓崩。」**言所以遲者，脩之而來。○防墓，防地之墓也。庾云：「防衛墓崩。」**孔子不應。**以其非禮。○應，「應對」之應。**三。**三言之，以孔子不聞。○三，息暫反，又如字。**孔子泫然流涕曰：「吾聞之，古不脩墓[三]。」**脩，猶治也。○泫，胡犬反。涕，音體。

**【疏】**「孔子」至「脩墓」。○正義曰：此一節論古者不脩墓之事，各依文解之。

○天子之墓一丈，諸侯八尺，其次降差以兩。

[一] 言居無常處也　閩、監、毛本同，岳本、嘉靖本同，衛氏集説同。宋監本無「處」字，考文引宋板同。案通典一百三引「言居無常也」，亦無「處」字。○鍔按：「言居」上，阮校有「孔子既得合葬於防節」九字。

[二] 爾來何遲也　岳本、嘉靖本同。石經「遲」作「遟」，閩、監、毛本同。注倣此。通典引「爾來何遟」。

[三] 古不脩墓　閩、監本同，石經同，岳本同。毛本「脩」作「修」，嘉靖本同。注倣此。○按：古「修治」字，多假「脩」字爲之。

○「今丘也，東西南北之人也，不可以弗識也」。○今既東西南北，不但在鄉[一]。若久乃歸還，不知葬之處所，故云不可以不作封墳，記識其處。

○注「周禮」至「士制」。○正義曰：引周禮冢人云「高四尺，蓋周之士制」者，其父梁紇雖爲大夫，周禮，公侯伯之大夫再命，與天子中士同。云「周之士制」者，謂天子之士也。

○「曰：『防墓崩。』」○防地之墓新始積土，遇甚雨而崩。庾蔚云：「防守其墓，備擬其崩。」若如庾之言，墓實不崩，鄭何以言「修之而來」？孔子何以言「古不修墓」？違經背注，妄説異同，非也。

○「孔子泫然流涕」。○自傷修墓違古，致令今崩，弟子重脩，故流涕也。

【衛氏集説】鄭氏曰：言「既得」者，少孤，不知其墓也。古，謂殷時。墓，謂兆域，今之封塋也。土之高者曰墳。東西南北，言居無常處。聚土曰封，封之，周禮也。周禮曰：「以爵等爲丘封之度。」崇，高也。高四尺，蓋周之士制。孔子先反，修虞事也。門人後，待封也。門人言所以遲者，修之而來。孔子不應，以其非禮也。門人以孔子不聞，三言之。修，猶治也。

[一] 不但在鄉 閩、監、毛本同。惠棟校宋本「但」作「恒」，衛氏集説同。

孔氏曰：此一節論古者不修墓之事。天子之墓一丈，諸侯八尺，其次降差以兩。孔子自謂東西南北，不恒在鄉。若久乃還歸，不知葬之處所，故不可不作封墳，記識其處。父叔梁紇雖爲大夫，周禮，公侯伯之大夫再命，與天子中士同。鄭注「士制」，謂天子之士也。泫然流涕，自傷修墓違古，致令今崩重修也。

庾氏曰：防守其墓，備擬其崩。

馬氏曰：周官冢人「以爵等爲丘封之度」，而不必於命數，則封之崇四尺者，庸知非大夫之制歟？

横渠張氏曰：防墓崩，門人後至，孔子是時十七歲，安得已有門人？或是時聖人固有門人矣。

廬陵胡氏曰：作墓時，當爲堅久之計，不可令崩壞而加治。

廣安游氏曰：古者墓而不墳，坎其中而踐其左。古人達於死生之變，非若後世滯於形魄。故曰「葬者，藏也」，爲使人弗見而已。苟爲弗見，則去之矣。中古之世如此，及夫後世不明死生之故，而滯於體魄送死，墳墓之事始加詳矣。其加詳有二焉：厚葬一也，墓祭二也。古人以爲死者魂氣歸於天，形魄歸於地，於人之始死而爲之重，既葬而爲之主，召致其魂氣而祭之，於體魄則無所事焉。故既葬則去之，爲此也。及夫後世始封爲墳，夫既已爲之墳，則孝子仁人之見之，固亦有所不忍。此雖後世之異於古，亦人情所不能已也。孔子之葬其親，自以爲不常居鄉，恐去而還，不知葬所，因而識之。以此觀之，孔子之志，本不以封之爲當然也。及夫既葬還，修虞祭，門人之從孔子者以其墓崩，修之而後至，孔子有所動心乎？此孔子不應，門人三言之，孔子泫然出涕，以爲古不修治其墓焉。既葬則去，去則不復修。蓋孔子欲盡從今世之禮，則非達者之心，欲盡從古之道而不修則去，其心亦有所不安，於此故泫然流涕而言之。延陵季子之葬其子，孔子以爲知禮，此則古者聖達之本懷。然世變之異，而人心不同，則雖君子之心有不安，於此故難言之耳。古之聖人通乎晝夜之道，而知死生之説、鬼神之故，非若後世之不學者，闇然而不知也。宋人始厚葬其君，君子非之。漢明帝始墓祭其親，蔡邕與之。夫厚葬無益於死，有害於人，宜爲君子之所非。若夫蔡邕之見，則亦爲其心有所不忍，雖君子有所不能已。此則孔子封墓崇四尺，而又言古不修墓，泫然流涕之意，後之學者可以考焉。

廣漢張氏曰：墓祭，非古也。體魄則降，知氣在上，故立之主以祀，以致其精神之極，而謹藏其體魄，以竭其深長之思。然考之周禮冢人之官，凡祭於墓爲尸，是則成周之時，固亦有祭於墓者，雖非制禮之本經，而出於人情之所不忍。其於義理不至於甚害，則先王亦從而許之。

**【吴氏纂言】**鄭氏曰：言「既得」者，少孤不知其墓也。古，謂殷時。墓謂兆域，今之封塋也。土之高者曰墳。東西南北，言居無常也。聚土曰封，封之，周禮也。周禮曰：

「以爵等爲丘封之度。」崇，高也。高四尺，蓋周之士制。孔子先反，脩虞事也；門人後，待封也。門人言所以遲者，脩之而來。孔子不應，以其非禮也。門人以孔子不聞，三言之。脩，猶治也。

孔氏曰：天子之墓一丈，諸侯八尺，其次降殺以兩。士制高四尺，叔梁紇雖爲大夫，周禮，公侯伯之大夫再命，與天子中士同。孔子自謂東西南北，不恒在鄉，若久乃還歸，不知葬之處所，故不可不作封墳，記識其處。防地之墓，新始積土，遇雨甚而崩。孔子自傷脩墓違古，致令今崩，弟子重脩，故流涕也。

張子曰：孔子是時十七歲，安得已有門人？

澄曰：按舊聞孔子喪母時年十七歲，葬於防必在數年之後，其時孔子已有門人也。

廣安游氏曰：古者墓而不墳，坎其中而踐其上。葬者，藏也，使人弗見而已。後世墳墓之事始加詳，其加詳有二，厚葬也，墓祭也。古人以爲死者魂氣歸於天，體魄歸于地。於人之始死，爲之召致其魂氣而祭之，於體魄則無所事焉，故既葬則去之。後世始封爲墳，既爲之墳，則孝子仁人之見之，固有所不忍。雖後世之異於古，亦人情之所不能已也。孔子自以不常居鄉，恐還而不知葬所，因而識之。孔子之志，本不以封之爲當然也。及夫門人以墓崩，脩之而後至，孔子以爲古者既葬則去，不復脩治其墓，欲盡從今之禮，則非達者之心，欲盡從古之道而不脩，則心亦有所不安，故泫然流涕而言之。宋人始厚葬其君，君子非之。漢明帝始墓祭其親，蔡邕與之。夫厚葬無益有害，宜爲君子所非。若夫蔡邕之見，亦爲其心有所不忍，則雖君子有所不能已。此孔子封墓崇四尺，而又言古不脩墓，泫然流涕之意，學者可以考焉。

張氏敬夫曰：墓祭非古也。體魄則降，知氣在上，故立之主以祀，以致其精神之極，而謹藏其體魄，以竭其深長之思。然攷之周禮冢人之官「凡祭於墓，爲尸」，是則成周之時，固亦有祭於墓者。雖非制禮之本經，而出於人情之所不忍，其於義理不至於甚害，則先王亦從而許之。

**【陳氏集説】孔子既得合葬於防，曰：「吾聞之，古也墓而不墳。今丘也，東西南北之人也，不可以弗識也。」於是封之，崇四尺。**孔子父墓在防，故奉母喪以合葬。墓，塋域也。封土爲壟曰墳。東西南北之人，言其宦遊無定居也。識，記也。爲壟所以爲記識，一則恐人不知而誤犯，一則恐己或忘而難尋，故封之高四尺也。**孔子先反。門人後，雨甚。至，孔子問焉，曰：「爾來何遲也？」曰：「防墓崩。」孔子不應。三。孔子泫然流涕曰：「吾聞之，古不脩墓。」**雨甚而墓崩，門人脩築而後反。孔子流涕者，自傷其不能謹之於封築之時，以致崩圮。且言古人所以不脩墓者，敬謹之至，無事於脩也。

**【郝氏通解】**孔子父墓在防，奉母合葬也。葬地曰墓，土高曰墳。東西南北，言己周流四方，無定居也。識，記也。聚土曰封。先反，脩虞事也。門人後，待封也，防墓崩，脩之，故來遲也。不應，以非禮也。重治曰脩。

按，東西南北之人，非夫子之言也。夫子豈逆知己之老於行乎？古者墓必墳，使子孫知先域，時展謁也。今爲宦遊無定而識之，則是士大夫家居者，葬皆可不墳乎？古不脩墓，爲始封必慎，非謂崩壞者皆不可脩也。以此行禮，固執不通，非聖人之言。

**【方氏析疑】「吾聞之，古也墓而不墳。今丘也，東西南北之人也，不可以弗識也。」於是封之，崇四尺。**

周官冢人「以爵等爲丘封之度與其樹數」，墓大夫掌邦墓之地域，「正其位，掌其度數」。墓而不墳，蓋殷道，故曰「古也」。惟興之日，從新國之法，自防叔奔魯，未有起家爲大夫者，當從殷禮。孔子封識，蓋以義起，故自白之。

**防墓崩。**

古者墓而不墳，正爲封土歲久，必崩壞也。今始爲封，而甚雨敗之，自不得不更築。遭事之變，惟隱自痛，而無可言者，是以不應。及三告，則不得不以其故語之矣。

**【江氏擇言】**按，周封三王之後，本欲使之行其舊俗，兼存先代聖王之法。夫子之先宋人，固得用殷之禮。自防叔去宋遷魯，至夫子，已在三世之外，則亦可從新國之法。是以夫子於殷禮、周禮從違之事，如「殷既封而弔，周反哭而弔」，則謂「殷已慤，吾從周」；「殷練而祔，周卒哭而祔」，則謂「周已戚，吾從殷」；論周禮之郁郁乎文，則志在於從周，論後進之文過其質，則欲從乎先進；少居魯，則衣逢掖之衣，長居宋，則冠章甫之冠；即他日以兩楹間之夢告子貢，亦從殷人殯於兩楹之間禮也。凡此皆斟酌古今而行之，從周者多，而從殷者亦間有也。合葬本非古，自周公以來，未之有改。夫子以夫婦生而同室，死而同穴，爲合於人情，故從之，且謂衛人之離不若魯人之合者爲善也。若夫古人略於墓而詳於廟，殷、周皆然，而殷人於墓且不墳，不墳則無崩壞之虞，無修墓之事。此殷人崇質尚儉之俗，亦欲順地道安静，不欲驚其體魄也。夫子非不欲從古者不墳之制，然自度他日不免從事四方，宜墳之易於識别，是以從今日丘封之制，崇四尺，蓋古禮也。當封時，亦既見其崇四尺矣，先反而修虞事，以餘功委之門人，不料雨甚而崩也。墓之崩，非先時築土之不堅，亦非門人董事之不謹，新土方成，驟雨淹潰，門人即時修之而後反，度其崩亦未甚也。夫子聞言驚怛，泫然流涕而曰「古不修墓」，蓋古所以不修墓者，以其不墳也。今不得已而墳，以墳之故而崩，以崩之故而修，夫子蓋自悼其不能從殷，致有違禮之事，因以是知古者墓而不墳，古人自有深意存其間也。先儒因疑「孔子少孤」章并疑及此章，今反覆此章，以合葬發端，以「吾聞古者墓而不墳」「吾聞古不修墓」爲起訖。竊謂記者微旨在乎殷、周從違之間，故總合夫子一生從周、從殷之志而備論之，如此讀者當於言外得之。若夫新墳之崩由於雨甚，此非人事之咎，不必爲門人疑，亦不必爲夫子疑。又謂夫子時年十七，豈有門人歷聘？紀年：夫子二十四歲而母卒，非十七也。

【欽定義疏】**正義** 鄭氏康成曰：言「既得」者，少孤不知其墓也。墓，謂兆域，今之封塋也。土之高者曰墳。東西南北，居無常處也。孔疏：謂不恒在鄉，若久乃還歸，不知葬之處所，故不可不封墳，記識其處。聚土曰封。先反，當脩虞事也。後，待封也。不應，以其非禮也。三言之者，以孔子不聞。脩，猶治也。

陸氏德明曰：防墓，防地之墓也。

陳氏澔曰：封土爲壟曰墳，一恐人不知而誤犯，一恐己或忘而難尋。「泫然流涕」者，自傷不能謹之於封築之時，以致傾圮。且言古人所以不脩墓者，敬謹之至，無事於脩也。

**通論** 鄭氏康成曰：古，謂殷時。聚土封之，周禮也。周禮曰：「以爵等爲丘封之度。」高四尺，蓋周之士制。孔疏：天子之墓一丈，諸侯八尺，其次降殺以兩。知高四尺，周之士制者，叔梁紇雖爲大夫，周禮，公侯伯之大夫再命，與天子中士同。云「周之士制」者，謂天子之士也。

**存疑** 庾氏蔚之曰：「防墓崩」者，防守其墓，備擬其崩也。

孔氏穎達曰：「泫然流涕」者，自傷脩墓違古，致令崩壞重脩也。

**案** 如孔說，是悔其封矣，不如陳義爲確。孔子明言脩墓，庾說不可通。若以爲防守，則何爲不應，至三言之，乃泫然出涕耶？周官冢人疏引春秋緯天子墳高三仞，諸侯半之，大夫八尺，士四尺。孔氏謂「天子一丈，諸侯八尺，其次降殺以兩」，則大夫六尺，士亦四尺，二説不同。周之四尺，當今營造尺二尺五寸。

【杭氏集説】陸氏德明曰：防墓，防地之墓也。

陳氏澔曰：封土爲壟曰墳，一恐人不知而誤犯，一恐己或忘而難尋。「泫然流涕」者，自傷不謹之於封築之時，以致傾圮。且言古人所以不脩墓者，敬謹之至，無事於脩也。

萬氏斯大曰：墳與墓有別，封土曰墳，實土不封曰墓。然既葬之後，雖封土爲墳，通謂之墓，可也。防墓崩者，所封之四尺，因雨甚而崩，非崩及兆域至見尸柩也。考士喪禮筮宅「冢人營之，掘四隅，外其壤，掘中，南其壤」，是掘地爲壙也。壙深，故其下棺也，君用四綍二碑，大夫二綍二碑，士二綍無碑。綍亦曰引，葬時屬引，懸棺而窆。故墓無崩道，其或有水潦冲嚙，直當改葬而不止於修。故禮有改葬緦之服，豈孔子於親墓崩及兆域，第虛援古不脩墓之言而置之者乎？故知其所崩者，四尺之封也。

姚氏際恒曰：古也墓而不墳，今則墳矣。豈生今反古乎？東西南北之人，在後人目孔子則可，安有孔子預知自疑之理？古不修墓，不知古果有此制否。即有之，任其崩壞而不修，則是失於本心，又不止于生今反古之愆矣。

朱氏軾曰：程子謂孔子先反，使弟子治葬，誠敬不至。纔雨而墓崩，無論孔門弟子無奉師命，而不誠敬將事者，即聖人至仁至孝，豈肯以窀穸人事委之不慎之弟子？張子謂孔子時年十七，安得有門人？禮經駁雜，至此已甚，而吳文正公必曲爲之護，殊不可解。

姜氏兆錫曰：合葬者，孔子父墓在防，奉母合之也。塋域曰墓，封土曰墳。東西南北，言遊無定居也。識，記也。一則恐人誤犯，一則恐己難尋，故封高四尺以識也。雨甚墓崩，故門人脩築而後反。告之者三，而孔子皆不應，且泫然流涕者，以弟子不能謹築，以致崩圮。古人則敬謹之至，無事于脩也。

任氏啟運曰：按葬母時，孔子未適他國，安有東西南北之人語？亦得之傳聞而妄記之。

方氏苞曰：周官冢人「以爵等爲丘封之度，然與其樹數」，墓大夫掌邦墓之地域，「正其位，掌其度數」。墓而不墳，蓋殷道，故曰「古也」。唯興之日，從新國之法，自防叔奔魯，未有起家爲大夫者，當從殷禮。孔子封識，蓋以義起，故自白之。古者墓而不墳，正爲封土歲久，必崩壞也。今始爲封，而甚雨敗之，自不得不更築，遭事之變，唯隱自痛，而無可言者，是以不應。及三告，則不得不以其故語之矣。

齊氏召南曰：方正學謂取乎古而師之者，以其合乎人情當乎理也。父母之棺，髐然暴於人而不修，何取于古乎？信如其言，安足以爲聖？其誣孔子甚矣。謂殯于五父之衢，亦然。

**【孫氏集解】**鄭氏曰：言「既得」者，少孤不知其墓。墓謂兆域，今之封塋也。古，謂殷時也。土之高者曰墳。東西南北，言居無常處也。築土曰封，封之，周禮也。周禮曰：「以爵等爲丘封之度。」崇，高也，高四尺，蓋周之士制。先反，當修虞事。後，待封也。門人言所以遲者，防墓崩，修之而來。孔子不應者，以其非禮也。修，猶治也。

陳氏澔曰：孔子父墓在防，母卒，奉以合葬。識，記也。爲墳所以爲記識，一則恐人不知而誤犯，一則恐己或忘其處而難尋也。

愚謂古不修墓，蓋亦喪事即遠之意。喪服四制曰：「苴衰不補，墳墓不培，示民有終也。」言此者，自傷其不能謹之於始，以致違禮而脩墓也。

**【朱氏訓纂】孔子既得合葬於防，**注：言「既得」者，少孤不知其墓。**曰：「吾聞之，古也墓而不墳。**注：墓，謂兆域，今之封塋也。古，謂殷時也。土之高者曰墳。**今丘也，東西南北之人也，不可以弗識也。」於是封之，崇四尺。**注：東西南北，言居無常處也。聚土曰封，封之，周禮也。周禮曰：「以爵等爲丘封之度。」崇，高也，高四尺，蓋周之士制。**孔子先反。**注：當修虞事。**門人後，雨甚。至，**注：後，待封也。**孔子問焉，曰：「爾來何遲也？」曰：「防墓崩。」**注：言所以遲者，修之而來。**孔子不應。**注：以其非禮。**三。**注：三言之，以孔子不聞。**孔子泫然流涕曰：「吾聞之，古不脩墓。」**注：修，猶治也。江氏永曰：古人略於墓，而詳於廟。殷人於墓不墳，則無崩壞之虞，無修墓之事，順地道安靜，不欲驚其體魄也。又曰：夫子泫然流涕，蓋自悼其不能從殷，致有違禮之事。若夫新墳之崩，由於雨甚，此非人事之咎也。

三·七　○**孔子哭子路於中庭，**寢中庭也。與哭師同，親之。**有人弔者，而夫子拜之。**爲之主也。**既哭，進使者而問故。**使者，自衛來赴者。故，謂死之意狀。○使，色吏反，下及注同。**使者曰：「醢之矣。」**時衛世子蒯聵篡輒而立，子路死之。醢之者，示欲啗食以怖衆。○醢，音海。蒯，苦怪反。聵，五怪反。蒯聵，衛靈公之太子，出公輒之父，莊公也。篡輒，初患反，輒，出公名也。啗，本又作「啖」，待敢反。怖，普故反。**遂命覆醢。**覆，弃之，不忍食[一]。○覆，芳服反，注同。

【疏】「孔子」至「覆醢」。○正義曰：此一節論師資之恩，兼明子路死之意狀。○注「寢中」至「親之」。○正義曰：下文云「師，吾哭諸寢」，今哭子路於中庭，故云「與哭師同，親之」。若其不親，當哭於寢門外，與朋友同，故下云「朋友哭諸寢門外」。案奔喪云「師於廟門外」者，謂周禮也。下文據殷法也。

[一] 覆弃之不忍食　岳本同。閩、監、毛本「弃」作「棄」，衛氏集説同，嘉靖本同。○鍔按：「覆弃」上，阮校有「孔子哭子路於中庭節」九字。

○注「故，謂死之意狀」。○正義曰：案哀十五年左傳云孔子聞衛亂，曰：「柴也其來，由也其死矣[一]。」則是預知，所以進使者問故者，以子路忠而好勇，必知其死難，但不知其死之委曲，更問之也。

○注「時衛」至「怖衆」。○正義曰：案哀十五年左傳云，蒯聵潛入孔悝之家，與伯姬迫孔悝於厠，强盟之，遂劫以登臺。子路入，逐之至臺下，且曰：「大子無勇，若燔臺半，必舍孔叔。」大子聞之，懼，下石乞、盂黶敵子路，以戈擊之，斷纓。子路曰：「君子死，冠不免。」○注云：「不使冠在地。」遂結纓而死。

【衛氏集説】鄭氏曰：寢中庭也。與哭師同，親之也。拜弔者，爲之主也。使者，自衛來赴者。故，謂死之意狀。時衛世子蒯聵篡輒而立，子路死之。醢之者，示欲啗食以怖衆。覆，棄之，不忍食。

孔氏曰：此一節論師資之恩。下文云「師，吾哭諸寢」，今哭於中庭，故鄭云「與哭師同」。子路結纓而死，見哀公十五年左傳。

臨川王氏曰：孔子乃哭子路與師同，或者哭弟子之禮當如師，猶服之有報乎？

長樂陳氏曰：顔淵之死，正命也。子路之死，非正命也。孔子哭顔淵，哭其正命之

[一] 由也其死哭　閩本同，監、毛本「哭」作「矣」。○按：作「矣」是也，否則與哀十五年傳不合。

短；哭子路，哭其非正命之終。蓋顔淵全於人而未全於聖，子路全於義而未全於人。全於人而未全於聖，則其死者天也；全於義而未全於人，則其死者人也。孔子哭之則同，其所以哭之則異，蓋死者非難，處死者難。死有甚於生，君子死而不生。生有甚於死，君子生而不死。可死而死，君子輕之如鴻毛；可生而死，君子重之如泰山。雖然，可以死，可以無死，死之雖傷勇而不失其爲義，不死雖傷怯而亦可以爲仁。是以召忽於子糾則死之，管仲則不死，孔子不非召忽而多管仲者，以召忽不失爲義，而管仲可以爲仁也。子路於衛君之事，可謂不失爲義而已。孔子哭於中庭，視之猶子也。有人弔焉，而夫子拜之，自視猶父也。遂命覆醢者，非特不忍食之，又不忍見之也。

山陰陸氏曰：哭以師友之間，進之也。

廣安游氏曰：衛世子蒯聵得罪於父靈公，出奔。靈公死，無所立，立蒯聵子輒，是爲出公。出公既立，蒯聵欲歸，迫孔悝强盟之，劫以登臺，而出公出奔，子路聞變而死之。孔子於蒯聵之書，嘗曰「世子某」，言其不當廢而廢也；於出公書「輒」者，言其不當立而立也；於伯夷、叔齊之事，言求仁而得仁，又何怨？亦所以惡輒也。雖然，出公雖大惡，而子路學於孔子之門，有古義焉。子路之失，失於執古義而不知變也。子路委贄於出公而死之，此得君臣之義耳。然知君臣而不知父子，以亂大倫，仲尼之徒不至是也。琴張聞宗魯死，將往弔之，仲尼曰：「齊豹之盜，而孟縶之賊，女何弔焉？」夫宗魯死於宗孟，與子路死於出公，一也。宗魯死，孔子以爲不足弔；子路死，孔子哭之，如此其哀，其去就之分可知也。孔子之與伯夷、叔齊，爲出公言也；哭子路之死，爲子路言也。若此者，君子可以見矣。

【吴氏纂言】鄭氏曰：寢中庭也。與哭師同，親之也。拜弔者，爲之主也。使者，自衛來赴者。故，謂死之意狀。時衛世子蒯聵篡輒而立，子路死之。醢之者，示欲啗食以怖衆。覆，棄之，不忍食。

孔氏曰：子路結纓而死，見左傳哀十五年。師哭諸寢，今哭於中庭，故鄭云「與哭師同」。

臨川王氏曰：孔子哭子路與哭師同，或者哭弟子之禮當如師，猶服之有報乎？

山陰陸氏曰：哭以師友之間，進之也。

澄曰：哭師於寢，哭朋友於寢門外。中庭，在寢之外、寢門外之内，故陸氏謂之「師友之間」。

長樂陳氏曰：哭於中庭，視之猶子也。有人弔焉，而夫子拜之，自視猶父也。遂命覆醢者，非特不忍食之，又不忍見之也。

【陳氏集説】子路死於孔悝之難，遂爲衛人所醢。孔子哭之中庭，師友之禮也。聞使者之言而覆棄家醢，蓋痛子路之禍，而不忍食其似也。朱子曰：子路仕衛之失，前輩論之多矣。然子路却是見不到，非知其非義而苟爲也。

【郝氏通解】子路仕衛，爲孔悝家臣。蒯聵謀入，劫悝，子路救之，聵使人殺子路，遂醢之。弔者，弔孔子也。拜之，爲主也。肉醬曰醢。覆，傾棄也。聞醢覆醢，不忍其似也。

【方氏析疑】遂命覆醢。

醢，朝夕必陳之物，而可久留，故命以巾冪覆之，旬日中勿以醢進也。若已陳之醢，則宜命徹，不宜覆之也。

【欽定義疏】正義 鄭氏康成曰：寢中庭也。拜弔者，爲之主也。使者，自衛來赴者。故，謂死之意狀。醢之者，示欲啗食以怖衆。覆，棄之，不忍食。

孔氏穎達曰：此論師資之恩，兼明子路死之意狀。

陸氏佃曰：哭以師友之間，進之也。

吴氏澄曰：哭師於寢，哭朋友於寢門外。中庭在寢之外、寢門之内，故謂之「師友之間」。

通論 陳氏祥道曰：顏淵之死正命也，子路之死非正命也。孔子哭顏淵，哭其正命之短；哭子路，哭其非正命之終。哭之則同，其所以哭之則異。孔子哭於中庭，視之猶子也。有人弔焉而夫子拜之，自視猶父也。「遂命覆醢」者，非特不忍食之，又不忍見之也。

游氏桂曰：出公雖大惡，而子路學於孔子之門，有古義焉。子路之失，失於執古義而不知變也。

**存疑** 鄭氏康成曰：與哭師同，親之也。孔疏：下云「師吾哭諸寢」，今哭於中庭，故云「與哭師同」。王氏安石曰：「孔子哭子路與師同，或者哭弟子之禮當如師，猶服之有報乎？」時衛世子蒯聵篡輒而立，子路死之。案：事在哀公十五年左傳。

游氏桂曰：琴張聞宗魯死，將往弔之。仲尼曰：「齊豹之盜，而孟縶之賊，女何弔焉？」宗魯死於公孟，與子路死於出公，一也。宗魯死，孔子以爲不足弔。子路死，孔子哭之如此其哀，爲子路賢也。

**案** 春秋哀公二年，晉鞅納蒯聵於戚。十六年，蒯聵自戚入於衛，中間皆輒拒父之年。公、穀兩傳皆有「不受父命，以尊王父命」之説。考左氏，蒯聵出奔，靈公嘗欲立公子郢，郢固辭。靈公卒，夫人曰「立郢，君命也」。又固辭，且曰「有亡人之子輒在」，遂立輒。是輒立，無靈公之命也。天下無無父之子，即蒯聵有命當廢，輒即有命當立，父可拒乎？鄭氏謂蒯聵篡輒而立，此就當時輒立爲義耳。臣子脅滅君父謂之篡，若以篡加之父且加之久，爲子拒之父，於理於名恐俱不順。春秋誅亂賊，於蒯聵出奔、反國皆書。衛世子不絶蒯聵於衛者，正深著輒之惡也。若聵爲篡而書法如此，則春秋之例亂矣。孔悝執國政助拒父之子，子路爲悝宰不能救，及於難死之，誠好勇，無所取材者。朱子云「子路仕衛之失，前輩論之多矣。然子路却見不到，非知其非義而苟爲」者，其論甚明。游氏以宗魯爲比，亦似未協。宗魯由齊豹事公孟縶，齊豹與公孟縶交惡，既語宗魯將殺之，反許豹行事，知難不告，以二心事縶，成齊豹之惡。此於義，兩無所可者，故曰「齊豹之盜，而孟縶之賊」，子路似不可以此比。孔子哭之，問故，又覆醢，自師弟之情如此。然輒拒父，而孔子受其公養，且歷數年，蓋聖人體道之大權，又別有義。

【杭氏集説】陸氏佃曰：哭以師友之間，進之也。

吴氏澄曰：哭師於寢，哭朋友於寢門外。中庭在寢之外、寢門之内，故謂之「師友之間」。

姜氏兆錫曰：子路死於孔悝之難，遂爲衛人所醢，孔子哭之，師弟之禮也。聞使者言而命覆棄其家之醢者，蓋痛而不忍其似也。又曰：朱子曰：「子路仕衛之失，前輩論之多矣。然卻是見不到，非知其非義而苟爲之也。」臨川吴氏曰「哭師於寢，哭友于寢門外。今中庭在寢外門内」，故陸氏謂「哭以師友之間，進之也」。

方氏苞曰：醢，朝夕必陳之物，而可久留，故命以巾冪覆之，旬日中勿以醢進也。若已陳之醢，則宜命徹，不宜覆之也。

【孫氏集解】鄭氏曰：寢中庭也。與哭師同，親之也。拜弔者，爲之主也。使者，自衛來赴者。故，謂死之意狀。醢之者，示欲啖食以怖衆。覆，棄之，不忍食。

王氏安石曰：孔子哭子路與哭師同，或者哭弟子之禮當如師，猶服之有報乎？

陳氏澔曰：覆醢者，傷子路之死而不忍食其似也。

愚謂子路死於衛孔悝之難，事見左傳。哭於中庭，於中庭南面而哭也。不於阼階下者，別於兄弟之喪也。凡於異姓之喪而哭之於寢者，其位皆如此，故鄭氏謂「與哭師同」。陸氏、吴氏謂「哭以師友之間」，非也。

**【朱氏訓纂】孔子哭子路於中庭，**注：寢中庭也。與哭師同，親之。**有人弔者，而夫子拜之。**注：爲之主也。**既哭，進使者而問故。**注：使者，自衛來赴者。故，謂死之意狀。**使者曰：「醢之矣。」**注：時衛世子蒯聵篡輒而立，子路死之。醢之者，示欲啗食以怖衆。**遂命覆醢。**注：覆，弃之，不忍食。　彬謂古者食必有醬，皆兼醢醢言之。儀禮正饌有菹醢，則每食有醢明矣。孔子聞子路之故，適食，坐設醢，故不忍食也。

三·八　○**曾子曰：「朋友之墓，有宿草而不哭焉。」**宿草，謂陳根也。爲師心喪三年，於朋友期可。○期，音朞。

**【疏】**「曾子」至「哭焉」。○正義曰：曾子，孔子弟子，姓曾，名參，字子輿，魯人也。

宿草，陳根也，草經一年陳根陳也[一]。朋友相爲哭一期，草根陳，乃不哭也。所以然者，朋友雖無親而有同道之恩。言朋友期而猶哭者，非謂在家立哭位，以終期年。張敷云：「謂於一成之内[二]，如聞朋友之喪[三]，或經過朋友之墓，及事故須哭，如此則哭焉。若期之外，則不哭也[四]。」

**【衛氏集説】**鄭氏曰：宿草，謂陳根也。爲師心喪三年，於朋友期可也。

孔氏曰：曾子，孔子弟子，姓曾，名參，字子輿，魯人也。

嚴陵方氏曰：師猶父，朋友相視猶兄弟。既以喪父之義處喪師，則以喪兄弟之義處喪朋友，不亦可乎？墓有宿草，則期年矣，是以兄弟之義喪之也。然必以墓草爲節者，蓋生物既變而慕心可已故也。

**【吴氏纂言】**鄭氏曰：宿草，謂陳根也。爲師心喪三年，於朋友期可。

---

[一] 草經一年陳根陳也　閩、監、毛本同，惠棟校宋本上「陳」作「則」。○鍔按：「草經」上，阮校有「曾子曰節」四字。

[二] 謂於一歲之内　閩、監、毛本作「歲」，此本誤「成」，考文引宋板「歲」作「期」。○按：作「期」是也，猶上云「一期草根陳乃不哭也」，下云「若一期之外乃不哭也」。

[三] 如聞朋友之喪　閩、監、毛本作「聞」，此本誤「間」。

[四] 若期之外則不哭也　閩、監、毛本同，考文引宋板「若」下有「一」字。

孔氏曰：草經一年則根陳，朋友相爲哭一期，草根陳乃不哭也。所以然者，朋友雖無親而有同道之恩。言朋友期而猶哭者，非謂在家立哭位，以終期年。張敷云：「謂於一朞之内，如聞朋友之喪，或經過朋友之墓，及事故須哭，如此則哭焉。若一期之外，則不哭也。」

方氏曰：師猶父，朋友相視猶兄弟。既以喪父之義處喪師，則以喪兄弟之義處喪朋友。墓有宿草，則朞年矣，是以兄弟之義喪之也。然必以墓草爲節者，蓋生物既變而慕心可已也。

【陳氏集説】草根陳宿，是期年之外可無哭矣。

【郝氏通解】宿草，陳根也。既葬而墓有隔年之草，則喪已期矣。爲師心喪三年，爲朋友期可矣。

【欽定義疏】正義　鄭氏康成曰：宿草，謂陳根也。爲師心喪三年，於朋友期可。

孔氏穎達曰：曾子，孔子弟子，姓曾，案：鄫子之後以國爲氏，去邑爲曾。名參，字子輿，魯人也。朋友雖無親而有同道之恩，期而猶哭者，非在家立哭位，以終期年。張敷云：「於一歲之内，聞朋友之喪，或經過朋友之墓則哭，期外則不哭也。」

方氏慤曰：師猶父，朋友相視猶兄弟。以喪父之義喪師，則以喪兄弟之義喪朋友。墓有宿草，則期年矣，是以兄弟之義喪之也。

【杭氏集説】朱氏軾曰：有宿草不哭，謂一期之外不復哭也。若始聞朋友死，雖在數年之後，有不哭者乎？或謂小功不税，何况朋友曰哭，非税也。彼小功即不税，能無哀乎？

姜氏兆錫曰：草根陳宿，是期年之外可無哭乎？此因上章哭子路而類記之，以見禮無過不及之意也。

【孫氏集解】鄭氏曰：宿草，謂陳根也。爲師心喪三年，於朋友期可。孔氏曰：期而猶哭者，非謂立哭位以終期年。謂於一歲之内聞朋友之喪，或過朋友之墓則哭，期外則不哭也。

【朱氏訓纂】注：宿草，謂陳根也。爲師心喪三年，於朋友期可。正義：曾子，孔子弟子，姓曾，名參，字子輿，魯人也。草經一年則根陳也。朋友雖無親而有同道之恩，期而猶哭者，非謂在家立哭位，以終期年。張敷云：「謂於一期之内，如聞朋友之喪，或經過朋友之墓，及事故須哭。若一期之外，則不哭也。」

三·九 **○子思曰：「喪三日而殯，凡附於身者，必誠，必信，勿之有悔焉耳矣。三月而葬，凡附於棺者，必誠，必信，勿之有悔焉耳矣。**言其日月，欲以盡心脩備之。附於身，謂衣衾。附於棺，謂明器之屬。○衾，音欽。**喪三年以爲極亡，**去已久遠，而除其喪。○以爲極亡，並如字。極，已也，徐紀力反。王以「極」字絶句，亡作「忘」，向下讀。孫依鄭作「亡」，而如王分句。**則弗之忘矣。**則之言曾。**故君子有終身之憂，**念其親。**而無一朝之患，**毁不滅性。**故忌日不樂。」**謂死日，言忌日不用舉吉事。○樂，如字，又音洛。

**【疏】**「子思」至「不樂」。○正義曰：此一節論喪之初死及葬送終之，具須盡孝子之情，及思念父母不忘之事，今各隨文解之。

「三日而殯」者，據大夫、士禮，故云「三日」也。

○「凡附於身」者，謂衣衾也。夫祀必求仁者之粟，故送終之物，悉用誠信[一]，必令合禮，不使少有非法[二]後追悔咎。

「焉耳矣」者，助句之辭。

○「三月而葬，凡附於棺者，必誠，必信，勿之有悔焉耳矣」者，三月而葬，亦大夫、士禮也。附，謂明器之屬，亦當必誠信，不追悔也。

○注「言其」至「之屬」。○正義曰：此「言其日月，欲以盡心修備之」，鄭意但言

---

[一] 悉用誠信　閩、監、毛本作「信」，此本誤「僧」。○鍔按：「悉用」上，阮校有「子思曰節」四字。

[二] 不使少有非法　監、毛本作「有」，衛氏集説同。此本「有」誤「多」，閩本同。

凡附身附棺自足，又更云「三日」「三月」，言棺中物少者，三日之期，家計可使量度，則必中；棺外物多，三月之賖[二]，思忖必就，故言「日月」，欲見宜慎也。

云「謂明器之屬」者，案既夕禮除明器之外，有用器弓矢、耒耜、兩敦、兩杅、盤匜，燕樂器甲、胄、干、笮，杖、笠、翣等，故云「之屬」也。

○「喪三年以爲極亡」。○此亦子思語辭也。言服親之喪，以經三年，以爲極亡，可以弃忘，而孝子有終身之痛，曾不暫忘於心也。注云「則之言曾」，故君子有終竟己身，恒慘念親。此則是不忘之事。雖終身念親，而不得有一朝之間有滅性禍患，恐其常毁，故唯忌日不爲樂事，他日則可，防其滅性故也。所以不滅性者，父母生己，欲其存寧，若滅性，傷親之志，又身已絶滅，無可祭祀故也。

○注「謂死」至「吉事」。○正義曰：下篇子卯爲人君忌日，恐此忌日亦爲子卯，故云「謂死日」也。言「忌」者，以其親亡忌難，吉事不舉之。

**【衛氏集説】**鄭氏曰：言「三日」「三月」，欲其盡心修備之。附於身，謂衣衾。附於棺，謂明器之屬。終身之憂，謂念其親。無一朝之患，謂毁不滅性也。忌日，謂死日，不用舉吉事。

[二] 三月之賖　惠棟校宋本同，閩、監、毛本「賖」誤「餘」。

孔氏曰：此一節論喪之初死及葬送終之具，須盡孝子之情，及思念父母不忘之事也。三日殯，三月葬，據大夫、士禮也。棺中物少，三日可辦，棺外物多，三月可就，悉用誠信，各令合禮，不使少有非法後追悔咎。「焉耳矣」者，助句之辭。親喪以經三年，以爲極亡，可以棄忘，而孝子有終身之痛，曾不暫忘於心也。雖終身念親，而不得有一朝滅性之患，故唯忌日不爲樂事，恐其常毁也。

唐陸氏曰：王以「極」字絶句。「亡」作「忘」，向下讀。

馬氏曰：君子之事親，無所不用誠信。而至於明器，則備物而不可用者，亦可以爲誠信乎？蓋之死而致死之，不仁而不可爲也。之死而致生之，不知而不可爲也。明器之用，仁知之道，誠信之至者也。知此，則可以無悔也。

金華應氏曰：「附於棺」者，若卜其宅兆、丘封、壤樹之事，不獨明器之屬也。

嚴陵方氏曰：經曰：「緦、小功以爲殺，期、九月以爲間，三年以爲隆。」故三年之喪，所以爲喪之極也。「亡則弗之忘矣」者，死者之形雖亡，而生者之心未嘗忘之也。忌日不樂，蓋終身之憂有見於此。

長樂陳氏曰：君子之於親，有終制之喪，有終身之喪。終制之喪，三年是也；終身之喪，忌日是也。文王之於親，忌日必哀而不樂，豈非能全終身之憂乎？有終身之憂，仁也；無一朝之患，義也。

山陰陸氏曰：言喪三年以爲中爾。若其亡，則未之或忘。

廬陵胡氏曰：終身之憂，永慕也。内則云：「終身也者，非終父母之身，終其身也。」忌日不樂，有戚容，忌舉吉事。

**【吴氏纂言】子思曰：「喪三日而殯，凡附於身者，必誠，必信，勿之有悔焉耳矣。三月而葬，凡附於棺者，必誠，必信，勿之有悔焉耳矣。**

此言孝子慎終之禮。三日而殯，三月而葬，據士禮言。附於身，謂衣衾之屬，各納棺中以殯者。附於棺，謂器具之屬，合納壙中以葬者。誠，謂心實愜滿。信，謂物實周緻。之，猶至也。有悔，謂有遺憾也。言辦殯葬之物，於三日、三月之内須實，是愜滿實，是周緻。毋至它日，悔其有不愜滿、不周緻者也。蓋既殯、既葬，則雖欲增加换易，而不可得矣，所以當慎也。

鄭氏曰：「三日」「三月」，言日月，欲盡心修備也。

孔氏曰：棺中物少，三日之期量度；棺外物多，三月之賒思忖，見宜慎也。

**喪三年以爲極亡，則弗之忘矣。故君子有終身之憂，而無一朝之患，故忌日不樂。」**

此言孝子追遠之情。極，謂至極之期，限制止此也。亡，猶無也，謂親死已久，而無形聲影響之存者也。憂，亦哀也，稍輕於哀。患，禍也，謂隕滅其身之禍。忌日，親之死日。不樂，有哀心也。父母之恩至隆也，然喪之當有限制，故不過三年而止。喪之限制止於三年，親身雖已不存，而孝子思親之情則無時而忘之，故有終身之憂。憂雖終身不解，然不可時時毁戚，而致有一旦殞滅其身之禍。故所謂終身之憂者，唯每歲於親之死日，則哀慕如初死之時，餘日則以禮節情而不常哀也。

方氏曰：死者之形雖已亡，而生者之心未嘗忘之。

孔氏曰：親喪已經三年，而孝子有終身之痛，曾不暫忘於心也。雖終身念親，而不得有一朝滅性之患。故唯忌日不樂，恐其常毁也。

【陳氏集説】子思曰：「喪三日而殯，凡附於身者，必誠，必信，勿之有悔焉耳矣。三月而葬，凡附於棺者，必誠，必信，勿之有悔焉耳矣。」「附於身」者，襲斂衣衾之具。「附於棺」者，明器用器之屬也。方氏曰：必誠，謂於死者無所欺。必信，謂於生者無所疑。

**喪三年以爲極，亡則弗之忘矣。故君子有終身之憂，而無一朝之患，故忌日不樂。**」喪莫重於三年，既葬曰亡。中庸曰：「事亡如事存。」雖已葬而不忘其親，所以爲終身之憂，而忌日不樂也。祭義曰「君子有終身之喪」，忌日之謂也。冢宅崩毁，出於不意，所謂「一朝之患」。惟其必誠必信，故無一朝之患也。或曰：殯、葬皆一時事，於此一時而不謹，則有悔。惟其誠信，故無此一時不謹之患。

【納喇補正】喪三年以爲極，亡則弗之忘矣。故君子有終身之憂，而無一朝之患，故忌日不樂。

【集說】既葬曰亡。雖已葬而不忘其親，所以爲終身之憂，而忌日不樂也。祭義曰「君子有終身之喪」，忌日之謂也。冢宅崩毁，出於不意，所謂「一朝之患」。惟其必誠必信，故無一朝之患也。或曰：殯、葬皆一時事，於此一時不謹，則有悔。惟其誠信，故無此一時不謹之患。

【竊案】上節「必誠必信」，言孝子慎終之禮，此節言孝子追遠之情，本不相屬，集說以誠信解「無一朝之患」，恐非是。蓋孝子有終身之喪，有終制之喪。有終身之喪，故親雖已亡，而三年之外，其心恒戚戚然，念其親而未嘗忘。有終制之喪，故三年以爲限極，不至常毁滅性，有一朝之患，而惟忌日致其哀也。孔氏、吴氏大意亦如此。

【又案】中庸曰：「事亡如事存。」朱子云：「既葬則反而亡焉。」故集說亦以既葬解「亡」字。然亡對死言，則有始死、既葬之分，單舉則死後無形聲影響之通稱也。

【郝氏通解】送死者，永訣之道，不可復補矣。心有不盡，徒貽後悔，惟誠惟信，乃可以免。殯，停柩也，始死三日，斂而殯之。附身，謂衣衾之類。三日期迫，勿以匆遽忽之也。誠，慮周悉也。信，無虚飾也。三月期緩，可以從容整備也。附棺，謂明器與凡送葬之具。三年，喪服之期有盡者也。不以親亡而遂忘，孝子之心無窮者也。不忘亡，故有終身之憂。必誠信，故無一朝之患。如墓崩而脩，則一朝之患也。忌日，親死之月日。不樂，即終身之憂也。

【方氏析疑】喪三日而殯，凡附於身者，必誠，必信，勿之有悔焉耳矣。三月而葬，凡附於棺者，必誠，必信，勿之有悔焉耳矣。

誠者，物必堅良也。信者，用無僭忒也。

喪三年以爲極，亡則弗之忘矣。

亡以人子而言，蓋喪期雖以三年爲極，至於哀慕之心，則至於身亡之後而弗能忘。

猶三年問所謂「子之於親，至死不窮」也。

【江氏擇言】喪三年以爲極，亡則弗之忘矣，故君子有終身之憂，而無一朝之患，故忌日不樂。

朱文端公云：喪有盡而哀無窮，雖親死已久，而追慕之情終身弗忘，於何見之？於忌日不樂見之也。「一朝之患」句不重，蓋古有此語，連引及之。注以患爲滅性，未是。

按，文端公説最當。

【欽定義疏】正義　鄭氏康成曰：言「三日」「三月」，欲其盡心脩備之。附於身，謂衣衾。附於棺，謂明器之屬。孔疏：棺中物少，三日可辦。棺外物多，三月可就，故言日月，欲見宜慎也。案既夕禮明器之外，有用器弓矢、耒耜、兩敦、兩杅、盤匜，燕樂器甲、冑、干、笮、杖、笠、翣等，故云「之屬」。應氏鏞曰：附棺，若卜其宅兆、丘壤、封樹之事，不獨明器之屬也。終身之憂，念其親也。忌日不樂，謂死日不用舉吉事。

孔氏穎達曰：此論喪之初死及葬送終之具，須盡孝子之情，及思念父母不忘之事也。三日殯，三月葬，據大夫、士禮。

陳氏祥道曰：君子於親，有終制之喪，三年是也；有終身之喪，忌日是也。

**通論** 方氏慤曰：經曰：「緦、小功以爲殺，期、九月以爲閒，三年以爲隆。」故三年之喪所以爲喪之極也。亡，則弗之忘矣者。死者之形雖亡，而生者之心未嘗忘之也。忌日不樂，蓋終身之憂有見於此。

胡氏銓曰：終身之憂，永慕也。內則云：「終身也者，非終父母之身，終其身也。」忌日不樂，有戚容，忌舉吉事。

馬氏晞孟曰：君子事親，無所不用誠信。至明器，則備物不可用，亦誠信乎？蓋之死而致死之，不仁而不可爲；之死而致生之，不知而不可爲。明器之用，仁知之道，誠信之至者也，知此則可以無悔也。

**存疑** 鄭氏康成曰：無一朝之患，毀不滅性也。孔疏：終身念親，是不忘之事。不得有一朝滅性之患，故惟忌日不樂，他日則可，恐其常毀也。

陳氏澔曰：冢宅崩毀，出於不意，所謂「一朝之患」。或曰：殯、葬皆一時事，於此不謹則有悔，惟其誠信，故無此患。

**案** 此明孝子之孝，久而不忘。言附於身者，必誠必信，勿使有悔於三日焉耳矣。附於棺者，必誠必信，亦勿使有悔於三月焉耳矣。即服喪之誠信，亦三年以爲極，而君子有亡則弗之忘者。是故君子有終身之憂，而無一朝之患也。終身之憂，戰戰兢兢，如臨如履，一息尚存，憂未釋也。無一朝之患，非仁無爲，非禮無行，不以小不誠信，或致患也，語意與孟子正同，但孟子以存心言，此專以孝言耳。祭義亦云「終身之喪，忌日之謂」，以經證經，明白易曉。而鄭乃謂無一朝之患，毁不滅性。孔謂恐其常毁，故惟忌日不樂，則以忌日不樂，申「無一朝之患」，與祭義違，改「故」爲「惟」，并與本經違矣。夫毁之滅性，恒在初喪，未有以此慮之三年後者。至陳氏「冢宅崩毁」，則葬時誠信足矣。豈終身之憂，只憂冢宅之崩毁乎？

【杭氏集説】陳氏澔曰：冢宅崩毁，出於不意，所謂「一朝之患」。或曰：殯、葬皆一時事，於此不謹，則有悔。惟其誠信，無此患。

姚氏際恒曰：「喪三年以爲極，亡則弗之忘」，言喪雖三年爲極，但既亡則終弗之能忘矣。故即以「故君子」云云。陳可大謂「既葬曰亡」，此本中庸章句解「事亡如事存」，「亡」字以爲既葬，則曰反而忘焉之説。此解殊牽强。今陳直以亡爲既葬，益非矣。君子有終身之憂，無一朝之患，從來解者，皆貼親喪説，殊不然終身之憂似忌日矣。一朝之患，鄭氏謂「毁不滅性」，陳可大謂「指上必誠必信，所以無冢宅崩毁之事」，並迂。又與下「故忌日不樂」義不貫。按此二句乃古語，孟子引之，故此用「故」字，孟子用「是故」字。

記文取「有終身之憂」句，喚起「忌日不樂」義，「無一朝之患」是陪説。孟子則取「無一朝之患」句，以明上文横逆之事，「有終身之憂」是陪説。孟子又解「有終身之憂」，爲憂其未能如舜。觀此同一「有終身之憂」句，記文作「忌日」用，孟子作「如舜」用，則釋古人之書者，其可粘滯執著死古人句下哉！祭義作「君子有終身之喪」，此方專指忌日。

朱氏軾曰：喪有盡而哀無窮，雖親死已久，而追慕之情終身弗忘，于何見之？于忌日勿樂見之也。「一朝之患」句不重，蓋古有此語，連引及之。注以患爲滅性，未是。

姜氏兆錫曰：「附於身」者，襲斂衣衾之具。「附於棺」者，明器用器之屬也。方氏曰：「必誠，謂於死者無所欺。必信，謂於生者無所疑。」既葬曰亡，中庸曰：「事亡如事存」，故雖已葬而不忍忘親也。祭義曰「君子有終身之喪」，忌日之謂也。一朝之患，如冢宅崩毁之類。惟一出以誠信，則無此患矣。此蓋言喪有盡，而哀無窮之意也。

方氏苞曰：誠者，物必堅良也。信者，用無僭忒也。亡以人子而言，蓋喪期雖以三年爲極，至于哀慕之心，則至於身亡之後而弗能忘，猶三年問所謂「子之於親，至死不窮」也。

齊氏召南曰：按注太遠，後儒説亦不一。

【孫氏集解】○今按「極」字句絶，亡當如字，屬下讀，孫氏得之。

鄭氏曰：附於身，謂衣衾。附於棺，謂明器之屬。有終身之憂，念其親。無一朝之患，毁不滅性。忌日，謂死日，言忌日不用舉吉事。

愚謂殯，謂斂尸於棺而塗之也。言「三日」「三月」者，謂其時足以治其殯葬之事也。誠者，盡其心而無所苟。信者，當於禮而無所違。蓋送死大事，人子之心之所能自盡者，惟在此時。苟有幾微之失，將有悔之而無可悔者矣。喪三年以爲極者，送死有已，復生有節也。亡，猶「反而亡焉」之亡。亡則弗之忘者，言親雖亡而子之心則不能忘也。春霜秋露，悽愴怵惕，如將見之，故有終身之憂。不敢以父母之遺體行殆，故無一朝之患。此皆由不忘親，故能如此。忌日不樂，亦終身不忘親之一端也。

**【王氏述聞】⊙亡則弗之忘矣**

**檀弓：喪三年以爲極，亡則弗之忘矣。**

釋文出「極亡」二字云：王以「極」字絶句，「亡」作「忘」，向下讀。孫依鄭作亡，而如王分句。

劉氏端臨曰：當從王肅。忘則弗之忘矣，猶曰以云忘則未嘗忘也。

引之謹案：喪三年以爲極，所謂先王制禮而不敢過也。若謂其服除而忘哀，則終身弗忘，故曰「忘則弗之忘矣」。上言忘，下言弗之忘，一句之中自相呼應。大戴禮曾子立事篇「備則未爲備也」，文義與此相似。鄭本上「忘」字作「亡」，亡即忘也，上「亡」是借字，下「忘」是本字。猶曲禮「祭食，祭所先進。殽之序，徧祭之。三飯，主人延客，食胾，然後辨殺」，上「徧」是本字，下「辨」是借字，辨即徧也。越語「死生因天地之刑，韋注訓「刑」爲「法」，非辯，見國語。天地形之，聖人因而成之」，上「刑」是借字，下「形」是本字，刑即形也。孟子公孫丑篇有「仕於此而子悦之，論衡刺孟篇引此「仕」作「士」。不告於王而私與之吾子之禄爵，夫士也亦無王命而私受之於子」，上「仕」是借字，下「士」是本字，仕即士也。鄭解「喪三年以爲極」曰：「去已久遠，而除其喪。」去已久遠，釋「三年」二字。除其喪，釋「以爲極」三字。極，終也。喪服至此而終也。而於「亡」字不加注釋，則亡字不屬上句，而屬下句，可知。孫炎之學出於康成，而分「亡」字下屬，亦可知。鄭君之本以「亡則」連讀也。孔氏正義曰：「喪三年以爲極，言服親之喪以經三年，「以」與「已」同。以爲極可以棄忘。而孝子有終身之痛，曾不暫忘於心也。」可以棄忘，正釋亡字，下遂云「而孝子有終身之痛，曾不暫忘於心也」。「然則亡則弗之忘矣」作一句讀，而訓亡爲忘，鄭意本自如是，故正義述之也。自釋文誤以「極亡」連讀，而學者遂移「亡」字於上句之末，又於正義「三年以爲極」下增「亡」字，於是句讀亂而文不成義矣。元陳澔知「亡」之當屬下句，而不知「亡」爲「忘」之假借，乃云「既葬曰亡。雖已葬而不忘其親」。案「亡則弗之忘矣」，上承「喪三年以爲極」之文，乃謂三年以後服雖除而哀未忘，故每逢忌日則不樂也。若三月而葬，去服除之時尚遠，此正人子悲哀之日，何須言弗忘乎？陳説非。

⊙忌日不樂

**故君子有終身之憂，而無一朝之患，故忌日不樂。**

鄭注曰：言忌日，不用舉吉事。

正義曰：唯忌日不爲樂事，他日則可。

引之謹案，如字讀是也。忌日之哀，必有實事以徵之，不作樂者，哀之徵也。唯居喪不聽樂，忌日如之，故祭義謂之「終身之喪」。古者謂作樂爲樂，下文「是月禫，徙月樂」，注曰「明月可以用樂」是也。下文又曰「孟獻子禫，縣而不樂」，又曰「子卯不樂」，注曰：「不以舉樂爲吉事。」曲禮「歲凶，士飲酒不樂」，注曰：「不樂，去琴瑟。」又曰「齊者不樂不弔」，祭統「及其將齊也，防其邪物，訖其耆欲，耳不聽樂。故記曰『齊者不樂』」，皆謂不作樂爲不樂，是其證也。下文又曰「弔於人，是日不樂如字。」，注曰：「哀樂音洛。不同日，子於是日哭，則不歌」。哀謂行弔，樂謂作樂也。歌詩與作樂相等，故引不歌，以比不樂。彼釋文雖兼存洛音，而以岳音爲正，正與此同。蓋注家之盧植、王肅，音義家之徐邈、沈重諸人，必有訓爲作樂者，故陸氏承用之也。鄭注「不用舉吉事」，正指不作樂言之。不舉吉事，則不作樂。下文「子卯不樂」，注所謂「不以舉樂爲吉事」也。自正義以「不樂」爲不爲樂事，而宋以後説此者皆以洛爲正音，而解爲喜樂，於是「不樂」之爲不作樂，遂莫有知其義者矣。

**【朱氏訓纂】子思曰：「喪三日而殯，凡附於身者，必誠，必信，勿之有悔焉耳矣。三月而葬，凡附於棺者，必誠，必信，勿之有悔焉耳矣。**注：言其日月，欲以盡心修備之。附於身，謂衣衾。附於棺，謂明器之屬。　正義：三日而殯，三月而葬，據大夫、士禮也。夫祀必求仁者之粟，故送終之物悉用誠信。必令合禮，不使少有非法，後追悔咎。「焉耳矣」者，助句之辭。**喪三年以爲極亡，則弗之忘矣。**注：去已久遠而除其喪。則之言曾。　釋文：極，已也。王以「極」字絶句，「亡」作「忘」，向下讀。　劉氏台拱曰：王説是也。猶曰以云忘則未嘗忘也。**故君子有終身之憂，**注：念其親。**而無一朝之患，**注：毁不滅性。**故忌日不樂。」**注：謂死日，言忌日不用舉吉事。　朱氏軾曰：蓋喪有盡而哀無窮，雖親死已久而追慕之情終身弗忘，於何見之？於忌日不樂見之也。一朝之患不重，蓋古有是語，連引及之。注以患爲滅性，未是。　王氏引之曰：釋文如字讀，是也。忌日不作樂者，哀之徵也。唯居喪不聽樂，忌日如之，故祭義謂之「終身之喪」。古者謂作樂爲樂，下文「是月禫，徙月樂」，注曰「明月可以用樂」，「孟獻子禫，縣而不樂」，又曰「子卯不樂」，注曰「不以舉樂爲吉事」。

**【郭氏質疑】故君子有終身之憂，而無一朝之患，故忌日不樂。**

鄭注：終身之憂，謂念其親。無一朝之患，謂毁不滅性也。忌日不用舉吉事。

嵩燾案，祭義：「君子有終身之喪，忌日之謂也。」此承「亡則弗之忘」句爲文，而舉

「忌日」以實之，忌日之哀，終身之喪所由寄也。有終身之憂而無一朝之患，疑古有是語。記禮者引之，以示終身弗忘之意，其義則孟子盡之。此連「無一朝之患」爲文，非經義所繫也，鄭注失之。祭義言「忌日不用」，以事言；此言「忌日不樂」，以心言。不樂，謂去琴瑟。曲禮「士飲酒，不樂」，祭統「齊者不樂」，此經下云「縣而不樂」「子卯不樂」「弔於人，是日不樂」。凡言「不樂」者，皆謂琴瑟之屬。忌日不樂，仍以喪禮處之，所謂終身之憂也。樂，讀如字。鄭注「不用舉吉事」，疏云「不爲樂事」，亦恐失之。

# 檀弓注疏長編卷三

三·一〇　○**孔子少孤**[一]**，不知其墓。**孔子之父郰叔梁紇與顔氏之女徵在野合而生孔子，徵在恥焉[二]，不告。○郰，側留反，又作「鄹」。紇，恨發反。徐胡切反，又胡没反。○**殯於五父之衢，**欲有所就而問之。孔子亦爲隱焉，殯於家，則知之者無由怪己，欲發問端。五父，衢名，蓋郰曼父之鄰。○父，音甫，注及下同。衢，求于反。爲，如字，又于僞反。曼，音萬。**人之見之者，皆以爲葬也，**見柩行於路。○**其慎也，蓋殯也。**慎，當爲「引」，禮家讀然，聲之誤也。殯引，飾棺以輤；葬引，飾棺以柳翣。孔子是時以殯引，不以葬引，時人見者謂不知禮。○慎，依注作「引」，羊刃反。輤，七見反。翣，所甲反。○**問於郰曼父之母，然後得合葬於防。**

[一] 孔子少孤節　惠棟校云：「『孔子少孤』節、『鄰有喪』節，宋本合爲一節。」案：此本亦二節合爲一節，閩本以下始分。

[二] 徵在恥焉　「徵」字上，通典引有「後叔梁紇亡」五字，疑杜佑以意增耳。

曼父之母與徵在爲鄰，相善。

三·一一 ○**鄰有喪，春不相。里有殯，不巷歌。**皆所以助哀也。相，謂以音聲相勸。○相，息亮反。注同。**喪冠不緌。**去飾。○緌，本又作「綏」，同耳佳反。去，起吕反。

【疏】「孔子」至「於防」。○正義曰：此一節論孔子訪父墓之事。云孔子既少孤失父，其母不告父墓之處，今母既死，欲將合葬，不知父墓所在，意欲問人。故若殯母於家，則禮之常事，他人無由怪己。故殯於五父之衢，欲使他人怪而致問於己。外人見柩行路，皆以爲葬。但葬引柩之時，飾棺以柳翣，其殯引之禮，飾棺以輤。當夫子飾其所引之棺以輤，故云其引也蓋殯也。殯不應在外，故稱「蓋」，爲不定之辭。於時郰曼父之母素與孔子母相善，見孔子殯母於外，怪問孔子。孔子因其所怪，遂問郰曼父之母，始知父墓所在，然後得以父母尸柩[一]合葬於防。

○注「孔子」至「不告」。○正義曰：按史記孔子世家云：「叔梁紇與顏氏女野合而生孔子。」鄭用世家之文，故注言野合，不備於禮也。若論語云「先進於禮樂，野人也」，及「野哉！由也」，非謂草野而合也。但徵在恥其與夫不備禮爲妻，見孔子知禮，故不告。

[一] 然後得以父母尸柩 閩、監、毛本同。惠棟校宋本「然」作「而」，衛氏集説同。

言「不知其墓」者，謂不委曲適知柩之所在，不是全不知墓之去處。其或出辭入告，總望本處而拜，今將欲合葬，須正知處所，故云「不知其墓」。今古不知墓處，於事大有，而講者諠諠，競爲異説，恐非經記之旨。案家語云：「叔梁紇年餘七十無妻，顏父有三女。顏父謂其三女曰：『鄹大夫，身長七尺，武力絶倫，年餘七十，誰能與之爲妻？』二女莫對。徵在進曰：『從父所制，將何問焉？』父曰：『即爾能矣。』遂以妻之爲妻，而生孔子。三歲而叔梁紇卒。」王肅據家語之文，以爲禮記之妄。又論語緯撰考云：「叔梁紇與徵在禱尼丘山，感黑龍之精以生仲尼。」今鄭云「叔梁紇與顏氏之女徵在野合」，於家語文義亦無殊。何者？七十之男始取徵在，灼然不能備禮，亦名野合。又徵在幼少之女而嫁七十之夫，是以羞慙，不能告子。又叔梁紇生子三歲而後卒，是孔子少孤。又與撰考之文「禱尼丘山而生孔子」，於野合之説，亦義理無妨。鄭與家語、史記並悉符同，王肅妄生疑難，於義非也。

○注「慎當」至「知禮」。○正義曰：挽柩爲引，無名「慎」者，以「慎」「引」聲相近，故云「慎當爲引」。

云「禮家讀然」者，然，猶如是也，言禮家讀如是「引」字。故大司徒云「大喪，屬其六引」，是讀引也。

云「殯引，飾棺以輴」者，案雜記云：「諸侯行而死於道，其輴有裧，緇布裳帷。」輴爲赤色，大夫布裳帷，士葦席以爲屋，蒲席以爲裳帷。大夫以下雖無輤，取諸侯輤同名，故飾棺以輤。

云「引葬，飾棺以柳翣」者〔一〕，案喪大記云：君龍帷、黼荒、黼翣二、黻翣二、畫翣二，大夫畫帷、畫荒、黻翣二、畫翣二，士布帷、布荒、畫翣二。在上曰荒，在旁曰帷，總謂之柳，故云「飾棺以柳翣」。

**【衛氏集説】孔子少孤，不知其墓。殯於五父之衢，人之見之者，皆以爲葬也，其慎也，蓋殯也。問於郰曼父之母，然後得合葬於防。**

鄭氏曰：孔子之父郰叔梁紇與顏氏之女徵在野合而生孔子，徵在恥焉，不告。慎，當爲「引」，禮家讀然，聲之誤也。

孔氏曰：此一節論孔子訪父墓之事。孔子既少失父，其母不告父墓之處，今母既死，欲將合葬，不知父墓所在，意欲問人。故殯母於五父之衢，欲使他人怪而問己，因得詢知父墓所在。外人見柩行於路，皆以爲葬。但葬引柩之時，飾棺以柳翣，其殯引之禮，飾棺以輤。夫子飾其所引之棺以輤，故知非葬，蓋殯也。殯不應在外，故稱「蓋」，爲不定之辭。於時郰曼父之母素與孔子母相善，見孔子殯母於外，怪問孔子。孔子因而問之，始

〔一〕云引葬飾棺以柳翣者　閩、監、毛本同。惠棟校宋本「引葬」作「葬引」，與注合。

知父墓所在，而後得以父母尸柩合葬於防。鄭注「野合」，謂不備於禮也。如論語所謂「野人」及「野哉，由也」。但徵在恥其與夫不備禮爲妻，故不告也。家語云：「叔梁紇年餘七十，無妻，顏父有三女。顏父謂其三女曰：『鄹大夫身長七尺，武力絶倫，年餘七十，誰能與之爲妻？』二女莫對。徵在進曰：『從父所制，將何問焉？』父曰：『即爾能矣。』遂以妻之，而生孔子。三歲而叔梁紇卒。」

横渠張氏曰：孔子殯母於五父之衢，以在衢，故其殯周密有如葬然，故人之見之者，皆以爲葬也。其實是殯之周慎，故曰「其慎也，蓋殯也」。「其慎也」屬下讀之，則意明。據舊説，孔子喪母時十七歲，十七歲何故不知墓？或是孔子養於母家，母不告之也。家語是其家所傳，難於直説。據傳記直謂野合，謂不備禮也。合葬，附葬也，叔梁紇自有正妻，亦不可知也。

嚴陵方氏曰：左氏傳所謂「詛諸五父之衢」是矣。衢，則四達之道也。

馬氏曰：叔梁紇，宋人，而喪葬之制，蓋從於古「墓而不墳」，此孔子少孤，所以不知墓也。

山陰陸氏曰：慎，讀如字，慎，誠也。蓋，曰其誠也，蓋殯也，詩曰：「予慎無辜。」

廬陵胡氏曰：問於郰曼父之母，然後得合葬於防。曼父之母與徵在鄰，蓋在五父衢也。此一經疑在「孔子既得合葬於防」之前。

**鄰有喪，舂不相。里有殯，不巷歌。喪冠不緌。**

鄭氏曰：相，謂以音聲相勸。不相、不歌，皆所以助哀也。不緌，去飾。

廬陵胡氏曰：趙良謂商君曰：「五羖大夫死，舂者不相。」古謳謠之名多曰相。詳見曲禮「舂不相」解。緌，冠纓，所謂「蟬有緌」。

**【吴氏纂言】孔子少孤，不知其墓。殯於五父之衢，人之見之者，皆以爲葬也，其慎也，蓋殯也。問於郰曼父之母，然後得合葬於防。**

家語曰：叔梁紇有女無子，其妾生孟皮，有足疾，乃求婚於顏氏。顏氏三女，小曰徵在。顏父問三女曰：「郰大夫雖祖父爲士，然其先，聖王之裔，孰能爲之妻？」二女莫對。徵在曰：「從父所制。」遂以妻之，生孔子。三歲而叔梁紇卒，葬於防。

孔氏曰：孔子少孤失父母，死欲合葬，不知父墓所在，故殯於五父之衢。外人見柩行路，皆以爲葬，但飾引棺以輤，故云「其引也，蓋殯也」。郰曼父之母素與孔子母相善，問郰曼父之母，始知父墓所在，而後得以母柩合葬於防。

鄭氏曰：慎，當爲引。殯引，飾棺以輤；葬引，飾棺以柳翣。是時以殯引不以葬引。

馬氏曰：叔梁紇，宋人，葬制蓋從古「墓而不墳」。此孔子少孤，所以不知墓也。

方氏曰：衢，四達之道也。

山陰陸氏曰：慎，讀如字。

張子曰：孔子殯母於五父之衢，其殯周慎有如葬然，故人之見之者皆以爲葬也。其周慎實是殯，故曰「其慎也，蓋殯也」。

澄曰：叔梁紇，殷人，葬從殷制，墓無封識，葬後人不知，子孫亦無展省之禮。孔子少而孤，母既死則不知其父墓所在矣。殯者當殯於家，殯于家則三月之後啟殯正葬。既未知父墓所在，則正葬之期不可豫定，故不殯于家而殯於野。蓋在野則雖久而未得正葬，亦未害，人見將柩出外，皆以爲正葬，其禮又甚謹慎，與正葬同。雖甚謹慎如葬，蓋但是殯而非葬也。「蓋」者，記人度孔子之心，欲得訪求父墓所在，而舉以合葬也。其時非不訪求，人皆不能知，故且權殯在後。因見郰曼父之母，問之方知舊日與己母爲鄰，相厚善。孔母葬夫之時，此母必預送葬，故獨能知其墓而以告孔子也。然問此母之時，與殯己母之時，非在一年之内，其經隔年，歲之久近不可考。「慎」字，張子、陸氏讀如字者，是。噫觀孔子之不知父墓，則知周公制禮，墓有封識，且設官掌之，子孫得常展省，夫婦又皆合葬，其視古禮之簡質不同矣。此夫子之所以從周也。

**鄰有喪，舂不相。里有殯，不巷歌。**

鄭氏曰：助哀也。相，送杵聲。

方氏曰：五家爲鄰，五鄰爲里。鄰近而里遠，鄰寡而里衆。近而寡者其情昵，遠而衆者其情疎，故哀不能無輕重淺深之別焉。除喪而後祥，故未祥之前通謂之有喪；啓殯而後葬，故未葬之前通謂之有殯。於鄰言「有喪，舂不相」，則有殯可知於里。言「有殯，不巷歌」，則有喪必然矣。舂猶不相，則不巷歌可知。不巷歌，則容或相舂矣。

**喪冠不緌。**

鄭氏曰：去飾。

澄曰：吉冠，既結其纓而垂其餘者爲飾，謂之緌。喪服，斬衰冠以繩爲纓；齊衰以下，冠以布爲纓，其纓結于頷下，而無所垂之餘。喪哀從質，非如吉冠之文而有飾也。

**【陳氏集説】孔子少孤，不知其墓。殯於五父之衢，人之見之者，皆以爲葬也，其慎也，蓋殯也。問於郰曼父之母，然後得合葬於防。**「不知其墓」者，不知父墓所在也。「殯於五父之衢」者，殯母喪也。禮無殯於外者，今乃在衢，先儒謂欲致人疑問，或有知者告之也。人見柩行於路，皆以爲葬，然以引觀之，殯引飾棺以輤，葬引飾棺以柳翣，此則殯引耳。按家語，孔子生三歲，而叔梁紇死，是少孤也。然顏氏之死，夫子成立久矣。聖人，人倫之至，豈有終母之世，不尋求父葬之地，至母殯而猶不知父墓乎？且母死而殯於衢路，必無室廬，而死於道路者，不得已之爲耳。聖人，禮法之宗主，而忍爲之乎？馬遷爲野合之誣，謂顏氏諱而不告，鄭注因之，以滋後世之惑。且如堯、舜、瞽瞍之事，世俗不勝異論，非孟子辭而闢之，後世謂何？此經雜出諸子所記，其間不可據以爲實者多矣。孟子曰：「主癰疽與侍人瘠環，何以爲孔子？」愚亦謂終身不知父墓，何以爲孔子乎？其不然審矣。此非細，故不得不辨。鄰有喪，舂不相。里有殯，不巷歌。說見曲禮。喪冠不緌。冠必有笄以貫之，以紘繫笄，順頤而下結之曰「纓」，垂其餘於前者謂之「緌」。喪冠不緌，蓋去飾也。

**【納喇補正】孔子少孤，不知其墓。殯於五父之衢，人之見之者，皆以爲葬也，其慎也，蓋殯也。問於郰曼父之母，然後得合葬於防。**

集說 顔氏之死，夫子成立久矣。聖人，人倫之至，豈有終母之世，不尋求父葬之地，至母殯而猶不知父墓乎？且母死而殯於衢路，必無室廬，而死於道路者，不得已之爲耳。聖人，禮法之宗主，而忍爲之乎？馬遷爲野合之誣，謂顔氏諱而不告，鄭注因之，以滋後世之惑，其不然審矣。

竊案 家語叔梁紇娶於魯之施氏，生女九人，無男，其妾生孟皮，病足，叔梁紇曰：「雖有九女而無適，是無子也。」乃求昏於顔氏，顔氏有三女，小曰徵在，顔父問三女曰：「陬大夫雖父祖爲卿士，然先聖之裔也。今其人身長九尺，武力絶倫，吾甚貪之。雖年長，性嚴不足爲疑，三子孰能爲之妻？」二女莫對，徵在進曰：「從父所制，將何問焉？」父曰：「即爾能矣。」遂以妻之，禱於尼丘之山，生孔子。則馬遷、鄭玄野合之云，可謂至誣，而孔氏以不備禮爲野合，亦屬曲說，陳氏辨之當矣。但謂無「少孤，不知其墓，殯於五父之衢」之事，則非也。蓋古者墓而不墳，坎其中而踐其土。葬者，藏也，使人弗見而已，故既葬則去之，亦無墓祭。周公制禮，始以爵等爲丘封之度，而家人亦有「祭墓，爲尸」之文。叔梁紇，殷人，葬從殷禮，墓無封識，葬後人不知，子孫亦無展省之禮。孔子少而母徵在死，則不知其父墓，理或有之。且三月而葬，士庶之禮，三月以後，既不可以違禮而弗葬，又未知父墓所在，則葬期不可預定，故不殯於家而殯於野。蓋在野則雖久而未葬，亦未害也。郰曼父之母與孔母相厚善，故獨能知其墓而以告孔子。然問此母之時，與殯己母之時，非必在一時也，第相去久近，不可考耳。觀孔子之不知父墓，則知周公制禮，墓有封識，且設官掌之，子孫亦常展省，夫婦又皆合葬，其視古禮之簡質不侔矣。此孔子所以從周，合葬而封之，崇四尺也。

**人之見之者，皆以爲葬也，其慎也，蓋殯也。**

集說　人見柩行於路，皆以爲葬，然以引觀之，殯引飾棺以輤，葬引飾棺以柳翣，此則殯引爾。

竊案　鄭注云：「『慎』當爲『引』，禮家讀然，聲之誤也。孔子是時以殯引，不以葬引。」集説本之而爲此解，然不若如字讀之爲允。山陰陸氏曰：「『慎』讀如字。」張子曰：「孔子殯母於五父之衢，其殯周慎，有如葬然，故人之見者皆以爲葬也。其周慎實是殯，故曰『其慎也，蓋殯也』。」臨川吴氏曰：「人見將殯出外，皆以爲正葬。其禮又甚謹慎，與正葬同，雖甚謹慎如葬，蓋但是殯而非葬也。『蓋』者，記人度孔子之心，欲得訪求父墓所在，而舉以合葬也。其時非不訪求，人皆不能知，故且權殯也。」

【又案】孔子喪母時年十七，至合葬於防，在東西南北宦遊之時，已在數年之後，故有門人爲之脩墓。張子謂孔子葬母時年十七，安得已有門人？似猶考之未詳。

【方氏析疑】孔子少孤，不知其墓。殯於五父之衢。

司馬遷野合之誣，鄭康成以注此記，故孔氏子孫輯家語以别白之，備載前。母施氏生九女，妾生孟皮，聖父年餘七十，孟皮廢疾，乃求婚於顔父，年齒不倫，故誤傳爲野合，其情甚蹙。穎達奉詔疏鄭注，不敢正言其非，故謂馬、鄭之説與家語文義無殊，乃不得已之游辭耳。不知遷以身被宫刑，爲百世之垢，乃於自古聖賢皆傳誣妄語以污之。於堯，則曰知子丹朱不肖，念以天下授丹朱，則天下病而丹朱受其利；授舜，則天下得其利而丹朱病，堯曰：「終不以天下之病而利一人。」於湯，則曰吾甚武，號曰武王。於文王，則曰陰行善，又曰閎夭之徒，求有莘氏美女，驪戎文馬，有熊九駟，他奇怪物，因殷嬖臣費仲而獻之，用此脱羑里之囚，而得專征伐。果爾，則是諸臣陷君於不義，而文王之立身，曾魯叔孫婼之不若也。且方是時，伯夷、太公、召公、畢公安在，乃懷姦挾詐而爲此回面污行之舉乎？於武王，則曰以輕劍擊紂，以黄鉞斬其頭，懸太白之旗。衛武公，則傳爲弑君兄而篡立之賊。孟子，則勸齊伐燕，曰此文武之時，不可失也。又傳戰國游言曰「啓與交黨攻益而奪之天下」，謂禹名傳天下於益，實令啓自取之。其無忌憚至此，則至聖身無可疵，而重誣其父母，何足怪哉！自漢唐以来，羣儒皆欲辨其誣，而未得其要領，故特著之。穎達謂「非全不知墓之處所，乃不知柩之所在」是也。自殷以前，墓而不墳，鄹大夫雖仕於魯，其官卑，自當守殷禮，不封不樹。古無墓祭，聖母少寡，謹於禮法，無爲數適墓所，故久而失迷，此事理之無足怪者。五父之衢，必聖父平生游處熟習之地，度當年送葬者必多，故殯焉，以發人之疑而啓問端，卒於此焉得之。陳氏謂「必無殯於路衢之理」，不知遭事之變，不可以循故常。輿棺入殡而加攢塗，并象西階，爲壁以依殡，爲簷以吐霤，而廬於其側，非禮之可以義起者乎？今聖墓之右，有子貢築室舊址，亦古禮所未有。若竟無郰曼父之母，則如之何，孔子無不知父所葬之方所而宴然終身之理。如知其在防，而終不知柩之所在，則近其地而別葬焉可也。既得之，則身爲司寇，不可不從周法而合葬，與鄹大夫卒時異矣。

**【江氏擇言】孔子少孤，不知其墓。殯於五父之衢，人之見之者，皆以爲葬也，其慎也，蓋殯也。問於郰曼父之母，然後得合葬於防。**

陳氏云：聖人，人倫之至，豈有終母之世不求父葬之地，至母殯而猶不知父墓者乎？

朱文端公云：禮經之謬，無過於此，亟當刪之。

按，此章爲後世大疑，本非記者之失，由讀者不得其句讀文法而誤也。近世高郵孫邃人謂「不知其墓殯於五父之衢」十字當連讀爲句，而「蓋殯也，問於郰曼父之母」爲倒句，有裨於禮經者不淺。蓋古人埋棺於坎爲殯，殯淺而葬深，孔子父墓實淺葬於五父之衢，因少孤不得其詳，但見墓在五父之衢，不知其爲殯也。如今人有權厝而覆土掩之，謂之浮葬，正此類也。五父衢墓，不惟孔子之家以爲已葬，即道旁見之者亦皆以爲已葬。至是母卒，欲從周人合葬之禮，卜兆於防。惟以父墓淺深爲疑，如其殯而淺也，則可啟而遷之，若其葬而深也，則疑體魄已安，不可輕動。其慎也，蓋謂夫子再三審慎，不敢輕啟父墓也。後乃知其果爲殯而非葬，由問其郰曼父之母而知之。蓋唯郰曼父之母能道其葬之詳，是以信其言，啟殯而合葬於防。「蓋殯也」句當在「問於郰曼父之母」下，因屬文欲作倒句取曲折，故置在上。猶首章「檀弓免」焉，本當在「仲子舍其孫而立其子」之下，乃倒置在上，檀弓固有此文法也。自史遷以來，讀者皆誤，以「不知其墓」爲句，遂爲後世大疑耳。

又按，襄十一年傳「盟諸僖閎，詛諸五父之衢」。讀者或疑五父衢爲城中四達之道，其上不得有墓，將奈何曰五父衢不在魯城中？故杜注云「五父衢，道名，在魯國東南」，不云魯城内也。定八年「陽氏戰於南門之内，弗勝，又戰於棘下，陽氏敗。陽虎説甲如公宮，取寶玉、大弓以出，舍於五父之衢，寢而爲食。其徒曰：『追其將至。』虎曰：『魯人聞余出，喜於徵死，何暇追余？』」由此觀之，虎城内戰不勝，而後出舍五父之衢，可知五父衢必在城外也。衢在城外，道旁有墓，固無可疑也。或又疑夫子父墓固不知其詳，豈夫子之母亦不知其爲殯與？曰當其父之殯也，夫子幼而顏氏少，不親見其實土之淺深，是以遂謂爲已葬也。郰曼父者，意其爲郰人也，殯郰大夫而郰人親其役，是以曼父之母得其詳耳。

**【欽定義疏】孔子少孤，不知其墓。殯於五父之衢，人之見之者，皆以爲葬也，其慎也，蓋殯也。問於郰曼父之母，然後得合葬於防。**

胡氏銓曰：此一經疑在「孔子既得合葬於防」之前。

辨正　陳氏澔曰：家語孔子生三歲而叔梁紇死，少孤。及顏氏死，夫子成立久矣。聖人，人倫之至，豈有終母之世，不尋求父葬之地，至母殯而猶不知父墓乎？且母死而殯於衢路，必無室廬，而死於道路者，不得已之爲耳。聖人，禮法之宗主，而忍爲之乎？馬遷爲野合之誣，謂顏氏諱而不告，鄭注因之，以滋後世之惑。且如虞、舜、瞽瞍之事，世俗不勝異論，非孟子辭而闢之，後世謂何？此經雜出諸子所記，其間不可據以爲實者多矣。孟子曰：「主癰疽與侍人瘠環，何以爲孔子？」愚亦謂終身不知父墓，何以爲孔子？此非細，故不得不辨。

存疑　鄭氏康成曰：孔子之父郰叔梁紇與顏氏之女徵在野合而生孔子，徵在恥焉，不告。孔疏：野合，不備於禮也。案家語叔梁紇七十無妻，顏父謂三女曰：「鄹大夫身長七尺，武力絕倫，誰能與之爲妻?」二女莫對。徵在進曰：「從父所制，將何問焉?」父曰：「即爾能矣。」遂以妻之，生孔子。三歲而叔梁紇卒。七十之男始取徵在，灼然不能備禮，亦名「野合」。若論語「野人」「野哉」之類，非謂草野而合也。但徵在恥其與夫不備禮爲妻，見孔子知禮，故不告。五父，衢名。方氏慤曰：左氏傳謂「詛諸五父之衢」，是衢四達之道也。殯於家，則知之者無由怪己，欲發問端也。慎，當爲「引」，禮家讀然，聲之誤也。殯引，飾棺以輴。葬引，飾棺以柳翣。孔疏：葬引柩之時，飾棺以柳翣，其殯引之禮以輴。案雜記諸侯行而死於道，其輴有裧，緇布裳帷。輴爲赤色。大夫布裳帷，士葦席以爲屋，蒲席以爲裳帷。大夫以下雖無輴，取諸侯輴同名。喪大記云君龍帷、黼荒，黼翣二、黻翣二、畫翣二，大夫畫帷、畫荒、黻翣二、畫翣二，士布帷、布荒、畫翣二。在上曰荒，在旁曰帷，總謂之柳，故云「飾棺以柳翣」。孔子是時以殯引，不以葬引。

孔氏穎達曰：此論孔子訪父墓之事。言「不知父墓」者，謂不委曲適知墓之所在，不是全不知去處。其或出辭入告，總望本處而拜。今將合葬，須正知處所也。殯不應在外，故稱「蓋」，爲不定之辭。

張子曰：孔子殯母於五父之衢。以在衢，故其殯周密有如葬然，故人之見之者，皆以爲葬也。其實是殯之周慎，故曰「其慎也，蓋殯也」。「其慎也」屬下讀之，則意明。

馬氏晞孟曰：叔梁紇，宋人，喪葬之制，蓋從古「墓而不墳」。此孔子少孤，所以不知墓也。

案 孔叢子此説生於魏臣李由之對魏王，當時孔子順已斥其造謗誣聖，不足據也。

**鄰有喪，舂不相。里有殯，不巷歌。喪冠不緌。**

正義 鄭氏康成曰：不緌，去飾。

陳氏澔曰：冠必有笄以貫之，以紘繫笄，順頤而下結之曰「纓」，垂其餘於前者謂之「緌」。

案 喪服斬衰冠繩纓，齊衰以下冠布纓，皆不言「緌」，是去飾之事。

**【杭氏集說】孔子少孤，不知其墓。殯於五父之衢，人之見之者，皆以爲葬也，其慎也，蓋殯也。問於郰曼父之母，然後得合葬於防。**

陳氏澔曰：家語，孔子生三歲而叔梁紇死，少孤，及顏氏死，夫子成立久矣。聖人，人倫之至，豈有終母之世不尋求父葬之地，至母殯而猶不知父墓乎？且母死而殯於衢路，必無室廬，而死於道路者，不得已之爲耳。聖人，禮法之宗主，而忍爲之乎？馬遷爲野合之誣，謂顏氏諱而不告。鄭注因之，以滋後世之惑。且如虞、舜、瞽瞍之事，世俗不勝異論，非孟子辭而闢之，後世謂何？此經雜出諸子所記，其間不可據以爲實者多矣。孟子曰：「主癰疽與侍人瘠環，何以爲孔子？」愚亦謂終身不知父墓，何以爲孔子？此非細，故不得不辨。

湯氏三才曰：其慎，言其慎重如此也。防，今啟聖林，南負防山，北臨泗水。

姚氏際恒曰：此僞妄之說，前儒多辨之，不更贅。

朱氏軾曰：孔子有姊有兄，非皆少孤也，何待問之郰曼父之母？況五父之衢之殯如此其慎也，殯而不葬，以待求父墓而合也，此豈少而無知者之所能？母在而不尋父墓，可謂有知乎？郰曼父之母與聖母善，其非遠在他國可知，何待既殯而問乎？禮經背謬，無過于此，亟當删之。

陸氏奎勳曰：柩將遷葬者爲殯，與喪三日而殯不同。左傳「詛于五父之衢」，爾雅「九達爲衢」，蓋地廣可停柩者。「慎」字當從鄭氏作「引」。問于郰曼父之母，然後得合葬于防，記者另叙合葬之由，而解者連上疾讀，宜其誤矣。至史記所云「野合」，緯書云「感黑龍之精」，他若挑處子于漢江，誅正卯于兩觀之下，詆孔者肆爲穢説，尊聖者故涉神奇，均有識所不道也。

姜氏兆錫曰：不知其墓，謂父墓也。五父，衢名。殯，謂殯母也。殯、葬皆有引，殯引飾棺以輤，葬引飾棺以柳翣也。禮無殯於衢者，注謂欲使人怪己，以發問端也。人見柩在路，皆以爲葬，而引乃殯引，可怪甚矣。郰曼父，人名，故問其母而得之也。又曰：馬氏曰：「叔梁，宋人，喪葬從殷制，墓而不墳，此孔子所以少孤而不知其墓也。」陳氏曰：「家語孔子生三歲而父叔梁紇死，是少孤也，然母顔氏之死，時孔子年二十有四矣。聖人，人倫之至，豈有終身之至不求父葬之地，至母殯而猶不知乎？且母死，殯于衢，必無室廬，而死於道路者，不得已之爲耳。曾禮法之宗主而忍爲之哉？馬遷又爲野合之誣，謂顔氏諱而不告，而鄭氏因之則益惑矣。且如後世臣堯、臣瞍之論，非孟子辭而闢之，後世謂何？此經雜出諸子所記，其間不可據者多矣。孟子曰：『主癰疽與侍人瘠環，何以爲孔子？』今謂終身不知父墓，何以爲孔子乎？其不然審矣。」愚按此説乃生於戰國魏之臣李由。由母少寡，與李音通而生由，王愛之而問曰：「古聖賢亦有似子者乎？將爲折毁也。」由對曰：「今人不通於遠，在臣欲言誰耳？乃曰孔子少孤，則亦不知其父者也。」子順聞之，以詰王，王曰：「由假以自顯，無傷也。」子順曰：「造謗誣聖，非無傷也。」事詳孔叢。然則馬遷蓋承其説，而記者亦謬録之與？

任氏啟運曰：按孔叢子，魏欲相李由，而由姦生，不知其父，由設此以自解。當時孔斌已斥其造誣謗聖矣。記者因由妄語，遂信而録之，爲戰國時人可知。

李氏光坡曰：此節未詳。

方氏苞曰：司馬遷野合之誣，鄭康成以注此記，故孔氏子孫輯家語以別白之，備載前。母施氏生九女，妾生孟皮，聖父年餘七十，孟皮廢疾，乃求婚於顔父，年齒不倫，故誤傳爲野合，其情甚麼。穎達奉詔疏鄭注，不敢正言其非，故謂馬、鄭之説與家語文義無殊，乃不得已之游辭耳。不知遷以身被宫刑，爲百世之垢，乃于自古聖賢皆傳誣妄語以污之。於堯，則曰知子丹朱不肖，念以天下授丹朱，則天下病而丹朱受其利；授舜，則天下得其利而丹朱病，堯曰「終不以天下之病而利一人」。於湯，則曰吾甚武，號曰武王。於文王，則曰陰行善，又曰閎夭之徒，求有莘氏美女，驪戎文馬，有熊九駟，他奇怪物，因殷嬖臣費仲而獻之，用此脱羑里之囚，而得專征伐。果爾，則是諸臣陷君於不義，而文王之立身，曾魯叔孫婼之不如也。且方是時，伯夷、召公、太公、畢公安在，乃懷姦挾詐而爲此回面污行之舉乎？於武王，則曰以輕劍擊紂，以黄鉞斬其頭，懸太白之旗。衛武公，則傳爲弑君兄而篡立之賊。孟子，則勸齊伐燕，曰此文武之時，不可失也。又傳戰國游言曰「啟與交黨攻益而奪之天下」，謂禹名傳天下于益，實令啟自取之。其無忌憚至此，則至聖身無可疾，而重誣其父母，何足怪哉！自漢唐以来，羣儒皆欲辨其誣，而未得其要領，故特著之。穎達謂「非全不知墓之處所，乃不知柩之所在」是也。自殷以前，墓而不墳，鄹大夫雖仕于魯，其官卑，自當守殷禮，不封不樹。古無墓祭，聖母少寡，謹於禮法，無爲數適墓所，故久而失迷，此事理之無足怪者。五父之衢，必聖父平生游處熟習之地，度當年送葬者必多，故殯焉，以發人之疑而啟問端，卒於此焉得之。陳氏謂「必無殯於路衢之理」，不知遭事之變，不可以循故常。輿棺入肆而加攢塗，并象西階，爲壁以依肆，爲簷以吐霤，而廬于其側，非禮之可以義起者乎？今聖墓之右，有子貢築室舊址，亦古禮所未有。若竟無聊曼父之母，則如之何，孔子無不知父所葬之方所而晏然終身之理。如知其在防，而終不知柩之所在，則近其地而別葬焉可也。既得之，則身爲司寇，不可不從周法而合葬，與鄹大夫卒時異矣。

齊氏召南曰：按自有此説，史記、家語俱妄衍其事，而史記則誣矣。陳氏謂此經雜出諸子所記，不可据以爲寔，是也。

**鄰有喪，舂不相。里有殯，不巷歌。喪冠不緌。**

陳氏澔曰：冠必有笄以貫之，以紘繫笄，順頤而下結之曰「纓」，垂其餘於前者謂之「緌」。

姜氏兆錫曰：喪去飾，故不緌。蓋不相、不歌者，不以吉干凶。而不緌者，不以凶即吉也。

**【孫氏集解】孔子少孤，不知其墓。殯於五父之衢，人之見之者，皆以爲葬也，其慎也，蓋殯也。問於郰曼父之母，然後得合葬於防。**

鄭氏曰：孔子之父與顔氏野合而生孔子，顔氏恥而不告，孔子亦爲隱焉。殯於家，則見者無由怪己。殯於五父之衢，欲發問端也。五父，衢名。蓋郰曼父之鄰。慎，當爲「引」，禮家讀然，聲之誤也。殯引飾棺以輤，葬引飾棺以柳翣。孔子是時以殯引，不以葬引。

○陳氏澔曰：孔子少孤，及顔氏死，孔子成立久矣。聖人，人倫之至也，豈有終母之世不尋求父葬之地？且母死而殯於衢，必無室廬，而死於道路者，不得已之爲耳。聖人，禮法之宗主，而忍爲之乎？此經雜出諸子所記，其間不可據以爲實者多矣。

愚謂「野合」者，謂不備禮而婚耳，未足深恥也。且野合與葬地，事不相涉，恥野合而諱葬地，豈人情哉！孔子成立時，當時送葬之人必多有在者，即顔氏不告，豈不可訪問而得之？既殯之後，孝子廬於中門之外，朝夕不離殯宫，其慎之如此。若殯於五父之衢，則與棄於道路何異？此記所言，蓋事理之所必無者。

**鄰有喪，舂不相。里有殯，不巷歌。**

説見曲禮上。

**喪冠不緌。**

鄭氏曰：去飾。

愚謂冠纓結於頤下，而垂其餘以爲飾，謂之「緌」。喪冠不緌，去飾也。五服之冠悉然。雜記曰：「委武，玄縞而后蕤。」則大祥冠乃有緌。

**【朱氏訓纂】孔子少孤，不知其墓。殯於五父之衢，**注：五父，衢名。蓋郰曼父之鄰。**人之見之者，皆以爲葬也，其慎也，蓋殯也。問於郰曼父之母，然後得合葬於防。**注：慎，當爲「引」，禮家讀然，聲之誤也。殯引飾棺以輤，葬引飾棺以柳翣。孔子是時以殯引，不以葬引，時人見者謂不知禮。曼父之母與徵在爲鄰，相善。江氏永曰：此章爲後世大疑，由讀者不知其句讀而誤也。近世高郵孫邃人謂「不知其墓殯于五父之衢」十字當連讀爲句，而「蓋殯也，問于郰曼父之母」爲倒句。有裨于禮經不淺。蓋古人埋棺于坎爲殯，殯淺葬深。孔子父墓實淺葬于五父之衢，因少孤不得其詳。至是母卒，欲從周人合葬之禮，卜兆於防。惟以父墓淺深爲疑。如其殯而淺也，則可啟而遷之。若其葬而深，則疑體魄已安，不敢輕動。其慎也，謂夫子再三審慎，不敢輕啟父墓也。後知其爲殯，蓋由問于郰曼父之母而得之。或疑五父衢爲城中四達之道，其上不得有墓。按襄十一年左傳杜注「道名，在魯國東南」，不云魯城内。又定八年「陽氏敗，陽虎取寶玉、大弓以出，舍於五父之衢」。虎戰不勝而出，可知必在城外也。或又疑夫子父墓不知其詳，豈夫子之母亦不知其爲殯歟？曰：當其父之殯也，夫子幼，而顔氏少，不親見其實土之淺深，是以遂謂爲已葬也。郰曼父者，意其爲郰人。殯郰大夫，郰人親其役，是以曼父之母得其詳耳。**鄰有喪，舂不相。里有殯，不巷歌。**注：皆所以助哀也。相，謂以音聲相勸。

**喪冠不緌。**注：去飾。　説文：緌，系冠纓也。

**【郭氏質疑】殯於五父之衢，人之見之者，皆以爲葬也，其慎也，蓋殯也。**

鄭注：欲有所就而問之，殯於家，則知之者無由怪己，欲發問端也。慎，當爲「引」。殯引飾棺以輤，葬引飾棺以柳翣。孔子是時以殯引，不以葬引。

嵩燾案，此云殯，非大夫士「三日而殯」之殯，蓋葬之淺者。杜注襄十一年左傳「五父之衢」：「道名，在魯國東南」。昭八年陽虎取寶玉、大弓以出，舍於五父之衢，此當在魯城外。「殯於五父之衢」，謂臨大道以便栖也。雜記君殯用輴，大夫殯以幬，士殯，塗上帷之，無用引者。雜記「諸侯行而死於道，其輤有裧，緇布裳帷」，言載喪車，非殯車也，不得爲殯引之證。義疏引孔叢子此説出於魏臣李由之對魏王，謂「當時已斥其造謗誣聖，不足據」。檀弓所記，多非事實，於孔氏尤多誣誕。注家又竝檀弓之意失之，其説乃益支離矣。

**問於聊曼父之母，然後得合葬於防。**

鄭注：曼父之母與徵在爲鄰，相善。

嵩燾案，史記：「孔子生魯昌平鄉郰邑。」即叔梁父所治之鄹邑也，在曲阜東南。而史記敘其先曰防叔，索隱引家語云：「防叔畏華氏之偪，奔魯。」闕里志稱其仕魯，爲防大夫。左傳襄十七年，齊高厚圍臧紇於防，郰叔紇送臧孫如師，而復守防。疑防叔所治邑即此，叔梁爲鄹大夫，而防猶其宗邑，故與臧氏守防。經云「合葬於防」，蓋自防叔以下竝葬防，實孔氏之私地域也。五父之衢爲叔梁殯地，其時孔子甫三歲，而孟皮廢足不能遠葬，權葬於此，歲久而遂疑叔梁葬於五父之衢。所謂「不知其墓」，言不知叔梁之墓之爲葬與殯也。案杜注左傳「五父之衢在魯國東南」。郰邑亦魯東南地，相距當不遠。而史記云「叔梁死，葬於防山，在魯東，孔子疑其父墓處」，誤讀檀弓而又以防爲山。括地志乃據魯東山當之，其承誤實始自史公也。下云：「殯於五父之衢，人之見之者皆以爲葬也。其慎也，蓋殯也。」曲盡前後情事，意謂防叔、伯夏兩世葬防，叔梁不於防而於五父之衢，孔子亦心疑之。慎者，謂審知其事也。

既審知其事，又得郰曼父之母問以證之。曼父，郰人，其母年長矣，親見叔梁之殯此，孔子因啟叔梁之柩而合葬於防。案周禮墓大夫「令國民族葬」，説文「祔，後死者合食於先祖」，故祔葬亦爲合葬。經但云「合葬」，竝不及顔母之喪，疑所謂「少孤」者，父母皆早卒，史記所傳恐不足據。經義分明，鄭注自爲迂曲之辭以誣聖人，集説從而辨之，竝文義亦失之矣。案左傳所載凡有二「防」：隱九年「會齊侯於防」，即此防，與齊接壤，在魯北，杜注「在瑯琊縣東南」者，誤。隱十年「取防」，則宋地也，杜注「高平昌邑縣西有西防城」，地在魯西，故名西防。隱八年，鄭人來歸祊，爲鄭助祭泰山湯沐之邑，杜注「在瑯琊費縣東南」，似誤合防爲一，其地當近泰山，亦不得遠出瑯琊東南也。

三・一二　○**有虞氏瓦棺，**始不用薪也。有虞氏上陶。○陶，大刀反。○**夏后氏堲周**[一]**，**火熟曰堲[二]。燒土冶以周於棺也。或謂之土周，由是也。弟子職曰：「右手折堲。」○即周，本又作「堲」，同子栗反，又音稷，注下同。何云：「冶土爲甎，四周於棺。」燒，叔招反。折，之設反。管子云：「左手執燭，右手折堲。」即，燭頭燼也。弟子職，其篇名。○**殷人棺椁，**椁，大

[一] 夏后氏堲周　石經同，岳本、嘉靖本同。釋文出「即周」云：「本又作『堲』，注、下同。」正義本作「堲」。

[二] 火熟曰堲　閩、監、毛本同，衛氏集説同。惠棟校宋本「熟」作「孰」，宋監本、岳本同，嘉靖本同。○按：「熟」乃後出之字。

也，以木爲之。言椁大於棺也。殷人上梓。○棺，音官。椁，音郭。梓，音子。○**周人牆、置翣。**牆，柳衣也[一]。凡此言後王之制文。○牆，在良反。○**周人以殷人之棺椁葬長殤，以夏后氏之塈周葬中殤、下殤，以有虞氏之瓦棺葬無服之殤。**略未成人。○長殤，丁丈反，下式羊反。十六至十九爲長殤，十二至十五爲中殤，八歲至十一爲下殤，七歲已下爲無服之殤，生未三月不爲殤。

【疏】「有虞」至「之殤」。○正義曰：此一節論棺椁所起及用棺椁之事[二]，各隨文解之。

○注「始不」至「上陶」。○正義曰：案易下繫辭云：「古之葬者，厚衣之以薪，葬之中野，不封不樹，喪期無數。後世聖人易之以棺椁，蓋取諸大過。」大過者，巽下兑上之卦。初六在巽體，巽爲木，上六位在巳，巳當巽位。巽又爲木，二木在外以夾四陽，四陽互體爲二乾，乾爲君爲父，二木夾君父，是棺椁之象。今虞氏既造瓦棺，故云「始不用薪」。然虞氏瓦棺則未有椁也，繫辭何以云「後世聖人易之以棺椁」？連言「椁」者，以後

[一] 牆柳衣也　閩、監、毛本同，岳本、嘉靖本、衛氏集説同。浦鏜云：「案七卷『飾棺牆』疏，則此注本無『衣』字。」

[二] 及用棺椁之事　閩、監、毛本「事」作「差」，衛氏集説同。

世聖人其文開廣[一]，遠探殷、周。而言喪期，有虞氏則然，故尚書云：「三載，四海遏密八音。」

云「有虞氏上陶」者，案考工記陶人造瓦器，故引之證瓦棺。

○注「火熟」至「折塈」。○正義曰：「火熟」者，以弟子職云：「折燭之炎燼，名之曰塈。」故知塈是火熟者。

云「燒土冶以周於棺也」者，謂鑿土爲陶冶之形[二]，大小得容棺，故云「燒土冶以周於棺」也。

云「或謂之土周，由是也」者，曾子問云：「下殤土周，葬於園。」云「由是」者，燒土周棺，得喚作「土周」。引弟子職者，證「火熟曰塈」之意。案管子書有弟子職篇，云：「左手秉燭，右手正塈[三]。」鄭云：「折塈者，即是正除之義。」

○注「椁大」至「上梓」。○正義曰：椁聲與寬廓相近，故云「大於棺」也。「殷人上梓」，亦考工記文，引之以證椁也。考工記又云：「夏后氏上匠。」於塈周不引之者，以匠無所不爲，非獨塈周而已，故不引也。考工記又云：「周人上輿。」輿非牆之事，故於「周

[一] 其文開廣　閩、監、毛本同，惠棟校宋本「開」作「既」。

[二] 謂鑿土爲陶冶之形　閩本同。監、毛本「鑿」作「塈」，衛氏集說同。考文引宋板亦作「鑿」。

[三] 右手正塈　閩本同，惠棟校宋本同，監、毛本「正」作「折」。

人牆、置翣」亦不引之也。

○注「牆柳」至「制文」。○正義曰：案喪大記注云：「在旁曰帷，在上曰荒。」帷荒所以衣柳，則以帷荒之内木材爲柳，其實帷荒及木材等總名曰柳。故縫人云「衣翣，柳之材」，注云：「柳之言聚，諸飾之所聚。」是帷荒總稱柳也。

云「凡此言後王之制文」者，「凡」謂虞、夏、殷、周。有虞氏唯有瓦棺，夏后氏瓦棺之外加堲周，殷則梓棺替瓦棺，又有木爲椁替堲周。周人棺椁，又更於椁傍置柳、置翣扇，是後王之制，以漸加文也。

夏言「后」者，白虎通云：「以揖讓受於君，故稱后。殷、周稱人者，以行仁義，人所歸往，故稱人。」夏對殷、周稱「人」，故言「后」，見受之於君。虞則不對殷、周。自五帝之内，雖受於君，不須稱后也。

**【衛氏集説】**鄭氏曰：有虞氏上陶，始不用薪也。火熟曰堲。燒土冶以周於棺也，或謂之土周，由是也。殷人上梓。椁，大也。以木爲之，言椁大於棺也。牆，柳衣也。凡此言後王之制文。「周人葬長殤」以下不同，略未成人也。

孔氏曰：此一節論棺椁所起及用棺椁之差。易繫辭：「古之葬者，厚衣之以薪。」有虞氏始不用也。堲周，謂堲土爲陶冶之形，大小得容棺也。「殷人上梓」，考工記文，鄭引之以證椁也。案喪大記注云：「在旁曰帷，在上曰荒。」帷荒所以衣柳，則以帷荒之内木材爲柳，其實帷荒及木材等總名曰柳。故縫人云「衣翣柳之材」，注云：「柳之言聚，諸飾之所聚。」是帷荒總稱柳也。有虞氏唯有瓦棺，夏后氏瓦棺之外加堲周，殷則易以棺槨，周人又於槨旁置柳、置翣扇，凡此是後王之制漸加文也。白虎通云：「夏以揖遜爲君，故稱『后』，殷、周行仁義，人所歸往，故稱『人』。」

馬氏曰：有虞氏瓦棺，而至夏后氏迺以堲周周之，有棺之象。商人以瓦棺堲周，皆陶冶之器，而陶冶出於土，及其久也，必復於土，不能無使土親膚，遂以木易之，木足以勝土，而仁人孝子之所以深慮長思者未有易，此聖人之法，相待而後備。故周人則緣商人之棺槨，飾之以牆，置翣，棺槨以比化牆，置翣以爲觀美，皆所以盡孝子之心，無使惡於死而已。當周衰，禮義散亡，而人不知棺槨之度，故中都四寸之棺，五寸之槨，而後以爲出夫子之制。孟子敦匠而充虞以爲美，不知自周公以來，蓋已有禮也。惟其葬殤，有異於成人之禮，故瓦棺堲周，與夫棺槨皆以少長制之，而不爲貴賤之等，何者？天下無生而貴，雖君、卿大夫之子猶士也，尚何有貴賤之別乎？長則其形强，少則其形弱，形强則其化難，形弱則其化易。古之人葬殤，其棺槨必視長少者，蓋以此而已。

唐陸氏曰：十六至十九爲長殤，十二至十五爲中殤，八歲至十一爲下殤，七歲已下爲無服之殤，生未三月不爲殤。

嚴陵方氏曰：椁之於棺，如城之有郭也。牆以帷柩，而周圍如牆，翣以飾柩，而翼蔽如羽。蓋世愈久而禮愈備故也。長殤而下，死者愈少則禮愈殺也。

**【吴氏纂言】有虞氏瓦棺，夏后氏堲周，殷人棺椁，周人牆、置翣。**

鄭氏曰：有虞氏上陶，始不用薪也。火孰曰堲，燒土冶以周於棺也。椁大於棺，以木爲之。牆，柳衣也。言後王之制漸文。

何氏曰：堲周，冶土爲甎，四周於冢。

孔氏曰：易繫辭云：「古之葬者，厚衣之以薪。」有虞氏始不用也。有虞氏惟有瓦棺，夏后氏瓦棺之外加堲周，殷則易以棺椁，周人又於椁傍置柳、置翣扇、帷荒。所以衣柳在傍曰帷，在上曰荒。

方氏曰：椁之於棺，如城之有郭。牆以帷柩而周圍如牆，翣以飾柩而翼蔽如羽。世愈久而禮愈備也。

澄按易傳云：「古之葬者，厚衣之以薪，後世聖人易之以棺椁。」説者以後世聖人爲黄帝、堯、舜，孟子亦言上古棺椁無度，則是上古之時，已有棺椁矣。今此記注疏則謂有虞氏始以瓦棺易衣薪，殷人始以木爲棺椁，易瓦棺堲周，竊疑此記之説，未可盡信。

**周人以殷人之棺椁葬長殤，以夏后氏之堲周葬中殤、下殤，以有虞氏之瓦棺葬無服之喪。**

陸氏德明曰：十六至十九爲長殤，十二至十五爲中殤，八歲至十一爲下殤，七歲以下爲無服之殤，生未三月不爲殤。

馬氏曰：葬殤，異於成人之禮。

鄭氏曰：略未成人。

方氏曰：長殤而下，死者愈少則禮愈殺。

**【陳氏集説】有虞氏瓦棺，夏后氏堲周，殷人棺椁，周人牆、置翣。**瓦棺，始不衣薪也。堲周，或謂之土周。堲者，火之餘燼，蓋治土爲甎，而四周於棺之坎也。殷世始爲棺椁，周人又爲飾棺之具，蓋彌文矣。牆，柳衣也。柳者，聚也，諸飾之所聚也，以此障柩，猶垣牆之障家，故謂之牆。翣，如扇之狀，有畫爲黼者，有畫爲黻者，有畫雲氣者，多寡之數隨貴賤之等。**周人以殷人之棺椁葬長殤，以夏后氏之堲周葬中殤、下殤，以有虞氏之瓦棺葬無服之喪。**十六至十九爲長殤，十二至十五爲中殤，八歲至十一爲下殤，七歲以下爲無服之殤，生未三月不爲殤。

**【納喇補正】有虞氏瓦棺，夏后氏堲周，殷人棺椁，周人牆、置翣。**

**集説** 瓦棺，始不衣薪也。堲周，或謂之土周。堲者，火之餘燼，蓋治土爲甎，而四周於棺之坎也。殷世始爲棺椁，周人又爲飾棺之具，蓋彌文矣。

**竊案** 此注疏舊説也。然案易傳云：「古之葬者厚，衣之以薪，後世聖人易之以棺椁。」説者以後世聖人爲黄帝、堯、舜，孟子亦言「古者棺椁無度。中古棺七寸，椁稱之」，則是上古之時已有棺椁矣。今謂有虞氏始以瓦棺易衣薪，夏后氏始以土堲周于棺，有椁之象，殷人始以木爲棺椁，易瓦棺，堲周，與易傳、孟子不合。吴氏謂「此記之説，未可盡信」，當矣。

**又案** 管子弟子職篇云：「左手秉燭，右手正堲。」鄭注以「正」爲「折」。陸德明曰：「堲燭，頭燼也。」孔穎達曰：「折燭之炎燼名之曰堲。」故鄭氏知堲是火熟者。今集説但謂「堲者，火之餘燼」，而不引管子「折堲」爲證，學者亦未易明也。

**【方氏析疑】有虞氏瓦棺，夏后氏堲周，殷人棺椁，周人牆、置翣。**

曰「有虞氏瓦棺」，則夏后氏以木矣。堲周者，殯葬時以堲周於外，以護棺也，故殷人因之，加槨焉。

疏謂堲土爲「陶冶之形，大小得容棺」，似未安。既有瓦棺，又爲瓦槨，則廣輪有加，而陶冶益難，義無所取，蓋即以甓周於棺外耳。殷以後之槨，以衆材攢塗，乃用堲周之意，而以木易堲耳。

**【欽定義疏】** **正義** 鄭氏康成曰：有虞氏上陶，孔疏：考工記陶人造瓦器，引之證瓦棺也。始不用薪也。孔疏：易下繫云：「古之葬者，厚衣之以薪。」今虞氏既造瓦器，故云「始不用」也。火熟曰堲。燒土冶以周於棺也。孔疏：堲土爲陶冶之形，大小得容棺也。 陳氏澔曰：「冶土爲甎，四周於棺之坎也。」

或謂之「土周」。案：曾子問「下殤土周，葬於園」。弟子職曰：「右手折堲。」孔疏：管子弟子職篇云：「左手秉燭，右手折堲。」引之者，證「火熟曰堲」之義。殷人上梓。孔疏：考工記文，引之以證「椁」也。椁，大也。以木爲之，言椁大於棺也。牆，柳衣也。孔疏：喪大記注云：「在旁曰帷，在上曰荒。」帷荒所以衣柳，則以帷荒之内木材爲柳，其實帷荒及木材等總名曰柳。故縫人云：「衣翣柳之材。」注云：「柳之言聚，諸飾之所聚。」是帷荒總名柳也。案：後「孔子之喪」章，鄭注「飾棺牆，置翣」云「牆，柳衣」也。孔氏曰：「對下設披、設崇、設旐之事，皆委曲言之，故亦委曲解之，其實牆即柳也。」「周人牆、置翣」，注云「牆，柳」者，文無所對，故直云「柳」也。雜記「不毁牆」之下，注云：「牆，帷裳也。」皆望經爲義，故三注不同。據此則當時孔本此經注「牆，柳也」，無「衣」字。孔此經疏，亦引縫人解。鄭不注「衣」之義，今有「衣」字，誤也。凡此言後王之制文。孔疏：虞瓦棺，夏瓦棺之外加堲周，殷梓棺替瓦棺，又有木爲椁替堲周。周又於椁旁置柳、置翣，是漸文也。周葬殤以下不同，略未成人也。

孔氏穎達曰：此論棺椁所起及用棺椁之差。

陸氏德明曰：十六至十九爲長殤，十二至十五爲中殤，八歲至十一爲下殤，七歲以下爲無服之殤，生未三月不爲殤。

方氏慤曰：椁之於棺，如城之有郭也。牆以帷柩而周圍，如牆翣以飾柩而翼蔽如羽。世愈久，禮愈備也。長殤而下，死者愈少則禮愈殺也。

通論　馬氏晞孟曰：棺椁以比化，牆、置翣以爲觀美，皆所以盡孝子之心，無使惡於死而已。葬殤有異於成人之禮，故皆以少長制之，而不爲貴賤之等，何者？天下無生而貴者也。

**【杭氏集說】**班氏固曰：夏后即木以相周，無膠漆之用。殷人棺椁又加膠漆也。

羅氏頎曰：軒轅制棺。

姜氏兆錫曰：易繫辭：「古之葬者，厚衣之以薪而已。」有虞氏尚陶，用瓦棺，始不衣薪也。夏后氏燒土爲甎，而四周於棺坎，有椁之象。殷人尚梓，始以木爲棺與椁。周又於棺傍爲置墻翣，則盡飾矣。非直爲觀美，凡以盡乎人心也。堲周，一名土周，火熟之曰堲。柳衣障棺猶墻，故謂之墻，即喪大記「帷池」之屬。翣狀如扇，喪大記「黼翣」「黻翣」皆是也。十六至十九爲長殤，十二至十五爲中殤，八歲至十一爲下殤，七歲以下爲無服之殤，生未三月不爲殤。

方氏苞曰：有虞氏瓦棺，則夏后氏以木矣。「堲周」者，殯葬時以堲周于外，以護棺也，故殷人因之，加椁焉。疏謂堲周爲「陶冶之形，大小得容棺」，似未安。既有瓦棺，又爲瓦椁，則廣輪有加，而陶冶益難，義無所取，蓋即以甓周于棺外耳。殷以後之椁，以衆材攢塗，乃用堲周之意，而以木易堲耳。

**【孫氏集解】有虞氏瓦棺，夏后氏堲周，殷人棺椁，周人牆、置翣。**

鄭氏曰：瓦棺，始不用薪也。火熟曰堲，燒土冶以周於棺也，或謂之土周，由是也。

弟子職曰：「右手折堲。」椁，大也，言椁大於棺也。牆，柳也。凡此言後王之彌文。

孔氏曰：古之葬者，厚衣之以薪，葬之中野。有虞氏造瓦棺，始不用薪。然虞氏瓦棺，則未有椁也。夏后瓦棺之外加堲周。殷則梓棺以替瓦棺，又以木爲椁，以替堲周。周人更於椁傍置柳、置翣扇，是後王之制以漸加文也。喪大記注云：「在旁曰帷，在上曰荒。」帷荒所以衣柳，則是以帷荒之内木材爲柳，其實帷荒及木材等總名爲柳。故縫人注云「柳之言聚，諸飾之所聚」也，是帷荒總名爲柳。

愚謂棺外之材，蓋以柳木爲之，故謂之柳，因又以爲柳衣之總名也。以其在棺外，若牆圍然，故又謂之牆。古時喪制質畧，至後世而漸備，爲之棺椁而無使土親膚，爲之牆翣而使人勿惡。凡以盡人子之心，而非徒爲觀美而已。

**周人以殷人之棺椁葬長殤，以夏后氏之堲周葬中殤、下殤，以有虞氏之瓦棺葬無服之殤。**

鄭氏曰：畧未成人。

愚謂周人以夏后氏之堲周葬中殤、下殤，謂内有瓦棺，而外又有堲周也。以有虞氏之瓦棺葬無服之殤，則但用瓦棺而已。周人葬殤如此，則周以前殤與成人其葬蓋未甚别與？喪服小記曰：「男子冠而不爲殤，女子笄而不爲殤。」

**【朱氏訓纂】有虞氏瓦棺**，注：始不用薪也。有虞氏上陶。**夏后氏堲周**，注：火孰曰堲，燒土冶以周於棺也。或謂之土周，由是也。弟子職曰：「右手折堲。」堲，陸本作「即」，云「即，燭頭燼也」。殷人棺槨，注：槨，大也，以木爲之槨，槨大於棺也。殷人上梓。周人牆、置翣。注：牆，柳衣也。凡此言後王之制文。盧注：牆，載棺車箱。周人以殷人之棺槨葬長殤，以夏后氏之堲周葬中殤、下殤，以有虞氏之瓦棺葬無服之喪。注：略未成人。釋文：十六至十九爲長殤，十二至十五爲中殤，八歲至十一爲下殤，七歲以下爲無服之殤，生未三月不爲殤。正義：夏言「后」者，白虎通云：「以揖讓受於君，故稱『后』。殷、周稱人者，以行仁義，人所歸往，故稱『人』。」夏對殷、周稱「人」，故言「后」。見受之於君，虞則不對殷、周。自五帝之內，雖受於君，不須稱后也。

**【郭氏質疑】周人牆、置翣。**

鄭注：牆，柳衣也。

嵩燾案，既夕記「巾奠，乃牆」，謂載柩於車，舉奠畢，乃施帷荒也，鄭注即本於此。據禮器：「天子七月葬，五重八翣。諸侯五月葬，三重六翣。大夫三月葬，再重四翣。」是翣本飾葬之具。喪大記：「飾棺，君龍帷，黼翣二，黻翣二，畫翣二。大夫畫帷，黻翣二，畫翣二。士布帷，畫翣二。」則柩車帷旁亦置翣，而帷荒之屬不窆，惟翣窆。説文：「牆，垣蔽也。」凡蔽於外者皆可假借爲牆，經連「瓦棺」「塈周」「棺槨」言之，所以飾葬也。天子棺五重，諸侯三重，大夫再重，通槨言之。案，此經下云「天子之棺四重，革棺、杝棺一，梓棺二，四者皆周」，惟柏椁以端。禮器云「五重」，自兼椁爲言。凡葬，皆置翣椁外，此言「牆」者，椁也。鄭據以爲柩車之飾，與上「瓦棺」「堲周」「棺椁」之文似不相屬。案鄭注喪大記云：「漢禮，翣以木爲筐，廣三尺，高二尺四寸，方兩角高」，「柄長五尺」，「既窆，樹於壙中。檀弓曰：『周人牆置翣。』」較此注爲得其實。

三·一三　○**夏后氏尚黑**，以建寅之月爲正，物生色黑。○正，音征，下同，又如字。**大事斂用昏**[一]，昏時亦黑。此大事謂喪事也。○斂，力驗反，下皆同。**戎事乘驪**，戎，兵也。馬黑色曰驪。爾雅曰：「騋，牝驪，牡玄。」○驪，力知反。徐郎志反，純黑色馬。騋，音來，馬七尺已上爲騋。**牲用玄**。玄，黑類也。**殷人尚白**，以建丑之月爲正，物牙色白。**大事斂用日中**，日中時亦白。**戎事乘翰**，翰，白色馬也。易曰：「白馬翰如。」○翰，字又作「鶾」，胡旦反，又音寒。**牲用白**。**周人尚赤**，以建子之月爲正，物萌色赤。○萌，亡耕反。**大事斂用日出**，日出時亦赤。**戎事乘騵**，騵，駵馬，白腹。○騵，音原。駵，力求反。赤馬，黑鬣尾。**牲用騂**。騂，赤類。

[一] 大事斂用昏　閩、監本同，石經同，岳本、嘉靖本同，毛本「昏」作「昬」。注倣此。○按：段玉裁云：「昏，古音同『文』，與真臻韻有斂侈之別。說文字从氏省爲會意，絕非從民聲爲形聲也。蓋隸書淆亂，乃有從民作『昬』者，俗皆遵用之。」○鍔按：「大事」上，阮校有「夏后氏尚黑節」六字。

○騂，息營反，徐呼營反，純赤色也，一云赤黄色。

【疏】「夏后」至「用騂」。○正義曰：此一節論三代正朔所尚色不同，各依文解之。

○「夏尚黑，殷尚白，周尚赤」，此之謂三統。故書傳略説云：「天有三統，物有三變，故正色有三。天有三生三死，故土有三王。王特一生死。」

又春秋緯元命苞[一]及樂緯稽耀嘉云：「夏以十三月爲正，息卦受泰。」注云：「物之始，其色尚黑，以寅爲朔。」「殷以十二月爲正，息卦受臨。」注云：「物之牙，其色尚白，以雞鳴爲朔。」「周以十一月爲正，息卦受復。其色尚赤，以夜半爲朔。」

又三正記云：「正朔三而改，文質再而復。」以此推之，自夏以上皆正朔三而改也。鄭注尚書：「三帛，高陽氏之後用赤繒，高辛氏之後用黑繒，其餘諸侯用白繒。」如鄭此意，却而推之，舜以十一月爲正，尚赤。堯以十二月爲正，尚白，故曰：「其餘諸侯用白繒。」高辛氏以十二月爲正，尚黑[二]，故云：「高辛氏之後用黑繒。」高陽氏以十一月爲正，尚赤，故云：「高陽氏之後用赤繒。」帝少皞以十二月爲正，尚白。黄帝以十三月爲

[一] 又春秋緯元命苞　閩、監、毛本作「包」，非也，衛氏集説同。惠棟校宋本「包」作「苞」。

[二] 高辛氏以十二月爲正尚黑　閩、監、毛本同，浦鏜云：「『三』誤『二』。」

正，尚黑。神農以十一月爲正，尚赤。女媧以十二月爲正，尚白。伏犧以上[一]未有聞焉。易説卦云「帝出乎震」，則伏羲也。建寅之月，又木之始，其三正當從伏羲以下。「文質再而復」者，文質，法天地。文法天，質法地[二]。周文，法地而爲天正，殷質，法天而爲地正者，正朔、文質不相須，正朔以三而改，文質以二而復，各自爲義，不相須也。

「建子之月爲正」者，謂之天統。以天之陽氣始生，爲下物得陽氣[三]微，稍動變，故爲天統。建丑之月爲地統者，以其物已吐牙，不爲天氣始動，物又未出，不得爲人所施功，唯在地中含養萌牙，故爲地統。建寅之月爲人統者，以其物出於地，人功當須修理，故謂之人統。統者，本也，謂天地人之本也。然王者必以此三月爲正者，以其此月物生微細，又是歲之始生，王者繼天理物，含養微細，又取其歲初爲正朔之始。既天地人之三者所繼不同，故各改正朔，不相襲也。所尚既異，符命亦隨所尚而來，故禮緯稽命徵云：「其天命以黑，故夏有玄珪。天命以赤，故周有赤雀銜書。天命以白，故殷有白狼銜鉤。」是天之所命，亦各隨人所尚。符命雖逐所尚，不必皆然。故天命禹觀河，見白面長人。洛

---

[一] 伏犧以上　惠棟校宋本同，閩、監、毛本「犧」作「羲」。案：此本惟此字作「犧」，下二字皆作「羲」。

[二] 文法天質法地　閩本同，考文引宋板同，監、毛本作「文」「質」二字誤倒。

[三] 爲下物得陽氣　閩、監、毛本同，浦鏜從論語疏校云：「百」誤「下」，是也。

予命云：「湯觀於洛，沈璧[一]，而黑龜與之書，黃魚雙躍。」泰誓言武王伐紂而白魚入於王舟，是符命不皆逐正色也。鄭康成之義，自古以來皆改正朔。若孔安國，則改正朔殷、周二代，故注尚書「湯承堯舜禪代之後，革命創制，改正易服」，是從湯始改正朔也。

○注「昏時」至「事也」。○正義曰：知「大事是喪事」者，以其與「斂」文連，故知大事是喪事也。

○注「爾雅曰：騋，牝驪，牡玄」。○正義曰：引爾雅釋畜文。「騋，牝驪，牡玄」，謂七尺曰騋，牝者色驪，牡者色玄。引之者，證驪是玄之類也。案廋人云[二]：「八尺以上爲龍，七尺以上爲騋，六尺以上爲馬。」凡馬皆有驪牡玄[三]，獨言「騋」者，舉中以見上下，明其諸馬皆然。或爾雅釋詩云「騋牝」，郭璞注：「玄駒，小馬。」稍異鄭也。

○注「玄，黑類也」。○正義曰：案周禮考工記：「七入爲緇。」鄭云：「玄則六入者與？」是「玄，黑類」。

○注「翰白」至「翰如」。○正義曰：所引易者，易賁卦：「六四，賁如皤如，白馬翰

[一] 湯觀於洛沈璧　閩本同，惠棟校宋本亦作「璧」，「沈」作「沉」，監、毛本「璧」誤「壁」。○按：「沉」，又「沈」之俗字，依説文，當作「湛」。

[二] 案廋人云　閩、監、毛本「廋」誤「庾」，考文引宋板作「廋」。

[三] 凡馬皆有驪牡玄　閩、監、毛本同，孫志祖云：「驪」上疑脱一「牝」字。

如。」賁「離下艮上。」鄭注云：「六四，巽爻也。有應於初九，欲自飾以適初，既進退未定，故皤如也。」「白馬翰如」，謂九三，位在辰，得巽氣，爲白馬。翰，猶幹也。見六四適初未定，欲幹而有之。引此者，證「翰」爲白色。案彼以「幹」爲「翰」者，以「翰如」「白馬」連文，故以「翰」爲「幹」，望經爲義，以此不同。

○注「物萌色赤」。○正義曰：案上「殷尚白」之下注云「物牙色白」，此「萌色赤」，不同者，萌是牙之微細，故建子云「萌」，建丑云「牙」。若散而言之，萌即牙也，故書傳略説云：「周以至動，殷以萌，夏以牙。」此皆據一種之草，大汎而言，故建子始動，建寅乃出。至如薺麥以秋而生，月令仲冬「荔挺出」，不在此例也。此文質雖異，殷質周文，大汎言之，乃前代質後代文也。故表記云「虞、夏之質，殷、周之文」是也。

○注「騵，駵馬，白腹」。○正義曰：爾雅釋畜文，武王伐紂所乘也，故詩云：「駟騵彭彭。」毛傳云：「上周下殷。」故周人戎事乘之。若其餘事，則明堂位云「周人黄馬蕃鬣」是也。

【衛氏集説】鄭氏曰：夏以建寅之月爲正，物生色黑。大事謂喪事。昏時亦黑。戎，兵也。馬黑色曰驪。爾雅曰：「騋，牝驪，牡玄。」牲用玄，玄，黑類也。殷以建丑之月爲正，物芽色白。日中時亦白。翰，白色馬也。易曰：「白馬翰如。」周以建子之月爲正，物萌色赤。日出時亦赤。騵，駵馬，白腹。騂，赤類。

孔氏曰：此一節論三代正朔所尚色不同。夏尚黑，殷尚白，周尚赤，此之謂三統。故書傳略説云：「天有三統，物有三變，故正色有三。」又春秋緯元命包云：「夏以十三月爲正，以寅爲朔。殷以十二月爲正，以雞鳴爲朔。周以十一月爲正，以夜半爲朔。」三正記云：「子月爲正，以陽始生，物得陽氣，稍變動，故爲天統。丑月，物在地中，含養萌芽，故爲地統。寅月，物出於地，當須人功，故爲人統。」統者，本也，謂天地人之本也。然王者必以此三月爲正者，以其此月物之始生。王者繼天理物，含養微細，又取其歲初爲正朔之始，天地人所繼不同，故正朔不相襲也。萌是芽之細，故鄭注「建子曰萌」「建丑曰芽」。

臨川王氏曰：此似見詩有「駟騵彭彭」，遂有乘騵、乘翰之别。馬以共戎事，若皆以一物，則可以給戎者鮮矣。或者止以此物供貴者，則理有可通也。

長樂陳氏曰：民受天地之中以生，其性命之所受與天爲一，則其好惡、取舍不與天違。聖人因民以觀天，因天以立事。故於民心之所安者，因之而不强去；民心之所厭者，革之而不强行。此三代所以改正朔也。蓋正者政之所繫，朔者月之所始。夏正以建寅，殷正以建丑，周正以建子。以天言之，則陽生於子而萬物資始，建子之月爲得正。以地言之，則陽含於丑而萬物資生，建丑之月爲得正。以人言之，則陽出於寅而人順以動，建寅之月爲得正。三代之正朔雖不同，至於頒政令、授民事，莫不以夏正爲正，故周官凡觀象、讀法、均食、施事，皆繫之正歲。詩：「七月流火，九月授衣，四月維夏，六月徂暑。」禮稱「季夏六月，祀周公」，凡此皆夏正也。孔子於春秋用時王之正，其論爲邦，則曰「行夏之時」者，夏之時，據人之所見，而人之所見者，質也。孔子乘殷之木輅，服周之純冕，皆以其質而已。此所以救文弊也。春秋書「大事於太廟」，傳曰：「國之大事，在祀與戎。」祭義曰：「夏后氏祭其闇，殷人祭其陽，周人祭日，以朝及闇。」是以子路之與祭，質明而始行事，晏朝而退，孔子以爲知禮。則大事用日出者，祭以朝之質明也。祭以朝之質明，斂亦如之，故曰「大事斂用日出」。

嚴陵方氏曰：滕文公之居喪也，曰「恐其不能盡於大事」，則喪爲大事可知。春秋傳曰：「國之大事，在祀與戎。」則戎事之爲大事可知。喪事，凶禮也；戎事，軍禮也；祀事，吉禮也。五禮不及於賓、嘉者，以非大事故也。

金華應氏曰：夏后治水而水德王，故其色尚黑。殷人征伐而以金德王，故其色尚白。周，木德也，而色尚赤，亦豈非取木之所生而用火之色乎？

【吴氏纂言】鄭氏曰：夏以建寅之月爲正，物生色黑，昏時亦黑。此大事，謂喪事、戎兵也。馬黑色曰驪，用玄，黑類也。殷以建丑之月爲正，物牙色白，日中時亦白。翰，白色馬也，易曰：「白馬翰如。」周以建子之月爲正，物萌色赤，日出時亦赤。騵，騮馬，白腹。騂，赤類。

孔氏曰：三代所尚色不同，夏尚黑，殷尚白，周尚赤。萌，是芽之細。

澄曰：夏以金德王而色尚黑，黑，水之色，水者，金之所生也。周以木德王而色尚赤，赤，火之色，火者，木之所生也。夏周之道先親親，故以我所生而相者爲所尚。殷以水德王而色尚白，白，金之色，金者，水之所從生也。殷道先尊尊，故以我所從生而休者爲所尚。赤馬黑毛尾曰驪，顔師古漢書注云：「華驪者，其色如華之赤。」

陸氏佃云「騵，赤馬，白腹，言上周下殷也」。按喪事、祭事、戎事皆可謂之大事。然此條所謂大事，只當從鄭注以爲喪事者，是陳與方求異於鄭，非也。

長樂陳氏曰：祭義云：「夏后氏祭其闇，殷人祭其陽，周人祭日，以朝及闇。」故子路與祭，質明而行事。則大事用日出者，祭以朝之質明也，斂亦如之，故曰「大事斂用日出」。

方氏曰：滕文公居喪，恐不能盡於大事，則喪爲大事。春秋傳云：「國之大事，在祀與戎。」則戎、祀爲大事。喪事，凶禮；戎事，軍禮；祀事，吉禮。五禮不及賓、嘉者，非大事故也。

【陳氏集説】禹以治水之功得天下，故尚水之色。湯以征伐得天下，故尚金之色。周之尚赤，取火之勝金也。大事，喪事也。驪，黑色。翰，白色。易曰：「白馬翰如。」騵，赤馬而黑鬣尾也。

【納喇補正】集説　禹以治水之功得天下，故尚水之色。湯以征伐得天下，故尚金之色。周之尚赤，取火之勝金也。大事，喪事也。驪，黑色。翰，白色。易曰：「白馬翰如。」騵，赤馬而黑鬣尾也。

竊案　三代所尚色不同，先儒亦多異説。鄭氏謂夏后氏尚黑，以建寅之月爲正，物生色黑。殷人尚白，以建丑之月爲正，物牙色白。周人尚赤，以建子之月爲正，物萌色赤。此與緯書注同，不足據也。陳氏謂夏以治水得天下，故尚水之色，此猶可通。至謂湯以征伐得天下，故尚金之色，周克殷而取火之勝金，故尚赤，則是秦皇、李斯以水勝火而尚黑之見，非帝王應順之意矣。甚矣，其失經旨而誤天下後世也。惟吴幼清謂：「夏以金德王而色尚黑，黑，水之色，水者，金之所生也。周以木德王而色尚赤，赤，火之色，火者，木之所生也。夏周之道先親親，故以我所生而相者爲所尚。殷以水德王而色尚白，白，金之色，金者，水之所從生也。殷道先尊尊，故以我所從生而休者爲所尚。」其言差爲有理，然三代所尚物色，只是隨時損益，以新天下之耳目，一天下之心志而已，其實無甚取義。諸儒紛紛，皆不免臆説也。

又案　戎事乘翰，以「乘驪」「乘騵」例之，則「翰」宜爲白馬之名，故鄭注云「翰，白馬名」，而陸氏釋文亦云：「翰，字又作鶾。」今集説但云白色，疏矣。且鄭氏注易「白馬翰如」云：「翰，猶幹也，見六四。適初未定，欲幹而有之。」朱子則謂如飛翰之疾，非馬之白色也。從「輴」爲是。

**【郝氏通解】孔子少孤，不知其墓。殯於五父之衢，人之見之者，皆以爲葬也，其慎也，蓋殯也。問於郰曼父之母，然後得合葬於防。**

史稱孔子父叔梁紇，母顏氏與叔梁紇野合生孔子。孔子生三歲，叔梁紇死，顏氏終身諱，不言其葬處，孔子乃以母柩殯於五父之路，人以爲葬也。孔子其審慎之，而訪諸行人耳。蓋殯也，非葬也，惟郰曼父之母識其處，乃以防告，始得合葬焉。

按此侮聖滅禮之言，何但齊東野人之語耳？父早死，終母之世不識父墓，何以爲子？五父之衢，是道旁也，豈殯柩之所？子不識父墓，而問諸行道人，不已悖乎？自六經道喪，百家横議，惑世誣民，不可勝數。鄭玄之徒，一切以爲聖經，附會其説，而不折諸理，可怪也。其慎改其引，謂殯引飾棺以輤茜，葬引飾棺以柳翣。按周禮大司徒，六引以挽柩，行則有之，殯則焉用引？殯引飾棺以輤，據雜記諸侯、大夫、士行死于道者，即今棺罩，所謂柳也，葬行有柳，殯將焉用？古者殯塗其棺，似今人淺埋之類，焉得有引與輤使人見？見則暴棺，豈五父之衢而暴親之柩乎？

**鄰有喪，舂不相。里有殯，不巷歌。喪冠不緌。有虞氏瓦棺，夏后氏堲周，殷人棺槨，周人牆、置翣。周人以殷人之棺槨葬長殤，以夏后氏之堲周葬中殤、下殤，以有虞氏之瓦棺葬無服之喪。夏后氏尚黑，大事斂用昏，戎事乘驪，牲用玄。殷人尚白，大事斂用日中，**

**戎事乘翰，牲用白。周人尚赤，大事斂用日出，戎事乘騵，牲用騂。**

春相、巷歌，解見曲禮。綏，冠纓之餘而垂者，喪冠無之，去飾也。瓦棺，燒土爲棺，始易衣薪也。堲，燒土爲甎也。周謂以甎環砌其棺也，殷人始用木爲棺椁。椁，外棺也。椁之言廓，大也。周人加飾棺之具，棺四週曰牆，如居之有牆也，或曰牆即柳也。翣形如扇，畫雜文，列置牆外，多寡隨貴賤爲等。殷人之棺椁，無翣者也。殀死曰殤，凡二十以上爲成人，自十九以下死者皆爲殤。八歲至十一歲爲下殤，十二至十五歲爲中殤，十六至十九歲爲長殤，七歲以下爲無服之殤，未三月者不爲殤。禹以治水興，故夏后氏尚黑，水色也，書云「錫禹玄圭」是也。大事，喪事。昏日，暮色，亦黑也。驪，黑馬。殷人以兵興，故色尚金，白，金色，日中色，亦白也，翰亦白也。易曰：「白馬翰如。」周克商，故色尚火，火克金，赤，火色，日出色，亦赤也。騵，赤馬。騂，赤牲。

**【江氏擇言】**大事，謂喪事也。

陳氏云：禹以治水之功得天下，故尚水之色。湯以征伐得天下，故尚金之色。周尚赤，取火之勝金也。

吴氏云：夏以金德王，而尚水之色。水者，金之所生。周以木德王，而尚火之色。火者，木之所生，夏周之道先親親，故以我所生而相者爲所尚。殷以水德王而尚金之色，金者，水之所從生。殷道先尊尊，故以我所從生而休者爲所尚。大事，當從鄭注，以爲喪事者是。

按，三代所尚之色，陳氏説爲長。鄭注未確。吴氏説則鑿矣。大事，從鄭説爲長，長樂陳氏引祭義，以祭爲大事。方氏謂喪、戎、祀爲大事，雖可通，然非此章所指。

【欽定義疏】正義 鄭氏康成曰：夏建寅之月爲正，物生色黑。大事，喪事也。昏時亦黑。戎，兵也。馬黑色曰驪，爾雅曰：「騋，牝驪，牡玄。」孔疏：庾人云：「八尺以上爲龍，七尺以上爲騋，六尺以上爲馬。」凡馬皆牝驪牡玄，獨言「騋」者，舉中見上下也。玄，黑類也。殷建丑之月爲正，物牙色白。日中時亦白。翰，白色馬也。易曰：「白馬翰如。」孔疏：賁卦，六四爻。周建子之月爲正，物萌色赤。孔疏：萌是牙之微細，皆據一種之草。大汎而言，建子始動，建寅乃出。若薺麥以秋而生，月令仲冬「荔挺出」，不在此例。日出時亦赤。騵，騮馬，白腹。孔疏：詩「駟騵彭彭」，傳云：「上周下殷，故周人戎事乘之。」若其餘事，則明堂位云「周人黃馬蕃鬣」是也。王氏安石曰：此似見詩有「駟騵彭彭」，遂有「乘騵」「乘翰」之別。馬以共戎事，若皆以一物，則可以給戎者鮮矣。或者止以此物供貴者，則理有可通。

孔氏穎達曰：此論三代正朔所尚之色不同。書傳畧説云：「天有三統，物有三變，故正色有三。」三正記云：「正朔三而改，文質再而覆。」鄭意舜以十一月爲正，尚赤。堯以十二月正，尚白。高辛以十三月正，尚黑。高陽十一月正，尚赤。少皞十二月正，尚白。黃帝十三月正，尚黑。神農十一月正，尚赤。女媧十二月正，尚白。伏羲以上未有聞焉。以子月陽氣始生，物得陽氣微，稍變動，故爲天統。丑月物已吐芽，惟在地中含養，故爲地統。寅月物出於地，人功當須脩理，故爲人統。統者，本也。天地，人之本也。必以此三月爲正者，以此月物生微細，又是歲之始生。王者，繼天理物，天地人三者，所繼不同，故正朔不相襲也。若孔安國則改正朔，惟殷、周二代，故注尚書湯承堯舜，禪代之後，革命創制，改正易服。是從湯始改正朔也。

通論 陳氏祥道曰：春秋書「大事於大廟」，傳云：「國之大事，在祀與戎。」祭義曰：「夏后氏祭其闇，殷人祭其陽，周人祭日，以朝及闇。」是以子路之與祭，質明而始行事，晏朝而退，孔子以爲知禮。則大事用日出者，祭以朝之質明也。祭以朝之質明，斂亦如之，故曰「大事斂用日出」。

方氏慤曰：喪事，凶禮也；戎事，軍禮也；祀事，吉禮也。不及賓、嘉者，以非大事故也。

存疑 陳氏澔曰：禹以治水之功得天下，故尚水之色。湯以征伐，故尚金之色。周之尚赤，取火勝金也。

應氏鏞曰：周，木德也，而尚赤，豈取木所生之色乎？

案 夏道近人而忠，故尚黑，黑，最卑下近人者也。殷道駿肅，故尚白，白，最清潔，亦色之本也。周道文，故尚赤，赤者，文明之至也。史記云：「王者易姓受命，必慎始初，改正朔，易服色。」義如是矣。漢書律曆志：「三代各據一統。天統始施於子半，日萌色赤。

地統受之於丑初，日肇化而黃，至丑半，日牙化而白。人統受之於寅初，日孳成而黑，至寅半，日生成而青。天始復於子，地化自丑畢於辰，人生自寅成於申。故天統以甲子，地統以甲辰，人統以甲申。」此論與孔氏相發，其所謂赤而黃、而白、而黑、而青，似五行相生爲説。陳氏、應氏又以五行相勝爲説，又由三統而推五行，不足據也。

**【杭氏集説】**陳氏澔曰：禹以治水之功得天下，故尚水之色。湯以征伐，故尚金之色。周之尚赤，取火勝金也。

姚氏際恒曰：此文已爲不韋月令開端，「尚黑、白、赤」，未詳其義。疏引舊説謂「正色有三」，然青黃非正色乎？鄭氏以「物生色黑」及「芽白萌赤」解之，此緯書注甚鑿。陳可大謂禹治水，尚水色。水非黑色，觀禹貢别言「黑水」可見。湯征伐得天下，尚金色。于周無可言，乃取五行相尅之義，以爲火勝金。吴幼清祖其説，變「相尅」爲「相生」，謂夏以金德王。黑，水色，水者，金之所生。周以木德王。赤，火色，火者，木之所生。于殷無可言，爲以水德王。白，金色，金者，水之所從生。又與上義反，皆鑿謬。揆此，則三代尚色之義，恐附會也。周戎事乘騵，取大雅「駟騵彭彭」爲説，而因以爲夏乘驪，殷乘翰耳。然六月詩「比物四驪」，采芑詩「乘其四騏」，周豈耑用騵乎？殷戎事乘翰，取易「白馬翰如」爲説，以翰字代白馬，義甚疎謬。陸德明謂「翰又作鶾」，無據。

姜氏兆錫曰：大事，喪事也。驪，黑色。翰，白色。易曰：「白馬翰如。」騵，赤馬而黑鬣尾也。

齊氏召南曰：按三正紀之説未可信，不如孔安國謂改正朔起自殷、周爲確。

**【孫氏集解】**鄭氏曰：夏后氏以建寅之月爲正，物生色黑，昏時亦黑。此大事謂喪事也。戎，兵也。馬黑色曰驪。殷以建丑之月爲正，物牙色白，日中時亦白。翰，馬白色也，易曰：「白馬翰如。」周以建子之月爲正，物萌色赤，日出時亦赤。騵，騮馬，白腹。騂，赤類。

愚謂三代所尚之色不同者，蓋欲各爲一代之制，以示其不相襲禮也。此於所乘特言戎事，則非戎事所乘，固有不盡然者矣。明堂位曰：「夏后氏駱馬黑鬣，殷人白馬黑首，周人黄馬蕃鬣。」

**【朱氏訓纂】夏后氏尚黑，大事斂用昏，戎事乘驪，牲用玄。**注：以建寅之月爲正，物生色黑，昏時亦黑。此大事謂喪事也。戎，兵也。馬黑色曰驪。爾雅曰：「騋，牝驪，牡玄。」玄，黑類也。**殷人尚白，大事斂用日中，戎事乘翰，牲用白。**注：以建丑之月爲正，物牙色白，日中時亦白。翰，白色馬也。易曰：「白馬翰如。」**周人尚赤，大事斂用日出，戎事乘騵，牲用騂。**注：以建子之月爲正，物萌色赤，日出時亦赤。騵，騮馬，白腹。騂，赤類。三禮義宗曰：三微，三正也。言十一月陽氣始施，萬物動於黄泉之下，微而未著，其色皆赤。赤者陽氣，故周以天正爲歲，色尚赤，夜半爲朔。十二月，萬物始牙，色白。白者陰氣，故殷以地正爲歲，色尚白，雞鳴爲朔。十三月，萬物始達，其色皆黑，人得加工，以展其業。夏以人正爲歲，色尚黑，平旦爲朔。故曰「三微」，王者奉而成之，各法其一，以改正朔也。易乾鑿度曰：「三微而成著，三著而體成，當此之時，天地交，萬物通也。」

正義：書傳略説云：「天有三統，物有三變。」春秋緯元命苞、樂緯稽耀嘉云：「夏以十三月爲正，息卦受泰。」注云：「物之始，其色尚黑，以寅爲朔。」「殷以十二月爲正，息卦受臨。」注云：「物之牙，其色尚白，以雞鳴爲朔。」「周以十一月爲正，息卦受復。其色尚赤，以夜半爲朔。」又三正記云：「正朔三而改，文質再而復。」以此推之，自夏以上，皆正朔三而改也。「建子之月爲正」者，謂之天統。以天之陽氣始生，爲百物得陽氣微，稍動變，故爲天統。建丑之月爲地統者，以其物已吐牙，不爲天氣始動，物又未出，不得爲人所施功，唯在地中含養萌牙，故爲地統。建寅之月爲人統者，以其物出於地，人功當須修理，故謂之人統。統者，本也，謂天地人之本也。王者必以此三月爲正者，以其物生微細，又是歲之始生，王者繼天理物，含養微細，又取歲初爲正朔之始。三者所繼不同，各改正朔，不相襲也。

三・一四 ○**穆公之母卒，**穆公，魯哀公之曾孫。**使人問於曾子曰：「如之何？」**

問居喪之禮。曾子，曾參之子，名申。○參，所金反。一音七南反，後同。○**對曰：「申也聞諸申之父曰：『哭泣之哀，齊斬之情，饘粥之食，自天子達。』**子喪父母，尊卑同。○齊，音咨，本亦作「齋」，「齋衰」之字，後皆放此。饘，本又作「飦」，之然反。説文云：「糜也。」周謂之饘，宋衛謂之䬣。粥，之六反，徐又音育。字林云：「淖糜也。」○**布幕，衛也。縿幕，魯也。」**幕，所以覆棺上也。縿，縑也。縿，讀如綃。衛，諸侯禮。魯，天子禮。兩言之者，僭已久矣。幕，或爲「幦」。○幕，本又作「冪」，音莫，徐音覓，下同。縿，音綃，徐又音蕭。縑，古謙反。綃，音消，徐本又作「綃」，桑堯反。僭，子念反。幦，莫歷反。○

【疏】「穆公」至「魯也」。○正義曰：此一節論尊卑之喪有同有異之事，各依文解之。

○注「穆公」至「曾孫」。○正義曰：案世本傳記，哀公蔣生悼公寧，寧生元公嘉，嘉生穆公不衍，是曾孫也。

○「曰哭」至「子達」者[一]，曾申對穆公，使人云「哭泣之哀」，謂有聲之哭，無聲之泣，並爲哀然，故曰「哭泣之哀」也。「齊斬之情」者，齊是爲母，斬是爲父，父母情同，故

[一] 曰哭至子達者　閩、監、毛本同。惠棟校宋本「哭」下有「泣」字，無「者」字。○鍔按：「曰哭」上，阮校有「穆公之母卒節」六字。

答云「之情」也。「饘粥之食」者，厚曰饘，希曰粥。朝夕食米一溢，孝子以此爲食，故曰「食」也。「自天子達」者，父母之喪，貴賤不殊，「哭泣」以下，自天子至庶人如一，故云「自天子達」。○

「布幕，衛也；縿幕，魯也」者，元言齊斬、饘粥同[一]，又言覆棺之幕，天子諸侯各別。以布爲幕者，衛是諸侯之禮；以縿爲幕者，魯是天子之制。幕者，謂覆殯棺者也。下文云「加斧於椁上」，鄭云：「以刺繡於縿幕，加椁以覆棺，已乃屋其上，盡塗之。」如鄭此言，繡幕加斧文塗之，内以覆棺椁也。周公一人得用天子禮，而後代僭用之，故曾申舉衛與魯俱是諸侯，則後代不宜異，謂魯之諸公不宜與衛異也。崔靈恩云：「當時諸侯僭効天子也，恐魯穆公不能辨，故兩言以明顯魯與諸侯之别也。」今案崔言雖異，而是曾申爲穆公説則同也。然周禮幕人：「掌帷、幕、幄、帟。」注云：「在傍曰帷，在上曰幕。幕或在地，展陳於上，帷幕皆以布爲之。四合象宫室曰幄，王所居之帳也。帟，小幕，幕若幄中坐上承塵也。幄帟皆以繒爲之。」而今云「天子用綃幕」者，崔靈恩云：「周禮所陳，祇謂幄帟之帷幕，不論襯棺自用縿也。天子别加斧于椁上，畢塗屋，此所陳祇謂襯棺幕，在於畢塗之内者也。若其塗上之帟，則大夫以上有之，故掌次云：『凡喪，王則張帟三重，

[一] 元言齊斬饘粥同　惠棟校宋本「元」作「既」，是也。閩、監、毛本「元」作「先」。

諸侯再重，孤、卿大夫不重。』下云『君於士有賜帟』，然士無覆棺之幕。下云『子張之喪，褚幕丹質』者，彼謂將葬啟殯以覆棺，故鄭注彼云『葬覆棺』，别也。」

幕或爲「幦」。

【衛氏集説】鄭氏曰：穆公，魯哀公之曾孫。問居喪之禮。曾子，曾參之子，名申。幕，所以覆棺上。縿，縑也。縿，讀如綃。衛，諸侯禮。魯，天子禮。兩言之者，僭已久也。

孔氏曰：此一節論尊卑之喪有同異之事。有聲曰哭，無聲曰泣。齊是爲母，斬是爲父。厚曰饘，希曰粥。父母之喪，哭泣以下，自天子至庶人如一，故曰「自天子達也」。覆殯椁之幕，周公一人得用天子禮，後代僭用之。故曾申舉衛與魯俱是諸侯，後代不宜異，謂魯之諸公不宜與衛異也。

馬氏曰：人未有自致者也，必也親喪乎？三年之喪則至矣。故其哀發於聲音，則爲哭泣；發於衣服，則爲齊斬；發於飲食，則爲饘粥。哭泣之哀，齊斬之情，饘粥之食，乃其所以自致者，由庶人達於天子，無所加損焉。則哀素之極，喪禮之至者也。至於幕帟之飾，末而已矣，而得以隆殺焉。此魯、衛所以有縿布之辨也。鄭氏以縿幕爲魯僭天子之禮，亦安知非其得用，而曾子言之。

李氏曰：先王之制，小斂、殯葬所以爲死者之禮，故自天子至於庶人有等，哭泣、齊斬、饘粥，所以盡生者之情，故天子達於庶人一也。由前所以立禮，由後所以立仁，齊斬所以稱情而爲之也，故曰「齊斬之情」。

盱江李氏曰：夫布幕，諸侯禮也。縿幕，天子禮也。疾魯之僭，故舉諸侯以示之焉。杞宋者，各自爲一王之後，且其祖天子禮樂異於周，行之可也。周尚在，而魯倣之，則僭矣。孔子曰：「唯名與器，不可以假人。」

嚴陵方氏曰：衛所存者殷禮，故用布幕之質。魯所存者周禮，故用縿幕之文。

山陰陸氏曰：縿，讀如字，以縿記帛，蓋衛幕用布，魯用帛。爾雅：「纁帛縿。」曾子言此，著魯異於諸侯者，若此類耳。其情自天子達。

廣安游氏曰：父母之喪，貴賤不殊，此所以自天子達也。若幕，則天子以綃，諸侯以布。穆公苟欲行禮，所謂貴賤一者，固當一也。所謂天子、諸侯異者，固當異也。此二者，喪禮盡矣。且禮文之制，曾申獨舉幕而不舉其他，則其他推是而可知。晉文公請隧於王，隧，天子葬禮。文公於葬，獨請隧，則其他亦從是而可知也。天下之禮，以類而爲之者也，苟於其類而或開之，則其他皆將以類而失之。此襄王所以不許文公也，是故以隧而葬，則葬禮視隧而相從者皆可知也。以幕而殯，則殯禮視幕而相從者皆可知也。此曾申所以獨舉其一，以見其餘也。

**【吴氏纂言】穆公之母卒，使人問於曾子曰：「如之何？」對曰：「申也聞諸申之父曰：『哭泣之哀，齊斬之情，饘粥之食，自天子達。』**

鄭氏曰：穆公，魯哀公之曾孫。曾子，曾參之子，名申。

孔氏曰：有聲曰哭，無聲曰泣。齊者爲母，斬者爲父。厚曰饘，希曰粥。父母之喪，哭泣以下，天子至庶人如一。

陵陽李氏曰：襲、歛、殯、葬，所以爲死者之禮，自天子至於庶人皆有等。哭泣、齊斬、饘粥，所以盡生者之情，故天子達於庶人一也。

澄曰：達者，通行之謂。中庸云：「三年之喪，達乎天子。父母之喪，無貴賤一也。」達乎天子者，言下自士庶人之賤，上至於天子之貴，皆通行之。此言「自天子達」者，上自天子之貴，下至於士庶人之賤，亦得通行也。蓋貴賤之分雖異，父母之恩則同，故人子喪父母之禮，不以貴賤而有殊也。

**布幕，衛也。縿幕，魯也。」**

鄭氏曰：幕，所以覆棺上。衛，諸侯禮。魯，天子禮。兩言之者，僭已久也。縿，縑也，縿讀如綃。幕或爲「幦」。

孔氏曰：覆殯棺之幕，周公一人得用天子禮。衛與魯俱是諸侯，魯之諸公不宜與衛異，後代僭用之也。

盱江李氏曰：布幕，諸侯禮也。縿幕，天子禮也。杞宋各自爲一王之後，且其祖天子禮樂異於周，行之可也。周尚在，而魯倣之，則僭矣。

方氏曰：衛所存者殷禮，故用布幕之質。魯所存者周禮，故用縿幕之文。

山陰陸氏曰：縿，讀如字，以縿記帛。蓋衛幕用布，魯用帛。爾雅：「纁帛縿。」

**【陳氏集説】**穆公，魯君申參之子也。厚曰饘，稀曰粥。幕所以覆於殯棺之上。衛以布爲幕，諸侯之禮也。魯以縿爲幕，蓋僭天子之禮矣。

**【郝氏通解】**穆公，魯君，名不衍，哀公之曾孫也。曾子名申，曾參子也。成聲曰哭，無聲曰泣。喪服緝之曰齊，不緝曰斬，母齊父斬也。厚曰饘，稀曰粥。自天子達，舉貴該賤也。當世三年之喪不行，故曾子以此告之。幕以覆柩，布麻布縿。以縑帛爲幕而上有綴斿，蓋天子綴衣之制，鄭作「綃」，非也。魯衛皆諸侯同姓，禮宜無殊，今衛布而魯縿，是衛質而魯奢也。凡魯禮多僭，故曾申舉幕以諷其失。

**【方氏析疑】**齊斬之情。

古者父在，爲母期。故兼言「齊」。

**【欽定義疏】**正義 鄭氏康成曰：穆公，魯哀公之曾孫，孔疏：案世本，哀公蔣生悼公寧，寧生元公嘉，嘉生穆公不衍，是曾孫也。問居喪之禮。曾子，曾參之子，名申。案：申，字子西。幕，或爲「幦」。

孔氏穎達曰：此論尊卑之喪有異同之事。有聲之哭，無聲之泣，並爲哀也。齊爲母，斬爲父，情同故云「情」。厚曰饘，希曰粥。朝夕食一溢米，故曰「食」也。「自天子達」者，父母之喪，貴賤不殊。

馬氏晞孟曰：哭泣之哀，齊斬之情，饘粥之食，乃所以自致者，由庶人達於天子，無所加損。至於幕帟之飾，末而已矣，而得以隆殺焉，此魯衛所以有縿布之辨也。

李氏格非曰：先王之制，小斂殯葬，所以爲死者之禮，故自天子以至於庶人有等。哭泣、齊斬、饘粥，所以盡生者之情，故天子達於庶人一也。由前所以立禮，由後所以立仁，齊斬所以稱情而爲之也，故曰「齊斬之情」。

**存疑** 鄭氏康成曰：縿，縑也，讀如「綃」。衛，諸侯禮。魯，天子禮。兩言之者，僭已久也。孔疏：周公一人得用天子禮，後代僭用之，故曾申舉衛與魯俱是諸侯，後代不宜異，謂魯之諸公不宜與衛異也。案：周禮幕人「掌帷、幕、幄、帟」，注云：「在旁曰帷，在上曰幕。帷幕皆以布爲之。四合象宫室曰幄，王所居之帳也。帟，小幕。幄帟皆以繒爲之。」今云「天子用綃幕」者，下文「加斧於椁上，畢塗屋」，注云「以刺繡於縿幕，加椁以覆棺，已乃屋其上，盡塗之」，是繡幕加斧文者，襯棺之幕在塗之内，以覆棺椁也。若其塗上之帟，則大夫以上有之，故掌次云「凡喪，王則張帟三重，諸侯再重，孤、卿大夫不重」。

方氏慤曰：衛所存者殷禮，故用布幕之質。魯所存者周禮，故用縿幕之文。

陸氏佃曰：縿，讀如字，以縿記帛，蓋衛幕用布，魯用帛。爾雅：「纁帛縿。」

游氏桂曰：穆公苟欲行禮。所謂貴賤一者，固當一也。所謂天子、諸侯異者，固當異也。禮文之制，曾申獨舉幕而不舉其他，則其他推是而可知。晉文公請隧於王，隧，天子葬禮，文公於葬獨請隧，則其他亦從是而可知也。此襄王所以不許以幕而殯，則殯禮視幕而相從者，皆可知也。此曾申所以獨舉其一，以見其餘也。

**案** 繆幕，云天子之禮者，鄭於下「加斧於椁上」注云「用繆幕刺斧文覆棺」，故據之耳。孔氏難其證，亦用鄭此注，以爲在塗内者。其實刺覆棺之衣爲斧文，未見其爲繆幕，而諸侯覆棺幕用布，經亦無文，於義疑也。方氏亦想當然言之耳。孟注「曾西，曾子之孫」，誤。

**【杭氏集説】**姚氏際恒曰：「哭泣之哀」數句，似從孟子來，以其易「齊疏」爲「齊斬」也，語、孟中未有「斬」字。幕分布、繆，或是當時奢儉之别。鄭氏「布爲諸侯，繆爲天子」，殊武斷。若謂曾申以魯僭用天子禮，諷穆公不宜用先世所習用者，而申欲一旦異之，亦迂矣。

姜氏兆錫曰：穆公，魯君，名不衍，哀公之曾孫也。曾子，曾參之子，名申。厚者饘，稀者粥，此先言王侯以下禮之達也。幕以覆棺，衛以布爲幕，諸侯之禮也。魯以綃爲幕，則僭天子矣。此因以見王侯禮之等也。

方氏苞曰：齊斬之情，古者父在，爲母期，故兼言齊。

**【孫氏集解】**鄭氏曰：穆公，魯哀公之曾孫。曾子，曾參之子，名申。子喪父母，尊卑同。幕，所以覆棺上也。繆，縑也，讀如綃。衛，諸侯禮。魯，天子禮。兩言之者，僭已久矣。

孔氏曰：有聲之哭，無聲之泣，並爲哀然，故曰「哭泣之哀」。齊是爲母，斬是爲父，父母情同，故云「齊斬之情」。厚曰饘，希曰粥。朝夕食米一溢，孝子以此爲食，故曰「饘粥之食」。父母之喪，貴賤不殊，故曰「自天子達」。幕者，謂覆棺者也，下文云「加斧於椁上」，鄭云：「以刺繡於縿幕，加椁以覆棺，已乃屋其上，盡塗之。」是繡幕以覆棺椁也。衞是諸侯之禮，以布爲幕。魯是天子之禮，以綃爲幕。案周禮幕人「掌帷、幕、帟、綬」，注云：「在旁曰帷，在上曰幕，皆以布爲之。」今謂天子用縿幕，祇謂襯棺幕，在畢塗之内者也。

愚謂凡殯，皆帷之，有在旁之帷，則當有在上之幕矣。注以爲「覆棺之幕」，非是。下文言「加斧於椁上」，蓋即喪大記、士喪禮所謂「夷衾」，非幕也。衞以布爲幕，魯以縿爲幕，蓋當時禮俗之不同。言此者，以見禮文之小，國俗或有少異，正以深明夫上之所言，乃其大體之必不可得而變者耳。

**【朱氏訓纂】穆公之母卒，使人問於曾子曰：「如之何？」**注：穆公，魯哀公之曾孫。問居喪之禮。曾子，曾參之子，名申。**對曰：「申也聞諸申之父曰：『哭泣之哀，齊斬之情，饘粥之食，自天子達。』**注：子喪父母，尊卑同。釋文：饘，説文云：「糜也。周謂之饘，宋衞謂之餰」。粥，字林云：「淖糜也。」**布幕，衞也。縿幕，魯也。」**注：幕，所以覆棺上也。縿，縑也。縿，讀如綃。衞，諸侯禮。魯，天子禮。兩言之者，僭已久矣。幕，或爲「辟」。　正義：案世本傳記，哀公蔣生悼公寧，寧生元公嘉，嘉生穆公不衍，是曾孫也。有聲之哭，無聲之泣，並爲哀。齊是爲母，斬是爲父，父母情同。厚曰饘，希曰粥。朝夕食米一溢，父母之喪，貴賤不殊，「哭泣」以下，自天子至庶人如一。周禮幕人：「掌帷、幕、幄、帟。」崔靈恩云：「周禮所陳，祇謂幄帟之帷幕，不論襯棺，自用縿也。天子別加斧于椁上，畢塗屋。此所陳，祇謂襯棺幕，在於畢塗之内者也。若其塗上之帟，則大夫以上有之。」

**【郭氏質疑】布幕，衛也。縿幕，魯也。**

鄭注：幕，所以覆棺上也。衛，諸侯禮。魯，天子禮。

嵩燾案，雜記「緇布裳帷，素錦以爲屋」，鄭注：「屋，其中小帳襯覆棺者。」喪大記謂之「素錦褚」，蓋專爲柩車載路而設。周禮幕人：「大喪，共帷、幕、帟、綬。」鄭注：「帷以帷堂，或與幙張之於庭。」掌次又云：「凡喪，王張帟三重，諸侯再重，孤、卿大夫不重。」鄭注：「張帟柩上承塵。」此經下云「君於士有賜帟」，鄭注：「帟，幕之小者，所以承塵，賜之則張於殯。」而注「天子殯，菆塗龍輴以椁，加斧於棺上」云：「斧謂之黼，以刺繡於縿幕，加椁以覆棺。」疑經所謂「菆塗以椁，加斧椁上」者，葬有椁，殯則菆塗以象椁；葬有翣，殯則加斧椁上以象翣。與縿幕無與。覆棺惟在車爲然，自大夫以上，皆素錦褚，亦無用布者。鄭注幕人「帷幕，皆以布爲之，幄帟皆以繒爲之」，此云幕者，即掌次之帟也，施之於殯。哭泣、齊斬、饘粥，皆在殯之儀。馬氏晞孟云：「三者所以自致，由庶人達於天子，無加損焉。至於幕帟之飾，得以隆殺，此魯、衛所以有繆布之辨也。」最合經旨。爾雅釋天：「纁帛縿，練旒九。」説文：「縿，旌旗之游也。」爾雅以正幅爲縿，縿幕蓋通帛爲之，而旁有旒。周禮帷、幕、幄、帟，皆有綬，所以爲飾也。經意，布幕、縿幕皆末也。隆殺惟所施，衛多沿殷俗之舊。方氏慤以布幕爲殷禮，意亦近之。鄭氏以爲天子、諸侯之辨，尤恐無據。

三·一五 ○**晉獻公將殺其世子申生。**信驪姬之譖[一]。○孋，本又作「麗」，亦作「驪」，同力知反。**公子重耳謂之曰：「子蓋言子之志於公乎**[二]**？」**蓋，皆當爲「盇」。盇，何不也。志，意也。重耳欲使言見譖之意。重耳，申生異母弟，後立爲文公。○重，直龍反，注皆同。子蓋，依注音盇，户臘反，下同。**世子曰：「不可。君安驪姬，是我傷公之心也。」**言其意則驪姬必誅也。驪姬，獻公伐驪戎所獲女也。申生之母蚤卒，驪姬嬖焉。○蚤，音早。嬖，必計反。**曰：「然則蓋行乎？」**行，猶去也。**世子曰：「不可。君謂我欲弑君也，天下豈有**

[一] 信驪姬之譖 閩、監、毛本作「譛」，岳本、嘉靖本同，衛氏集説同。此本「譖」誤「讃」，下同。釋文出「孋姬」云：「本又作『麗』，亦作『驪』。」正義作「驪」。○鍔按：「信驪」上，阮校有「晉獻公節」四字。

[二] 子蓋言子之志於公乎 閩、監、毛本同，岳本、嘉靖本同。釋文出「子蓋」云：「依注音盇，下同。」石經初刻作「盇」，後加「艹」作「蓋」，下同。注云：「『蓋』皆當爲『盇』。」是本作「蓋」。

**無父之國哉？吾何行如之？」**言人有父則皆惡欲弑父者。○弑，本又作「煞」，音試，注同。徐云字又作「㢑」，音同。惡，烏路反。**○使人辭於狐突，曰：「申生有罪，不念伯氏之言也，以至于死。申生不敢愛其死。**辭，猶告也。狐突，申生之傅，舅犯之父也。前此者，獻公使申生伐東山皋落氏，狐突謂申生，欲使之行。今言此者，謝之。伯氏，狐突别氏。○突，徒忽反。傅，音富。咎，其九反。皋，古刀反。**雖然，吾君老矣，子少，國家多難。**子，驪姬之子奚齊。○少，詩召反。難，乃旦反。**伯氏不出而圖吾君？**圖，猶謀也。不出爲君謀國家之政。然則自皋落氏反後，狐突懼，乃稱疾。○爲，于僞反。下「爲時」同。**伯氏苟出而圖吾君，申生受賜而死。」**賜，猶惠也。**再拜稽首，乃卒。**既告狐突，乃雉經。○雉經，如字。徐古定反，如雉之自經也。**是以爲「恭世子」也。**言行如此，可以爲恭。於孝則未之有。○共，音恭，本亦作「恭」，注同。行，下孟反。

**【疏】**「晉獻」至「子也」。○正義曰：此一節論獻公殺申生之事，各依文解之。

○注「信驪姬之譖」。正義曰：案僖四年左傳云：「姬謂大子曰：『君夢齊姜，必速祭之。』大子祭於曲沃，歸胙於公，公獵，姬寘諸宮[一]，六日，毒而獻之。公祭之地，地墳。與犬，犬斃。與小臣，小臣亦斃。姬泣曰：『賊由大子。』」又晉語云：「姬寘鴆於酒，寘堇於肉。」堇謂烏頭，是驪姬譖申生之事也。

○注「蓋皆」至「文公」。○正義曰：此云「蓋言子志」及下「蓋行乎」，以「蓋」非一，故云「皆當爲盍」。

言「重耳欲使言見譖之意」者，重耳欲使申生言見驪姬所譖之意。左傳云：「或謂太子曰：『子辭，君必辨焉。』」杜預云：「以六日之狀自理。」謂毒酒經宿輒敗，若申生初則置罪[二]，經六日其酒必壞，何以經六日其酒尚好？明臨至加藥焉。

云「重耳，申生異母弟」者，案莊二十八年左傳云：「晉獻公烝於齊姜，生太子申生。大戎狐姬生公子重耳。」是異母弟也。

○注「言其」至「嬖焉」。○正義曰：案僖四年左傳云，大子曰：「君非姬氏，居不安，食不飽。君老矣，吾又不樂。」謂我若自理，驪姬必誅。姬死之後，公無復歡樂，故此云「是我傷公之心」。

---

[一] 公獵姬寘諸宮　閩、監、毛本同。惠棟校宋本「獵」作「田」，衛氏集説同。○按：作「田」與僖四年左氏傳合。

[二] 若申生初則置罪　閩、監、毛本「罪」作「毒」，衛氏集説同。惠棟校宋本「毒」作「藥」。

云「驪姬，獻公伐驪戎所獲女也」者，莊二十八年左傳云：「初，晉獻公滅驪戎[一]，驪戎男女以驪姬。驪姬嬖，生奚齊，其娣生卓子。」是「驪姬嬖」也。云「申生之母蚤卒」者，以左傳云「姬命大子祭齊姜」，是蚤死也。

○「使人」至「而死」。○時狐突謝病在晉都，大子出奔曲沃，於是狐突欲令大子出奔[二]，大子不用其言，故今臨死，使人辭謝[三]，言於狐突曰：「申生有愚短之罪，不念伯氏之言[四]，出奔避禍。今日被譖[五]以至於死，申生不敢愛惜其身命之死。」言死不受命[六]。「雖然不惜身命，猶有所憂。吾君已老，子又幼少，又國家多有危難，伯氏又謝病不出圖吾君之事，吾以爲憂。伯氏誠能出外而圖謀吾君國家之事，申生受伯氏恩賜，甘心以死。」

○注「前此」至「别氏」。○正義曰：案左傳閔二年，獻公使申生伐東山皋落氏，狐

[一] 初晉獻公滅驪戎　閩、監、毛本「滅」作「伐」，與莊二十八年左氏傳合。
[二] 於是狐突欲令大子出奔　閩、監、毛本同，浦鏜校云：「『於』當『先』字誤。」
[三] 故今臨死使人辭謝　閩、監、毛本作「今」，此本「今」誤「合」。
[四] 不念用氏之言　閩、監、毛本「用」作「伯」，是也。
[五] 今月被譖　閩、監、毛本「月」作「日」，是也。
[六] 言死不受命　閩、監、毛本同，惠棟校宋本「受」作「愛」。

突欲令申生行，云：「雖欲勉之，狄可盡乎？」下又云「狐突欲行」，是狐突欲使行之事。

言「前此」者，此謂僖四年，申生將死之時。「前」，謂閔二年伐皋落氏之時，在前五年，故云「前」。皋落氏在晉都之東，居在山内。皋落氏，杜預云是「赤狄別種」，故云「東山皋落氏」。

云「伯氏，狐突別氏」者，既言「辭狐突」，又云伯氏，故云「狐突別氏」。狐是總氏，伯、仲者，是兄弟之字。字伯者，謂之伯氏，字仲者，謂之仲氏，故傳云：「叔氏其忘諸乎？」又下云「叔氏專以禮許人」。是一人身，字則別爲氏也。

○注「圖猶」至「稱疾」。○正義曰：「圖，謀」，釋詁文。「自皋落氏反後，狐突懼，乃稱疾」者，以經云「伯氏不出而圖吾君」，故知稱疾必有所因。反自皋落，去此不遠，知自皋落反而稱疾也。

○注「既告」至「雉經」。○正義曰：雉，牛鼻繩也。申生以牛繩自縊而死也。故鄭注封人云：「緣，著牛鼻繩，所以牽牛者也。今時人謂之雉。」或爲雉鼻耿介[一]，被人所獲，必自屈折其頭而死。漢書載趙人貫高自絕亢而死，申生當亦然也。傳云「申生縊

[一] 或爲雉鼻耿介　閩本同，監、毛本「鼻」作「鳥」。惠棟校宋本「鼻」作「性」，是也。衛氏集説作「或謂雉性耿介」。

死」。晉語申生使猛足辭於狐突，乃雉於新成廟[一]。

○注「言行」至「之有」。○正義曰：春秋左傳云：「晉侯殺其世子申生。」父不義也，孝子不陷親於不義，而申生不能自理，遂陷父有殺子之惡。雖心存孝，而於理終非，故不曰「孝」，但謚爲「恭」。以其順於父事而已[二]。謚法曰：「敬順事上曰恭。」

**【衛氏集説】**鄭氏曰：獻公信驪姬之譖，重耳欲使世子言見譖之意。蓋，皆當爲盍。盍，何不也。志，意也。世子謂言其意則驪姬必誅。重耳曰「盍行乎」，行，猶去也。世子謂「天下豈有無父之國」，言人有父則皆惡欲弑父者。使人辭於狐突，辭，猶告也。前此獻公使申生伐東山皋落氏，狐突謂申生，欲使之行。今言不念伯氏之言，謝之也。伯氏，狐突别氏。子少，謂驪姬之子奚齊。圖，猶謀也。不出，謂狐突自皋落氏反後，懼而稱疾焉。賜，猶惠也。既告狐突，乃雉經。申生言行如此，可以爲恭，於孝則未之有。重耳，申生異母弟，後立爲文公。驪姬，獻公伐驪戎所獲女也。申生之母蚤卒，驪姬嬖焉。狐突，申生之傅，舅犯之父也。

孔氏曰：此一節論獻公殺申生之事。案僖四年左傳云：「姬謂太子曰：『君夢齊姜，必速祭之。』太子歸胙於公，公田，姬寘諸宫，六日，毒而獻之。公祭之地，地墳，與犬，

---

[一] 乃雉於新成廟　閩、監、毛本同。浦鏜校作「乃雉經於新成之廟」，云：「脱『經』『之』二字」。

[二] 以其順於父事而已　閩、監、毛本同，考文引宋板「順」上有「恭」字，衛氏集説亦作「恭順於父事」。

犬斃，與小臣，小臣亦斃。姬泣曰：『賊由太子。』」是驪姬譖申生之事也。左傳又云：「或謂太子曰：『子辭，君必辯焉。』」杜預注「以六日之狀自理」，謂毒酒經宿輒敗，若申生初置毒，何以經六日其酒尚好？明臨至加藥焉，此重耳欲使言見譖之意也。左傳又云：「太子曰：君非驪姬，居不安，食不飽。君老矣，吾又不樂。」謂我若自理，驪姬必誅，姬死之後，君無復歡樂，此云「是我傷公之心」是也。雉，牛鼻繩也，申生以牛繩自縊死。或謂雉性耿介，被人所獲，必自屈折其頭而死。漢書載趙人貫高自絕亢而死，申生當亦然也。孝子不陷親於不義，申生但能恭順於父事而已。謚法曰：「敬順事上曰恭。」

長樂陳氏曰：君子之於親，有言以明己，有諫以明事。諫則以幾爲順，以孰爲敬，幾而不入則至於孰，孰而不入則至於號，號而將至於見殺，則亦有義以逃之。是雖於親有所不從，而於義無所不順，於親或不我愛，而於鄉閭無所得罪，此古之所謂孝子也。彼不善事親者，以小愛賊恩，姑息賊德，於己可以言而不言，於事可以諫而不諫，依違隱忍，惟意是從，以至隕身於其親之命，而陷親於不義之名。是將以安親而反危之，將以悦親而反辱之，此君子之所不取也。晉獻公將殺其世子申生，申生於親可言而不言，而且懼傷公之心；於義可逃而不逃，而且謂「天下豈有無父之國」。以至忘其躬之不閲，而且恤國家之多難，不顧死生之大節，而且謹再拜之末儀。是恭而已，非孝也。春秋書晉侯殺其世子申生，蓋書晉侯以明晉侯之無道，書申生以明申生之罪也。雖然春秋之時，臣弒其君，子弑其父，如衛輒拒父而争國，楚商臣弑君而篡位，則申生之行，蓋可哀而恕之也。孔子曰：「苟志於仁，無惡也。」故禮不以申生爲不孝，而以之爲恭，猶詩不以伋、壽爲不孝，而以之爲不瑕也。然以春秋禮義之法繩之，則申生不足以爲孝矣。

馬氏曰：昔幽王惑於褒姒，而逐太子宜臼，奔于申，太子之傅作小弁以刺之。然君子不責宜臼以出奔之罪，而謂小弁有孝子之道。申生之事蓋與宜臼無以異也，而申生失之，特不知止於先王之禮義而已。若衛宣公之二子争相爲死，雖有殺身以成仁之志，而其死之亦非義也。然國人以其相爲於禍難之中，亦自作詩以思之。而申生愛君父恤國難，猶有善於彼，雖非孝也，而謂之恭，則宜矣。

廬陵胡氏曰：案春秋自閔二年至僖二十三年，狐突事晉，未嘗去。此云「不出」，記禮者誤。

【吴氏纂言】鄭氏曰：獻公信驪姬之譖，重耳欲使世子言見譖之意。蓋，皆當爲盍。盍，何不也。志，意也。世子謂言其意則驪姬必誅。重耳曰「盍行乎」，行，猶去也。世子謂「天下豈有無父之國」，言人有父則皆惡欲弑君者。「使人辭於狐突」，辭，猶告也。前此獻公使申生伐東山皋落氏，狐突謂申生，欲使之行。今言不念伯氏之言，謝之也。伯氏，狐突别氏。子少，謂驪姬之子奚齊。圖，猶謀也。不出，謂狐突自皋落氏反後，懼而稱疾也。賜，猶惠也。既告狐突，乃雉經。申生言行如此，可以爲恭，於孝則未。重耳，申生異母弟，後立爲文公。驪姬，獻公伐驪戎所獲女也。申生之母蚤卒，驪姬嬖焉。狐突，申生之傅，舅犯之父也。

孔氏曰：按左傳僖四年，姬謂太子曰：「君夢齊姜，必速祭之。」大子祭於曲沃，歸胙於公。公田，姬置諸宮，六日，毒而獻之，公祭之地，地墳。與犬，犬斃。與小臣，小臣亦斃。姬泣曰：「賊由太子。」是驪姬譖申生之事也。傳云「或謂太子曰『子辭，君必辨焉』」，杜預注謂：「以六日之狀自理。」毒酒經宿輒敗，若申生初置藥，何以經六日其酒尚好？明臨至加藥焉，此重耳欲使言見譖之意也。傳又云：「太子曰：『君非姬氏，居不安，食不飽，君老矣，吾又不樂。』」謂我若自理，驪姬必誅，姬死之後，君無復歡樂，此云是我傷公之心也。時狐突謝病在晉都，太子奔曲沃。按閔二年伐東山皋落氏，在申生死之前五年。狐突欲令太子出奔，太子不用其言，故今臨死使人辭謝狐突。謂：「申生有愚短之罪，不念伯氏之言，出奔避禍，今被譖以至於死。申生不敢愛惜身命之死，雖然吾君年老，子又幼少，國家多有危難，伯氏又謝病不出圖吾君之事，吾以爲憂。伯氏誠能出而圖謀吾君國家之事，申生受伯氏恩賜，甘心以死。」雉，牛鼻繩也，申生以牛繩自縊而死。或謂雉性耿介，被人所獲，必自屈折其頭而死。漢書載趙人貫高自絶亢而死，申生蓋亦然。申生不能自理，遂陷父有殺子之惡，雖心存孝而於理終非，故謚爲「恭」，以其但能恭順於父而已。

長樂陳氏曰：君子之於親，有言以明己，有諫以明事。諫以幾爲順，以孰爲勤，幾而不入則至於孰，孰而不入則至於號，號而將至於見殺，則有義以逃之。於親雖有所不從，而於義無所不順。若以小愛賊恩，姑息賊德，依違隱忍，惟意是從，以至隕身於其親之命，而陷親於不義之名，君子不取也。申生於親可言而不言，乃懼傷公之心；於義可逃而不逃，乃謂「天下豈有無父之國」。忘其躬之不閱，而恤國家之多難，不顧死生之大節，而謹再拜之末儀。是恭而已，非孝也。雖然春秋之時，臣弑其君，子弑其父，如衛輒拒父而争國，楚商臣殺君而篡位，則申生之行，蓋可哀也。

馬氏曰：衛宣公之二子争相爲死，雖有殺身以成仁之志，而其死非義也，然國人亦作詩以思之。申生愛君父恤國難，猶有善於彼。

廬陵胡氏曰：按春秋自閔二年至僖二十三年，狐突事晉，未嘗去。此云「不出」者，誤。

澄曰：此云「不出」者，蓋謂稱疾不出任事，非謂其去也。按國語，公使太子伐東山，狐突御戎，敗狄於稷桑而反，狐突杜門不出，申生之被殺，當合春秋内外傳所載，並觀乃見當時事情。驪姬譖申生將弑君父，獻公雖未必深信，然心實欲去申生立奚齊，以徇驪姬之意也。姬以險語逼公，公謂「吾不忘，抑未有以致罪焉」，則公固有誣申生以罪而去之之心也。姬得公此語，旋告優施，以爲君許我殺太子立奚齊矣。於是令申生祭齊姜，置毒於胙，雖姬之謀，亦承公之意也。公縱知太子無是事，豈肯爲之辨白，而移罪於驪姬乎？且姬受所歸之胙寘諸宫，而六日之後不自持以進，待公既至，召申生使之自獻。若申生於臨獻之時加毒，然杜預乃謂「申生當以六日之狀自理」，可謂疎已。申生之事父，有承順，無違逆，父欲立奚齊，則甘心以己所當得之國與之，初無繫戀芥蔕於中。公使奚齊攝祭，人爲太子憂，則曰「但當順君父之所安」。伐霍、伐東山二役，人勸太子行，則曰「不可違君父之所命」。仁人之事天也，曰「子於父母唯命之從，彼近吾死而我不聽，我則捍矣」。孝子之事親，一如仁人之事天，豈敢私有其身而避禍逃死哉？故張子訂頑亦嘉申生之無所逃而待烹也。世之議者，咎申生不合不去而陷父於不義。申生縱去，父必殺之，而後奚齊可立，豈一去而能免陷父於不義乎？去則有背棄君父以逃死之罪，而陷父不義之罪自若也。申生固云棄父之命，惡用子矣。人云死不可避，吾將伏以俟命。申生之自處，可謂得子道之正，未容輕議也。設使申生出奔，獻公必謂其結援鄰國，以圖他日納己也。非如鄭之使盜殺子臧，必如晉之以幣錮欒盈，至此則負不孝之罪大矣。但一出奔，即是章父之惡，不待其身被殺，而後爲陷父於惡也。陳氏謂孝子之事親，有言以明己，申生可以言而不言，此乃孝子事親之常法。申生之所遇則非常也，豈言之所能自明者哉？予嘗謂屈原之忠，申生之孝，皆賢者過之之事。屈原過於忠，忠而過者也。申生過於孝，孝而過者也。其行雖未合乎中庸，其心則純是天理之公，畧無人欲之私。申生但知順父之爲孝，屈原但知愛國之爲忠，而一身之生死不計。世之議者，其何足以知申生之心哉？

**【陳氏集説】晉獻公將殺其世子申生。公子重耳謂之曰：「子蓋言子之志於公乎？」世子曰：「不可。君安驪姬，是我傷公之心也。」**此事詳見左傳。重耳，申生異母弟，即文公也。蓋，何不也，明其讒，則姬必誅，是使君失所安而傷其心也。**曰：「然則蓋行乎？」世子曰：「不可。君謂我欲弑君也，天下豈有無父之國哉？吾何行如之？」**重耳又勸其奔他國，而申生不從也。何行如之，言行將何往也。**使人辭於狐突，曰：「申生有罪，不念伯氏之言也，以至于死。申生不敢愛其死。雖然，吾君老矣，子少，國家多難。伯氏不出而圖吾君？伯氏苟出而圖吾君，申生受賜而死。」再拜稽首，乃卒。是以爲「恭世子」也。**狐突，申生之傅。辭，猶將去而告違，蓋與之永訣也。申生自經而死，陷父於不義，不得爲孝，但得謚「恭」而已。　疏曰：注云「伯氏，狐突別氏」者，狐是總氏，伯、仲是兄弟之字。字伯者，謂之伯氏，字仲者，謂之仲氏。故傳云：「叔氏其忘諸乎？」又此下文云「叔氏專以禮許人」。是一人之身，字則别爲氏也。

【納喇補正】集説　申生自經而死，陷父於不義，不得爲孝，但得謚「恭」而已。

竊案　驪姬誣申生以弑君，重耳勸其自明與出奔，皆不從，而自縊，與梁餘子養所謂「死而不孝，不如逃之」者相反。故鄭氏以來，皆以申生陷父於不義爲不孝，而集説本之。能知申生心事，而論之得其平者，惟臨川吴氏而已。其言曰：「申生之事父，有承順，無違逆。孝子之事親，一如仁人之事天，豈敢私有其身而避禍逃死哉？故張子訂頑亦嘉申生之無所逃而待烹也。世之議者，咎申生不合不去而陷父於不義，申生縱去，父必殺之，而後奚齊可立，豈一去而能免陷父於不義乎？去則有背棄君父以逃死之罪，而陷父不義之罪自若也。申生固云棄父之命，惡用子矣。又云死不可避，吾將伏以俟命。申生之自處，可爲得子道之正，未容輕議也。設使申生出奔，獻公必謂其結援鄰國，以圖他日納己也。非如鄭之使盜殺子臧，必如晉之以幣錮欒盈，至此則負不孝之罪大矣。但一出奔，即是彰父之惡，不待其身被殺，而後爲陷父於惡也。」長樂陳氏謂：「孝子之事親，有言以明己。申生可以言而不言，此乃孝子事親之常法。申生之所遇，則非常也，豈言之所能自明者哉？予嘗謂屈原之忠，申生之孝，皆賢者過之之事。屈原過於忠，忠而過者也；申生過於孝，孝而過者也。其行雖未合乎中庸，其心則純然天理之公，略無人欲之私。申生但知順父之爲孝，屈原但知憂國之爲忠，而一身之死生不計，世之議者，其何足以知申生之心哉？」斯言得之矣。

**【郝氏通解】**晉獻公殺申生，事詳春秋傳。安驪姬，言君以驪姬爲安樂也。何行如之，行無所往也。狐突，申生傅，嘗教申生避去，不聽，突乃稱疾不出。今將死，故使人辭之也。子少，指驪姬子奚齊，獻公所欲立者也。圖，謀也。謚法「敬順事上曰恭」。

按申生守父之亂命以死，則恭矣，不可爲孝。大舜盡事親之道，而瞽瞍底豫。爲人子者，不當如是邪？故忠如屈原，恭如申生，有硜硜之節，而無烝烝之權，夫子所謂「可以爲難矣，仁則吾不知」者，記稱之，以見衛輒、楚商臣輩之不恭。賢知、愚不肖，相去遠爾。

【欽定義疏】正義　鄭氏康成曰：驪姬，獻公伐驪戎所獲女。案：事在莊公二十八年。申生之母早卒，驪姬嬖焉。獻公信驪姬之譖，重耳欲使世子言見譖之意。孔疏：案僖四年左傳云：姬謂太子曰：「君夢齊姜，必速祭之。」太子祭，歸胙於公。公田，姬置諸宫，六日，毒而獻之。公祭地，地墳。與犬，犬斃。與小臣，小臣亦斃。姬泣曰：「賊由太子。」是驪姬、申生之事也。蓋，當爲「盍」，何不也。重耳，申生異母弟，後立爲文公。孔疏：獻公烝於齊姜，生太子申生，大戎狐姬生公子重耳，是異母弟也。傷公之心者，言其意，則驪姬必誅也。「豈有無父之國」者，言人有父則皆惡欲弑父者。辭，猶告也。狐突，申生之傅，舅犯之父也。前此獻公使申生伐東山皋落氏。案：事在閔公二年。狐突謂申生欲使之行，今言此者，謝之也。伯氏，狐突別氏。孔疏：狐是總氏，伯、仲是兄弟之字。字伯者，謂之伯氏。字仲者，謂之仲氏。故傳云「叔氏其忘諸乎？」又此下云「叔氏專以禮許人」。是一人之身，字則別爲氏也。子，驪姬之子奚齊。不出者，自皋落氏反後，突懼稱疾。賜，猶惠也。既告狐突，乃雉經。孔疏：雉，牛鼻繩也。或謂雉鳥耿介，爲人獲，必自屈折其頭而死。漢書載趙貫高自絶亢死，申生當亦然。可以爲恭，於孝則未之有。孔疏：春秋左傳云晉侯殺其世子申生，父不義也。孝子不陷親於不義，申生不能自理，遂陷父有殺子之惡。雖心存孝，而於理終非，故不曰孝。但謚爲恭，以其順於事父而已。謚法：「敬順事上曰恭。」

通論　陳氏祥道曰：申生於親可言，而懼傷公之心。於義可逃，而謂天下豈有無父之國，以至忘其躬之不閱，而恤國家之多難，不顧生死之大節，而謹再拜之末儀，是恭而已，非孝也。雖然春秋之時，如衛輒拒父，楚商臣弑君，則申生之行，蓋可哀而恕之，故禮不以申生爲不孝而以爲恭，猶詩不以伋、壽爲不孝，而以爲不瑕也。

吴氏澄曰：孝子之事親，如仁人之事天，豈敢私有其身而避禍逃死哉？申生必殺，而後奚齊可立。設使申生出奔，獻公必謂其結援鄰國，以圖他日納己。非如鄭之使盜殺子臧，必如晉之以幣錮欒盈，則負不孝之罪大矣。但一出奔，即是彰父之惡，不待身殺而後爲陷父於惡也。予嘗謂屈原之忠，申生之孝，其行雖未合乎中庸，其心則純然天理之公，略無人欲之私。申生但知順父之爲孝，屈原但知憂國之爲忠，而一身之生死不計。世之議者，其何足以知申生之心哉？

存疑　姚氏舜牧曰：申生所處地位極難。晨牝先杜其諫路，有必不可言者。女戎先絶其去路，有必不可逃者。事出不得已，而從容就義，此人子之至難。

存異　胡氏銓曰：案春秋自閔二年至僖二十三年，狐突事晉，未嘗去，此云「不出」，記禮者誤。

案　先儒論申生，惟吴氏澄爲當。蓋但知尊愛君父，絶不爲己身有計較、商量之想者也。如姚氏説，似只揣無去路而死者耳。非申生之本心，於經文語氣亦不合也。又案：晉語「敗翟稷桑，讒言益起，狐突杜門不出」，是「伯氏不出」有明徵。胡氏偶失攷耳。

**【杭氏集説】**吴氏澄曰：孝子之事親，如仁人之事天，豈敢私有其身而避禍逃死哉？申生必殺而後奚齊可立，設使申生出奔，獻公必謂其結援鄰國，以圖他日納己。非如鄭之使盗殺子臧，必如晉之以幣錮欒盈，則負不孝之罪大矣。但一出奔，即是彰父之惡，不待身殺而後爲陷父於惡也。予嘗謂屈原之忠，申生之孝，其行雖未合乎中庸，其心則純然天理之公，畧無人欲之私，申生但知順父之爲孝，屈原但知憂國之爲忠，而一身之生死不計。世之議者，其何足以知申生之心哉？

姚氏舜牧曰：申生所處地位極難。晨牝先杜其諫路，有必不可言者。女戎先絶其去路，有必不可逃者。事出不得已，而從容就義，此人子之至難。

徐氏揚貢曰：驪姬妖孽，獻公迷惑，申生不敢言、不忍言，一「安」字盡之。

湯氏三才曰：申生進不能自明，退不能違難。先儒責其陷親不義，不得爲孝，然臨死惓惓宗社，其志不可悲乎！獨惜其不學知經而不知權耳。

姚氏際恒曰：「以爲共世子」，鄭氏曰「可以共，孝則未之有」。若然，凡孝子必當謚以孝而後可爲孝乎？迂亦甚矣，鄭氏之説蓋誤本于梁餘子養，曰「死而不孝，不如逃之」，不知此乃當時諫阻申生伐皋落氏，故爲聳其言以希動聽。若羊舌大夫曰「違命不孝，子其死之」，非又以死爲孝耶？孔氏援春秋曰：「晉侯殺其世子申生，父不義也。陷親于不義，故曰不孝。」其説尤悖。人子以孝名者，多不幸處其變，即以舜之大孝，尚不能掩其父母之頑嚚，亦可曰陷親于不義而非孝乎？後儒因鄭、孔此説，遂羣以申生爲不孝，陳守之尤極詆之，曰：「申生之死，于親可言而不言，而且懼傷公之心。于義可逃而不逃，而且謂天下豈有無父之國，以至忘其躬之不閲。而且恤國家之多難，不顧生死之大節，而且謹再拜之末儀。」嗚呼，申生之孝！孰有加於此數言也。惟以傷親之心爲大，故不言。惟以不可處無父之國爲大，故不逃。忘躬而且恤國家之多難，死不忘忠也。臨死而且謹再拜之末儀，死不忘敬也。其極詆之者，非所以極讚之乎！至謂其可以言，何以知之謂其躬之不閲？何以見之尤妄矣？吁，人臣、人子不幸而遭逢事窮勢竭，乃爲此死忠、死孝之事，千古豈有印板之忠孝乎哉！後此宋儒高託中行，以千古瑰異、嶄巖之行，概加抑下不之許可，皆自此一種議論，有以啟之耳。若是，則人心益無感激。風俗日以偷漓，徒取便于拘文牽義、旅進旅退之儔耳，豈不可歎哉！

朱氏軾曰：文正之論申生最當。但恨不爲太伯、伯夷耳。

陸氏奎勳曰：申生之得謚爲恭，與衞世子伋相同。伋即共伯也，史遷、班固皆失考。

余于鄘風柏舟特爲顯微闡幽。

姜氏兆錫曰：獻公以驪姬殺世子，事見左傳。重耳，申生異母弟，即文公也。盍，何不也。勸其言志於公而不從者，恐言則姬以讒誅，使君失所安而心傷也。又勸其奔他國而亦弗從者，既不忍辯此名矣，行將何往也。狐突，申生傅也。辭之者，將死而與之訣也。伯氏，注謂「狐突别氏」也，狐是總氏，伯則以字爲氏，後云「叔氏專以禮許人」，亦此類也。謚法：「敬順事上曰恭。」　又曰：疏曰：申生自縊，陷父於不義，不得爲孝，但得謚恭而已。

**【孫氏集解】晉獻公將殺其世子申生。公子重耳謂之曰：「子蓋言子之志於公乎？」世子曰：「不可。君安驪姬，是我傷公之心也。」曰：「然則蓋行乎？」世子曰：「不可。君謂我欲弑君也，天下豈有無父之國哉？吾何行如之？」**

鄭氏曰：欲殺申生，信驪姬之譖。蓋，皆當爲盍，何不也。志，意也，重耳欲使言見譖之意。重耳，申生異母弟，後立爲文公。「傷公之心」者，言其意，則驪姬必誅也。驪姬，晉獻公伐驪戎所獲女也。申生之母蚤卒，驪姬嬖焉。何行如之，言人有父則皆惡欲弑父者。

孔氏曰：案僖四年左傳云：「姬謂大子曰：『君夢齊姜，必速祭之。』大子祭於曲沃，歸胙於公。公獵，姬寘諸宫六日，毒而獻之。公祭之地，地墳；與犬，犬斃；與小臣，小臣亦斃。姬泣曰：『賊由大子。』」又晉語云：「姬寘鴆於酒，寘堇於肉。」是驪姬譖申生之事也。「重耳欲使言見譖之意」者，左傳云：「或謂大子曰：『子辭，君必辨焉。』」杜預云「以六日之狀自理」，謂毒酒經宿輒敗，何以經六日其酒尚好？明臨至加毒也。大子謂我若自理，驪姬必誅，姬死之後，公無與共樂，故云「傷公之心」。

愚謂「何行如之」者，言負弑君之名，無以自立於天下也。

**使人辭於狐突，曰：「申生有罪，不念伯氏之言也，以至于死。申生不敢愛其死。雖然，吾君老矣，子少，國家多難。伯氏不出而圖吾君？伯氏苟出而圖吾君，申生受賜而死。」再拜稽首，乃卒。是以爲「共世子」也。**

鄭氏曰：辭，猶告也。狐突，申生之傅，舅犯之父也。前此者，獻公使申生伐東山皋落氏，狐突謂申生，欲使之行。今言此者，謝之也。伯氏，狐突別氏。子，驪姬之子奚齊。圖，謀也，不出爲君謀國家之政。自皋落氏反後，狐突懼，乃稱疾。申生既告狐突，乃雉經。言行如此可以爲恭，於孝則未之有。

孔氏曰：案春秋云「晉侯殺其世子申生」，父不義也。孝子不陷親於不義，而申生不能自理，陷親有殺子之惡，雖心存孝而於理終非。故不曰孝，但謚爲恭，以其順父事而已。謚法：「敬順事上曰恭。」

愚謂申生但知父命之宜從，而不知其身之可愛，可謂人之所難能矣。然爲人子者，以全君親、安宗社爲大，而不以阿意曲從爲孝。申生苟能入見獻公，自白見譖之狀，萬一獻公感悟，則君全骨肉之恩，國泯爭亂之禍，其所全者大矣。乃以恐傷公之心而不敢自白，以姑息愛其親而昧於大義，卒使獻公受大惡之名而晉國大亂數世，蓋由其天資仁厚而見理不明也。

**【朱氏訓纂】晉獻公將殺其世子申生。**注：信驪姬之譖。**公子重耳謂之曰：「子蓋言子之志於公乎？」**注：蓋，皆當爲盍。盍，何不也。志，意也。重耳欲使言見譖之意。重耳，申生異母弟，後立爲文公。**世子曰：「不可。君安驪姬，是我傷公之心也。」**注：言其意，則驪姬必誅也。驪姬，獻公伐驪戎所獲女也。申生之母蚤卒，驪姬嬖焉。**曰：「然則蓋行乎？」**注：行，猶去也。**世子曰：「不可。君謂我欲弒君也，天下豈有無父之國哉？吾何行如之？」**注：言人有父，則皆惡欲弒父者。**使人辭於狐突，曰：「申生有罪，不念伯氏之言也，以至于死。申生不敢愛其死。**注：辭，猶告也。狐突，申生之傅，舅犯之父也。前此者，獻公使申生伐東山皋落氏，狐突謂申生，欲使之行。今言此者，謝之。伯氏，狐突别氏。**雖然，吾君老矣，子少，國家多難。伯氏不出而圖吾君？伯氏苟出而圖吾君，申生受賜而死。」**注：子，驪姬之子奚齊。圖，猶謀也。不出爲君謀國家之政，然則自皋落氏反後，狐突懼，乃稱疾。賜，猶惠也。**再拜稽首，乃卒。**注：既告狐突，乃雉經。**是以爲「恭世子」也。**注：言行如此，可以爲恭，於孝則未之有。正義：春秋左傳云：「晉侯殺其世子申生。」父不義。孝子不陷親於不義，而申生不能自理，遂陷父有殺子之惡。雖心存孝，而於理終非，故不曰孝，但謚爲恭，以其恭順於父事而已。謚法：「敬順事上曰恭。」吴幼清曰：「申生但一出奔，即是章父之惡，不待身死而後爲陷父於惡也。予嘗謂屈原之忠，申生之孝，其行雖未合乎中庸，其心則純乎天理之公，而身之生死不計。世之議者，豈足以知申生之心哉！」

三·一六 **○魯人有朝祥而莫歌者，子路笑之。**笑其爲樂速。○莫，音暮。樂，音洛，又音岳。**○夫子曰：「由，爾責於人，終無已夫！三年之喪，亦已久矣夫。」**爲時如此人行三年喪者希，抑子路以善彼。○已夫，音扶，絶句。本或作「已矣夫」。**子路出，夫子曰：「又多乎哉？踰月，則其善也。」**又，復也。○復，扶又反。

【疏】「魯人」至「善也」。○正義曰：此一節論大祥除衰杖之日，不得即歌之事，今各依文解之。

○「魯人有朝祥莫歌者」，魯人，不辨其姓名。祥，謂二十五月大祥。歌、哭不同日，故仲由笑之也。故鄭注：「笑其爲樂速。」然祥日得鼓素琴。

○「夫子」至「善也」。○夫子抑子路，呼其名云：「由！若人治喪不備三年，各有可責。今此人既滿三年，爾尚責之，女罪於人終無休已之時？」「夫」是助語也[一]。三年之喪，計其日月已過，亦已久矣。人皆廢，此獨能行，其人既美，何須笑之。時孔子抑子

[一] 夫是助語也　閩、監、毛本同。惠棟校宋本「助語」作「語助」，衛氏集説同。○鍔按：「夫是」上，阮校有「魯人有朝祥節」六字。

路，善彼人。既不當實禮，恐學者致惑，待子路出後，更以正禮言之。夫子曰：「魯人可歌之時節，豈有多經日月哉？但踰越後月，即其善。」言歌合於禮，案喪服四制：「祥之日，鼓素琴。」不譏彈琴而譏歌者，下注云：「琴以手，笙歌以氣。」手在外而遠，氣在內而近也[一]。

【衛氏集説】鄭氏曰：子路笑其爲樂速。夫子謂時如此人行三年喪者希，抑子路以善彼。又，復也。

孔氏曰：此一節論大祥除衰杖之日，不得即歌之事。祥，謂二十五月大祥。歌、哭不同日，故仲由笑之。夫子言汝罪於人，終無休已之時。「夫」是語助也。三年之喪，計其日月亦已久矣。人皆廢，此獨能行，何須笑之？時孔子抑子路，善彼人。恐學者致惑，待子路出後，更以正禮言之。魯人可歌之時節，豈有多經日月哉？但踰後月即善。案喪服四制：「祥之日，鼓素琴。」不譏彈琴而譏歌者，琴以手，笙歌以氣，手在外而遠，氣在內而近也。

嚴陵方氏曰：喪期而小祥，又期而大祥。喪以祥爲吉之先，見大祥宜吉，而謂之「祥」，則以有禫故也。觀此則祥雖非凶，亦未可以爲吉矣。朝祥而莫歌，豈不爲太速者

[一] 氣在內而近也　惠棟校宋本此下另行題「禮記正義卷第八終」，記云「凡二十七頁」。

乎！子路之笑魯人，固亦宜矣。孔子乃以爲責人終無已者，以其兼人，故退之也。

長樂陳氏曰：喪，凶禮也。祭，吉禮也。畢凶禮之喪，猶爲吉祭之禫，未全乎吉也。吉事兆見於此矣，得不謂之祥乎。祥歌同日，失之太速，子路笑之，失之太嚴。此孔子所以恕魯人而抑子路之責人無已也。記曰：「祥之日，鼓素琴。」不爲非，而歌則爲未善者，琴自外作，歌由中出故也。

山陰陸氏曰：言「朝祥」，去「踰月」日時不多也。

横渠張氏曰：又多乎哉，所去無幾，言不多也。踰月，則盡善也。

【吴氏纂言】鄭氏曰：子路笑其爲樂速。夫子爲時如此人行三年喪者希，抑子路以善彼。又，復也。

孔氏曰：祥，謂二十五月大祥。歌、哭不同日，故仲由笑之。夫子云喪不三年可責，此人既滿三年，爾尚責之，是責於人無休已之時。「夫」，語助也。三年之喪，計其日月亦已久矣。人皆廢，此獨能行，何爲笑之？時孔子抑子路，善彼人。恐學者致惑，待子路出，更以正理言之，曰：「魯人可歌之時節，豈有多日月哉？但踰後月即善。」按喪服四制：「祥之日，鼓素琴。」不譏彈琴而譏歌者，琴以手，手在外而遠；笙歌以氣，氣在内而近也。

長樂陳氏曰：鼓琴不爲非，而歌爲未善者，琴自外作，歌由内出也。

張子曰：又多乎哉，言不多也。所去無幾，踰月則盡善也。

山陰陸氏曰：言「朝祥」，去「踰月」日時不多也。

【陳氏集説】朝祥，旦行祥祭之禮也。朝祥莫歌，固爲非禮，特以禮教衰廢之時，而此人獨能行三年之喪，故夫子抑子路之笑。然終非正禮，恐學者致疑，故俟子路出，乃正言之。其意若曰：名爲三年之喪，實則二十五月，今已至二十四月矣。此去可歌之日，又豈多有日月乎哉！但更踰月而歌，則爲善矣。蓋聖人於此雖不責之以備禮，亦未嘗許之以變禮也。

【郝氏通解】祥，祥祭也。親喪二十五月而祥。祥者，吉也。自凶趨吉，有漸。朝祥，暮即歌，故子路笑其太速。然當時三年之喪不行，而行者苛責之，是無已也。又恐其人以爲當歌，於子路出，教其人曰：此去當歌之日不多，但更閒一月，至二十七月禫後歌，則善矣。

按聖人制禮，本乎人情，喪雖三年，實止二十五月，兩期多一月耳。計親死日，又歷二忌日，哀事已三度，故爲三年，所以二十五月而祥也。今云「踰月」，是二十六月禫，即用樂矣。然士虞禮云「中月禫」，中月者，閒一月，是二十七月也。故解者謂二十八月始樂。然則所謂踰月善者，猶爲未邪。記又云「祥日鼓素琴」，又云「孔子既祥十日，而成笙歌」，説相矛盾，難盡合也。

【欽定義疏】正義　鄭氏康成曰：子路笑其爲樂速。夫子爲時如此人行三年喪者希，抑子路以善彼。又，復也。

孔氏穎達曰：此論大祥除衰杖之日，不得即歌之事。祥，謂二十五月大祥。歌、哭不同日，故仲由笑之。夫，助語也。孔子抑子路，善彼人。既不當實禮，恐學者致惑，待子路出後，更以正禮言之。

陳氏澔曰：朝祥，且行祥祭之禮也。朝祥莫歌，固爲非禮，特以禮教哀廢之時，而此人獨能行三年之喪，故夫子抑子路之笑。然終非正禮，恐學者致疑，故俟子路出，乃正言之。其意若曰：名爲三年之喪，實則二十五月，今已至二十四月矣。此去可歌之日，又豈多有日月乎哉？但更逾月而歌，則爲善矣。蓋聖人於此雖不責之以備禮，亦未嘗許之以變禮也。

**通論** 孔氏穎達曰：案喪服四制：「祥之日，鼓素琴。」不譏彈琴，而譏歌者，琴以手，笙歌以氣，手在外而遠，氣在內而近也。陳氏祥道曰：「琴自外作，歌由中出也。」

**存疑** 陳氏祥道曰：喪，凶禮也。祭，吉禮也。畢凶禮之喪，猶爲吉祭之禫，未全乎吉也。祥、歌同日，失之太速。子路笑之，失之太嚴。孔子所以恕魯人而抑子路之責人無已也。

**案** 祥之日，鼓素琴。此自節哀順變之禮，豈有於此日歌者？夫子云「逾月則善」，正禮也。陳氏謂子路之笑，失之太嚴，似非本指。

【杭氏集説】陳氏澔曰：朝祥，旦行祥祭之禮也。朝祥莫歌，固爲非禮，特以禮教衰廢之時，而此人獨能行三年之喪，故夫子抑子路之笑。然終非正禮，恐學者致疑，故俟子路出，乃正言之。其意若曰：名爲三年之喪，實則二十五月，今已至二十四月矣。此去可歌之日，又豈多有日月乎哉！但更踰月而歌，則爲善矣。蓋聖人於此雖不責之以備禮，亦未嘗許之以變禮也。

姚氏際恒曰：論語記孔子問者出後而有言者二：一爲南宮适出，讚其爲君子尚德；一爲宰我出，斥其不孝不仁。讚與斥皆不必面盡，故待其出爾。若朝祥莫歌之非，子路笑之既是，奚爲面故斥之而引其旨，待其出後始發乎？聖人教人，必不如是也。

朱氏軾曰：予魯人者，予去其禮未達，愈于世人之不待祥而歌也。

姜氏兆錫曰：祥謂祥祭也，朝祥莫歌，固非禮。特以禮教衰廢，而猶能行三年喪之禮，故不備責之，而其言如此。

【孫氏集解】鄭氏曰：子路笑之，笑其爲樂速。孔子爲時如此人行三年喪者希，抑子路以善彼。

孔氏曰：祥，謂二十五月大祥。歌、哭不同日，故仲由笑之。案喪服四制：「祥之日，鼓素琴。」不譏彈琴而譏歌者，下注云「琴以手，歌以氣」，手在外而遠，氣在内而近也。

愚謂大祥者，喪再期而殷祭之名也。祥，吉也。喪一期而除要絰，故其祭謂之小祥，再期而除衰杖，故其祭謂之大祥。祥之日，鼓素琴，未可歌也。故魯人朝祥莫歌，而子路笑之。夫子欲寬其責者，乃所以深慨夫時人之不能爲三年喪耳，非以魯人爲得禮而許之也。又恐門人不喻其意，故於子路出而正言以明之。

【朱氏訓纂】魯人有朝祥而莫歌者，子路笑之。注：笑其爲樂速。正義：祥，謂二十五月大祥。歌、哭不同日，故仲由笑之也。夫子曰：「由，爾責於人，終無已夫！三年之喪，亦已久矣夫。」注：爲時如此人行三年喪者希，抑子路以善彼。子路出，夫子曰：「又多乎哉？踰月，則其善也。」注：又，復也。

三·一七 ○魯莊公及宋人戰于乘丘[一]，十年夏。○乘，繩證反。夏，户嫁反。縣賁父御，卜國爲右。縣、卜，皆氏也。凡車右，勇力者爲之。○縣，音玄，卷内皆同。賁父，上音奔，下音甫，人名、字皆同。馬驚敗績，驚奔失列。○馬驚敗，一本無「驚」字。公隊[二]。佐車授

[一] 魯莊公節 惠棟校宋本自此節起至「孔子蚤作」節止爲第九卷，首題「禮記正義卷第九」。

[二] 公隊 閩、監、毛本同，岳本、嘉靖本同，衛氏集説同，釋文同。石經「隊」作「墜」，宋監本同，考文引古本同。

**綏。**戎車之貳曰佐。授綏，乘公。○隊，宜類反。綏，息佳反。**公曰：「末之卜也。」**末之，猶微哉。言卜國無勇。**縣賁父曰：「他日不敗績，而今敗績，是無勇也。」**公他日戰，其御馬未嘗驚奔。**遂死之。**二人赴敵而死。**圉人浴馬，有流矢在白肉。**圉人，掌養馬者。白肉，股裏肉。○圉，魚呂反。股裏，上音古，下音里。**公曰：「非其罪也。」**流矢中馬，非御與右之罪。○中，丁仲反。**遂誄之。**誄其赴敵之功以爲謚。○誄，力軌反，謚也。**士之有誄，自此始也。**記禮失所由來也。周雖以士爲爵，猶無謚也。殷，大夫以上爲爵[一]。○上，時掌反。

【疏】「魯莊」至「始也」。○正義曰：此一節論魯莊公與士爲謚失禮之事，各依文解之。

「戰於乘丘」者，乘丘，魯地。莊公十年夏六月，「齊師、宋師次于郎。公子偃曰：『宋師不整，可敗也。宋敗，齊必還，請擊之。』大敗宋師于乘丘，齊師乃還。」

○注「縣、卜皆氏也」。○正義曰：知縣、卜皆氏者，此有縣賁父，下有縣子瑣，七十二弟子傳有卜商，故知皆氏也。

○注「戎車之貳曰佐」。○正義曰：案周禮戎僕「掌倅車之政」，道僕「掌貳車之

[一] 殷大夫以上爲爵　閩、監、毛本作「上」，岳本、嘉靖本同。此本「上」誤「士」。

政」，田僕「掌佐車之政」，則戎車之貳曰「倅」。此云「佐」者，周禮相對爲文有異。若散而言之，則田獵、兵戎俱是武事，故同稱「佐車」。少儀注「戎獵之副曰佐」是也。熊氏以爲此皆諸侯法。

「公曰：『末之卜也』」者，末，微也。之，哉也。言微弱哉此卜國也。以其微弱無勇，致使我馬敗績。

○注「二人赴敵而死」。○正義曰：知二人者，以卜國被責，縣賁父職掌馬事，自稱「無勇」。既序兩人於上，即陳「遂死」於下，明兩人俱死也。

○注「圉人」至「裏肉」。○正義曰：「圉人掌養馬」者，案昭七年左傳云：「牛有牧，馬有圉。」是圉人掌馬也。

云「白肉，股裏肉」者，以股裏白，故謂之白肉，非謂肉色白也。

○注「周雖」至「爲爵」。○正義曰：知「周以士爲爵」者，案掌客云：「凡介、行人、宰、史，皆有飧饔餼[一]，以其爵等爲之牢禮之數陳[二]。」凡介、行人皆爲士而云「爵等」，是士有爵也。故鄭注大行人云：「命者五，公、侯、伯、子、男；爵者四，孤、卿、大夫、士。」

---

[一] 皆有飧饔餼　監、毛本如此，衛氏集説同。此本「飧」誤「食」，「餼」誤「飲」，閩本「飧」亦誤「食」，「餼」字剜補。

[二] 爲之牢禮之數陳　閩本同，監、毛本「數陳」作「陳數」，衛氏集説無「之陳數」三字。

云「猶無謚也」者，以此云「士之有誄自此始」，故知周士無謚也。云「殷，大夫以上爲爵」者，案士冠禮云：「古者生無爵，死無謚。」於士冠之下而爲此記，又不云諸侯、大夫[一]，明「生無爵，死無謚」，據士也。士冠禮是周禮，而云「古者」，故知是殷以上。

【衛氏集説】鄭氏曰：縣、卜，皆氏也。右謂車右，勇力者爲之。馬驚奔失列，佐車授綏，乘公。戎車之貳曰佐。末之，猶微哉。公言卜國無勇也。縣賁父言，公他日戰，其御馬未嘗驚奔。二人遂赴敵而死。圉人，掌養馬者。白肉，股裏肉也。公言流矢中馬，非御與右之罪，遂誄其赴敵之功以爲謚。士有誄，自此始。記禮失所由來也。周雖以士爲爵，猶無謚也。殷，大夫以上爲爵。

孔氏曰：此一節論魯莊公與士爲謚失禮之事。乘丘，魯地也。莊公十年夏六月，敗宋師於乘丘。周禮戎僕「掌倅車之政」，道僕「掌貳車之政」，田僕「掌佐車之政」，則戎車之貳曰「倅」。此云「佐」者，周禮相對爲文有異，散言則同稱佐車也。知二人俱死者，以卜國被責，縣賁父自稱「無勇」，既序兩人於上，即明俱死也。左傳云「牛有牧，馬有圉」，是圉人掌馬也。股裏白，故謂之白肉，非謂肉色白也。鄭知周以士爵者，案掌客云：「凡

[一] 又不云諸侯大夫　閩、監、毛本同，惠棟校宋本無「不」字。

介、行人、宰、史皆有飧饔餼，以其爵等爲之牢禮。」凡介、行人皆士也，而云「爵等」，是士有爵也。故鄭注大行人云：「命者五，公、侯、伯、子、男；爵者四，孤、卿、大夫、士。」鄭知猶無謚者，以此言「誄自此始」故也。知「殷，大夫以上爲爵」者，案士冠禮「古者生無爵，死無謚」，冠是周禮。而云「古者」，故知是殷。又記於士冠之下，故知大夫以上爲爵也。

長樂陳氏曰：春秋無義戰，則莊公乘丘之戰，非義也。流矢中馬而敗績，非御與佐之罪而罪之，非智也。以成德之誄而加之未成德之士，使與士喪同，非禮也。非義與智則貽害於一時，非禮則亂法於萬世。貽害於一時，其罪小；亂法於萬世，其罪大。記者即其罪大者記之，故曰「士之有誄，自此始也」。然則馬驚在御不在右，莊公末卜而不末縣，記稱縣死而不言卜死，何邪？莊公之末卜，責其輕者以見其重者也。記稱縣死，即其責之所不及者以見其責之所及者也。春秋書云「敗宋師于乘丘」，則敗在宋人不在莊公，於記則敗在莊公不在宋人者，蓋乘丘之事，莊公敗於二人未死之前，宋人敗於二人既死之後。春秋書其戰之罪，故詳其終。記人記其誄之罪，故述其始而已。

馬氏曰：古者士則生無爵，至周衰，以士爲五等之爵，而其死則無謚。蓋忠信以事其上者，可以爵爲士，然非大夫，則無成德之行，未可以誄爲謚。誄者，言謚之文。謚者，定善惡之名。魯莊公之誄縣賁父，自知違先王之制，猶不敢謚，其意如廢輴設撥，竊禮之不中者也。然則烏知其不爲謚？曰莊公之誄，其流至於哀公之世，誄孔子曰「天不遺耆老，莫相予位焉。嗚呼哀哉！尼父」者，非善惡之名，亦字之以著其美而已。然記者又曰「死而謚」，今也者，是又末世相傳之失也。

廬陵胡氏曰：佐車授綏，授公綏，復來。春秋經魯莊十年書「公敗宋師于乘丘」，非自敗也。此云「敗績」，記禮者妄當以經爲正。

東萊吕氏曰：釋文作「馬驚敗」，而無「績」字。案乘丘之戰，魯勝也，無敗績之事，但當時止是馬驚敗耳，初不預軍之勝負也。

【吴氏纂言】鄭氏曰：戰乘丘，在魯莊公八年夏。縣、卜，皆氏也。右，謂車右，勇力者爲之。馬驚，奔失列。戎車之貳曰佐。授綏，乘公也。末之，猶言微哉。言卜國無勇也。縣賁父言公它日戰，其御馬未嘗驚奔，二人遂赴敵而死。圉人，養馬者。白肉，股裡肉也。公言流矢中馬，非御與右之罪，遂誄其赴敵之功。士有誄自此始，記禮失所由來也。

澄曰：誄者，述其功行以哀之之辭，如後世祭文之類，非謚也。鄭注每解誄爲謚，非也。

長樂陳氏曰：馬驚在御不在右，莊公末卜不末縣，記稱縣死而不言卜死，何耶？莊公之末卜，責其輕者以見其重者也。記稱縣死，即其責之所不及者以見其責之所及者也。春秋書「敗宋師於乘丘」，敗在宋不在莊公，於記則敗在莊公不在宋。蓋莊公敗於二人未死之前，宋人敗於二人既死之後。春秋書其戰，故詳其終。記人記其誄，姑述其始而已。

東萊呂氏曰：釋文作「馬驚敗」，而無「績」字。按乘丘戰，魯勝，無敗績之事，當時止是馬驚敗爾，不預軍之勝負也。

大崩曰敗績。

【陳氏集説】乘丘，魯地，戰在莊公十年。縣、卜，皆氏也。凡車右，以勇力者爲之。公墮車而佐車授之綏以登，是登佐車也。佐車，副車也。綏，挽以升車之索也。末之卜者，言卜國微末，無勇也。二人遂赴鬭而死。圉人，掌馬者。及浴馬，方見流矢中馬股閒之肉，則知非二子之罪矣。生無爵，則死無謚。殷，大夫以上爲爵，士雖周爵，卑不應謚。莊公以義起，遂誄其赴敵之功以爲謚焉。方氏曰：誄之爲義，逹善之實，而不欲飾者也。謚則因誄之言而别之。有誄，則有謚矣。

【納喇補正】士之有誄，自此始也。

集説 士雖周爵，卑不應謚。莊公以義起，遂誄其赴敵之功以爲謚焉。

竊案 誄者，哀死而述其行之辭，如哀公誄孔子之類，非必有謚也。古之人讀誄而定謚，而鄭注遂解誄爲謚，集説仍之，誤矣。

【郝氏通解】縣賁父，魯士名。卜，龜卜也。國，人名。右，勇士爲車右者。佐車，副車也。馬驚車敗，公墜地，而副車授綏以載公也。末、莫通，言但卜車右，未卜御士，所以致敗，蓋怨賁父之辭。故賁父自言己御君久矣，君未嘗卜人，今日臨敵敗績，是己無勇也，遂赴敵死。圉人，養馬者也。戰退浴馬，見流矢在白肉，公乃知馬驚車敗，非縣賁父之罪，遂爲辭誄之。誄者，類也，類其行事以哀之。

按，誄如今挽辭、祭文之類，魯哀公誄夫子是也。鄭引士冠禮「生無爵，死無謚」解之，縣賁父爲公御，非無爵之士。而謚與誄異，公誄之，非謚之也。又謂二人同死，記言死者惟御耳，鄭之紕繆如此。

【方氏析疑】末之卜也。

馬驚敗，車御者之過，不應讓卜國。且不名而姓，非稱也。古者軍事，御與右皆卜吉，然後用。今賁父敗績，是卜不應，故曰「末之卜也」。古「末」「莫」通，魯論「末之也已」，記「不忍一日末有所歸也」。

【江氏擇言】魯莊公及宋人戰于乘丘，縣賁父御，卜國爲右。馬驚敗績。

按，敗績，謂車覆。左傳：「子産曰：『未嘗登車射御，則敗績厭覆是懼。』」非謂師皆敗也。

士之有誄，自此始也。

吴氏云：誄者，述其功行以哀之之辭，如後世祭文之類。鄭注每解誄爲謚，非也。

按，吴氏説是，哀公誄孔子，未嘗有謚。方氏謂「有誄則有謚」，非也。

【欽定義疏】正義　鄭氏康成曰：縣、卜，皆氏也。右，謂車右，勇力者爲之。馬驚敗績，驚奔失列也。戎車之貳曰佐。孔疏：周禮戎僕「掌倅車之政」，道僕「掌貳車之政」，田僕「掌佐車之政」，則戎車之貳曰「倅」。此云「佐」者，周禮相對爲文，散言則田獵、兵戎皆武事，同稱「佐車」。少儀注「戎獵之副曰佐」是也。圉人，掌養馬者。孔疏：昭七年左傳云「牛有牧，馬有圉」，是圉人掌馬也。白肉，股裏肉也。孔疏：股裏白，故謂之白肉，非謂肉色白也。流矢中馬，非御與右之罪。士有誄，自此始，記禮所由失也。謝氏枋得曰：「莊公以義起而誄之，後世因之不改。則非故記其始。」

孔氏穎達曰：此論魯莊公與士爲諡之事。乘丘，魯地。莊公十年夏六月，「齊師、宋師次於郎。公子偃曰：『宋師不整，可敗也。宋敗，齊必還，請擊之。』大敗宋師於乘丘，齊師乃還。」

朱氏申曰：公責卜國，而賁父自責。馬之馳騁，在御不在右也。

**存疑** 鄭氏康成曰：末之，猶微哉，言卜國無勇也。死之，二人赴敵而死也。孔疏：知二人俱死者，卜國被責，縣賁父自稱「無勇」。既序二人於上，即陳遂死於下，明俱死也。誄，誄其赴敵之功以爲諡。周雖以士爲爵，猶無諡也。殷，大夫已上爲爵。孔疏：知「周以士爲爵」者，案掌客云：「凡介、行人、宰、史，皆有飧饔餼，以其爵等爲之牢禮。」凡介、行人皆士也，而云「爵等」，是士有爵也。故鄭注大行人云：「命者五，公、侯、伯、子、男；爵者四，孤、卿、大夫、士。」知猶無諡者，以此言「誄自此始」故也。知「殷大夫已上爲爵」者，案：士冠禮：「古者生無爵，死無諡。」於士冠之下記此，是據士也。士冠是周禮，而云「古者」，故知是殷已上。

陳氏祥道曰：馬驚在御不在右，莊公末卜而不末縣，記稱縣死而不言卜死，何耶？莊公之末卜，責其輕者以見其重者。記稱縣死，即其責之所不及者以見其責所及者也。　又曰：莊公乘丘之戰，非義也。流矢中馬而敗績，非其罪而罪之，非智也。以成德之誄而加之未成德之士，使與士喪同，非禮也。非義與智貽害於一時，其罪小；非禮亂法於萬世，其罪大。記者即其罪大者記之，故曰「士之有誄，自此始也」。

【辨正】呂氏曰：釋文作「馬驚敗」，而無「績」字。案乘丘之戰，魯勝也。無敗績之事，當時止是馬驚敗耳，初不預軍之勝負也。

吴氏澄曰：誄者，述其功行以哀之之辭，如後世祭文之類，非謚也。

【案】古者戰必有卜。周官大卜「作龜之八命，一曰征」是也。末，無也。是時公子偃竊出，公遂從之，故不及卜。公因車敗而悔其不卜，賁父恥車敗，以死赴敵，而魯遂因而勝也。馬驚，御者之事，公何以舍御而責右，且古無以姓呼臣者。又本經縣賁父死耳，鄭兼指二人，而孔附會之，未免曲説。禮有「誄而不謚」者，如下「哀公之誄尼父」是也。「有誄而謚」者，如下「謚貞惠文子」是也。謚必兼誄，而誄不必謚。鄭謂「誄其功以爲謚」，似未必然。殷士不爲爵之説，鄭注三禮多言之，然不見確據。

【杭氏集説】朱氏申曰：公責卜國，而賁父自責，馬之馳騁，在御不在右也。

呂氏祖謙曰：釋文作「馬驚敗」，而無「績」字，當時祇是馬驚耳，不預勝負也。

吴氏澄曰：誄者，述其功行以哀之之辭，如後世祭文之類，非謚也。

楊氏慎曰：呂説是也，軍或有始敗而終勝者。秦、晉韓原之戰，晉將擒穆公，以食馬者赴敵，反擒晉惠公。乘丘宋敗，豈非縣、卜二子之故耶？釋文去「績」字，不成文。

姚氏際恒曰：末之卜，鄭氏解謂「微哉卜國，無勇」，然古無但稱人之氏者，況君乎！或以卜爲卜筮，皆未詳也。鄭解此爲責卜國，意疑不及縣賁父，則縣賁父不當獨死，遂謂二人皆死，尤臆測。「士之有誄，自此始」，鄭引士冠禮「生無爵，死無謚」。按，誄與謚有别，鄭以誄爲謚，非，後放此。檀弓所記事實多與春秋經傳無似而又多互異，當以經傳爲正，不必爲之附會求合也。莊十年經云「公敗宋師於乘丘」，非魯敗也。陳用之以爲莊公敗于二人未死之前，宋人敗于二人既死之後。吕東萊以爲止是馬驚敗，不預軍之勝負，此皆曲爲附會者。

姜氏兆錫曰：乘丘，魯地，戰在莊公十年。縣、卜皆氏也。右謂車右，凡車右以勇力者爲之。大崩曰敗績。戎車之副曰佐，授公綏，使登佐車也。末，微也。公責卜國微末無勇，而賁父亦自責，遂皆赴敵而死也。　又曰：圉人，掌馬之官。二子既死，及浴馬，方見流矢中馬股間之肉，則知非二子之罪矣。古者生無爵，則死無謚。殷，大夫以上爲爵。周爵雖及士，猶無謚也。莊公以義起，遂誄二人以爲謚，明變禮也。　又曰：方氏曰：「誄以達善之實。而謚因誄而定，有誄則有謚矣。」

方氏苞曰：馬驚敗，車御者之過，不應讓「卜國」。且不名而姓，非稱也。古者軍事，御與右皆卜吉，然後用。今賁父敗績，是卜不應，故曰「末之卜也」。古「末」「莫」通，魯論「末之也已」，記「不忍一日末有所歸也」。

齊氏召南曰：按諸儒疑于此經有「敗績」之文，以與左傳莊十年大敗宋師于乘丘，其事不合也。不知此經之「敗績」，但屬馬言。玩下文縣賁父自言「他日不敗績而今敗績」，注以「公他日戰，御馬未嘗驚逸」解之，已自明了。陸氏釋文云「馬驚敗」，一本無「驚」字，不云無「績」字也。東萊所見釋文本不同耳。

任氏啟運曰：舊謂末言無勇，不責縣而責卜，故責其輕以愧其重。君無呼臣以氏者，其說迂曲，恐非。孔謂「士有誄，自此始」。愚謂因圉人浴馬，見有流矢在股間白肉，知馬驚非賁父之罪，死敵實賁父之勇，哀其死而述其勇，以誄之也。諡者必有誄，誄者不必諡。

【孫氏集解】鄭氏曰：縣、卜，皆氏也。凡車右，勇力者爲之。馬驚奔失列，佐車授綏，乘公。戎車之貳曰佐。縣賁父言公他日戰，其御馬未嘗驚奔。二人遂赴敵而死。圉人，掌養馬者。白肉，股裏肉也。公言流矢中馬，非御與右之罪，遂誄其赴敵之功以爲諡。

孔氏曰：乘丘，魯地。莊公十年夏六月，「敗宋師于乘丘」。周禮戎僕「掌倅車之政」，道僕「掌貳車之政」，田僕「掌佐車之政」，則戎車之貳曰「倅」。此云「佐」者，周禮相對爲異，散言則同稱「佐車」也。

朱子曰：誄者，哀死而述其行之辭。

愚謂「末之卜」，言未嘗卜也。凡戰，於御、右必卜之。左傳「晉卜右，慶鄭吉」「鄭卜御，宛射犬吉」是也。時公子偃自雩門竊出，公遂從之，故於御、右不及卜而遽用之。公言此者，蓋欲以寬二人之責，而賁父恥其無勇，遂赴敵而死。據記文，則死者但賁父耳，注乃言二人俱死，豈以御、右同乘，則當同死與？周禮小史「卿大夫之喪，賜謚，讀誄」，則誄爲謚而設。賁父，士也，不當有謚，莊公以其捐軀赴敵，雖無謚而特爲之誄，故「士之有誄，自此始」。○注疏以「末之卜」爲責卜國，非也。果爾則當舉其名，不當稱其姓也。又謂「誄其赴敵之功以爲謚」，亦非也。果爾，則當言「士之有謚自此始」，不當言「士之有誄自此始」也。

**【朱氏訓纂】魯莊公及宋人戰于乘丘，**注：十年夏。**縣賁父御，卜國爲右。馬驚敗績，公隊。佐車授綏。公曰：「末之卜也。」**注：縣、卜，皆氏也。凡車右，勇力者爲之。驚奔失列。戎車之貳曰佐。授綏，乘公。末之，猶微哉。言卜國無勇。彬謂古者師行卜右，僖十五年左傳「卜右，慶鄭吉」。此言卜之不吉，非謂卜國之無勇也。**縣賁父曰：「他日不敗績，而今敗績，是無勇也。」**注：公他日戰，其御馬未嘗驚奔。呂東萊曰：案乘丘之戰，魯勝也，無敗績之事，當時止是馬驚敗耳，初不預軍之勝負也。江氏永曰：敗績，謂車覆。左傳：「子産曰：『未嘗登車射御，則敗績厭覆是懼。』」非謂師皆敗也。**遂死之。**注：二人赴敵而死。**圉人浴馬，有流矢在白肉。**注：圉人，掌養馬者。白肉，股裏肉。**公曰：「非其罪也。」**注：流矢中馬，非御與右之罪。**遂誄之。**注：誄其赴敵之功以爲謚。吴幼清云：誄者，述其功行以哀之之辭，非謚也。**士之有誄，自此始也。**注：記禮失所由來也。正義：乘丘，魯地。莊公十年夏六月「齊師、宋師次于郎，公子偃請擊之，大敗宋師于乘丘，齊師乃還」。

**【郭氏質疑】末之卜也。**

鄭注：末之，猶微哉。言卜國無勇。而又云：縣、卜，皆氏也。

嵩燾案，以氏稱人，於古未聞，死者縣賁公，所責者卜國，亦恐不免歧左。周禮太卜「作龜之八命，一曰征」，左氏春秋傳，桓十一年，楚敗鄖師於蒲騷，莫敖曰「卜之」。定十七年，吴伐楚，卜戰不吉。哀二年，晉趙鞅禦齊，卜戰，龜焦。哀六年，楚子救陳，卜戰，不吉，卜退，不吉。哀九年，晉趙鞅卜救鄭。哀十年，趙鞅伐齊，大夫請卜之。哀二十三年，荀瑶伐齊，知武子請卜。是古人行師，一皆決之於卜。僖十五年，卜右，慶鄭吉。哀十七年，楚將取陳麥，卜帥。十八年，巴人伐楚，卜帥。此云「末之卜也」，蓋公倉卒，從公子偃以擊宋人，未及卜戰，并御與右亦未及卜，所以深責縣賁、卜國之意也。鄭注但以爲責卜國，恐未然。　案左傳莊十年，「公敗宋師於乘丘」，無敗績事。莊九年：「及齊師戰於乾時，我師敗績，公喪戎路，傳乘而歸。秦子、梁子以公旗辟於下道，是以皆止。」杜注秦、梁二子「公御及戎右也」。與此所敘情事正合。左傳以爲被獲，而此云死。名氏又各不同，則傳聞之異也。

**遂誄之。士之有誄，自此始也。**

鄭注：誄其赴敵之功以爲謚。周雖以士爲爵，猶無謚也。殷，大夫以上爲爵。

嵩燾案，周禮太宰「爵，以馭其貴」，鄭謂「公、侯、伯、子、男、卿、大夫、士也」。廣韻：「爵，量也。量其職，盡其才。」白虎通義：「爵，盡也，所以盡人才。」王制「王者之制祿爵」，鄭注：「爵，秩次也。」疑爵者通言之，無「周以士爲爵」「殷，大夫以上爲爵」之分。而謚與誄又各異。周禮太祝「作六辭，六曰誄」，鄭注引春秋傳「孔子卒，哀公誄之」，而云：「積累生時德行，以錫之命。」似誄者，累其行讀之，無錫命。周禮太史：「大喪，遣之日，讀誄。小喪，賜謚。」鄭注：「小喪，卿大夫也。」小史：「卿大夫之喪，賜謚，讀誄。」是誄通於天子，太史掌之；卿大夫之誄，小史掌之。鄭併「誄」與「謚」爲一，非也。案下經魯哀公誄孔某，鄭注「誄其行以爲謚」，曰「尼父」者，「因其字以爲之謚」。孔疏强爲之説曰：「尼，謚也。」竝混「誄」與「謚」爲一。

三·一八　○**曾子寢疾，病。**病，謂疾困。**樂正子春坐於牀下。**子春，曾參弟子。**曾元、曾申坐於足。**元、申，曾參之子。**童子隅坐而執燭。**隅坐，不與成人並[一]。○成人並，

[一] 隅坐不與成人並　閩、監、毛本「並」作「竝」，嘉靖本同，釋文亦作「竝」。衛氏集説「並」下有「也」字，此本「並」下脱一「○」。○鍔按：「隅坐」上，阮校有「曾子寢疾病節」六字。

音並，絕句。**童子曰：「華而睆，大夫之簀與？」**華，畫也。簀，謂牀第也[一]。說者以睆爲刮節目，字或爲「刮」。○睆，華板反，明貌。孫炎云：「睆，漆也。」徐又音刮。簀，音責。與，音餘，下同。畫，衡賣反。牀第，上音床，下側吏反。刮，古滑反。**子春曰：「止！」**以病困不可動。**曾子聞之，瞿然曰：「呼！」**[二]呼，虛憊之聲。○瞿，紀具反，下同。曰吁，音虛，注同，吹氣聲也。一音況于反。憊，皮拜反。羸，困也。**曰：「華而睆，大夫之簀與？」曾子曰：「然。斯季孫之賜也，我未之能易也。元，起易簀。」**未之能易，己病故也。**曾元曰：「夫子之病革矣，不可以變，幸而至於旦，請敬易之。」**言「夫子」者，曾子親没之後，齊嘗聘以爲卿而不爲也。革，急也。變，動也。幸，覬也。革，紀力反，并又音極，注同。請，七領反。覬，音冀。**曾子曰：「爾之愛我也不如彼。**彼，童子也。**君子之愛人也以德，**成己之德。**細人之愛人也以姑息。**息，猶安也，言苟容取安也。**吾何求哉？吾得正而斃焉，斯已矣。」**斃，仆也。○斃，音弊。仆，蒲北反，又音赴。**舉扶而易之。反席未安而没。**言病雖困，猶勤於禮。○没，音殁。

[一] 簀謂牀第也　諸本作「第」，此本誤「策」，今改正。

[二] 瞿然曰呼　閩、監、毛本同，石經同，岳本、嘉靖本同，衛氏集説同。釋文出「曰吁」云：「音虛，注同。」

【疏】「曾子」至「而没」。○正義曰：此一節論曾子臨死守禮不變之事，各依文解之。○注「華畫」至「爲刮」。○正義曰：凡繪畫，五色必有光華，故云「華，畫也」。云「簀，謂牀第」者，爾雅釋器云：「簀謂之第。」云「説者以睆爲刮節目」者，説者，謂在鄭之前解説禮者，説此睆爲刮削木之節目，使其睆睆然好。故詩云「睍睆黄鳥」，傳云「睍睆，好貌」是也。云「字或爲刮」者，謂禮記之本有以「睆」字爲「刮」。云「華而刮」者，故云「字或爲刮」。

○注「未之能易，已病故也」。○正義曰：言此未病之時，猶得寢卧，既病之後，當須改正。以己今病，氣力虚弱，故時復一時，未能改易。聞童子之言，乃便驚駭[一]。

○注「曾子」至「覬也」。○正義曰：知齊嘗聘以爲卿者，韓詩外傳云：「曾子仕於莒，得粟三秉。方是之時，曾子重其身而輕其禄[二]。親没之後，齊迎以相，楚迎以令尹，晉迎以上卿，方是之時，曾子重其身而輕其禄。」既言「輕其禄」，是不爲也。但齊以相，楚以令尹，晉以上卿，而鄭言「齊嘗聘爲卿」者，以三國文連，含帶爲注耳。且相即是上卿。「革，急也」，釋言文。

[一] 乃便驚駭　閩、監、毛本同，考文引宋板「便」作「更」。

[二] 曾子重其郭而輕其禄　閩、監、毛本「郭」作「身」，是也。

○「曾子」至「已矣」。○曾參謂曾元曰：爾之愛我也，不如彼童子。何者？君子之愛人也，必以善事成己之德，則童子是也；細小之人愛人也，不顧道理且相寧息，即汝是也。吾今更何求焉？唯求正道，易換其簀而即仆焉。「斯已矣」者，斯，此也。已，猶了也[一]。此則正一世事，了不陷於惡，故君子慎終如始。禮云：「男子不死於婦人之手，婦人不死於男子之手。」故春秋魯僖公薨于小寢，譏「即安也」。成公薨于路寢，傳曰：「言道也。」他人名巳[二]，得呼爲大夫之稱，而言夫子，若巳不爲大夫，則巳所爲當須依禮，不得寢大夫之牀也。

【衛氏集説】鄭氏曰：病，謂疾困也。子春，曾參弟子。元、申，曾參之子。隅坐，不與成人並也。華，畫也。簀，謂牀第也。説者以睆爲刮節目，字或爲「刮」。子春曰止，以病困不可動。呼，虚憊之聲。未之能易，已病故也。革，急也。變，動也。幸，覬也。不如彼，謂童子也。以德，謂成己之德。以姑息，言苟容取安也。斃，仆也。舉扶而易之，言病雖困，猶勤於禮。

孔氏曰：此一節論曾子臨死守禮不變之事。華而睆者，凡畫五色，必有光華。爾雅釋器：「簀謂之第。」睆謂刮削木之節目，使其睆睆然好也。詩傳云：「睍睆，好貌。」鄭

[一] 已猶了也　閩、監、毛本作「了」，此本「了」誤「子」。
[二] 他人名巳　閩、監、毛本同。惠棟校宋本「巳」作「己」。下「若巳」「則巳」同。

云「睆，字或爲刮」者，謂一本「睆」字作「刮」字也。吾何求哉，曾子謂吾今更何求焉，唯求正道，易换其簀，而即仆焉。斯，此也。已，猶了也。此則正一世事，了不陷於惡，故君子慎終如始也。

河南程氏曰：人苟有「朝聞道，夕死可矣」之志，則不肯一日安於所不安也，何止一日，須臾不能。如曾子易簀，須要如此乃安人。不能若此者，只爲不見實理。實理者，實見得是，實見得非。凡實理得之於心，自别若耳聞口道者。心實不見，若見得，必不肯安於此。

横渠張氏曰：簀，必簟席之類，以其可易。華而睆，必陳之在上，顯露也。

長樂陳氏曰：傳曰：「曾子仕於莒，得粟三秉，方是之時，曾子重其禄而輕其身。親没之後，齊迎以相，楚迎以令尹，晉迎以上卿，方是之時，曾子重其身而輕其禄。」夫重三秉之粟，輕令尹卿相之禄，則是未嘗爲大夫矣。未嘗爲大夫而死於大夫之簀，宜曾子之所不爲。童子以其非禮而發問焉，事師以義故也。曾元知其非禮而不忍易之，事父以恩故也。是雖恩義之所施有所不同，要之小恩不如大義之愈也。孟子曰：曾子可謂養志者也，曾元可謂養口體者也。不易簀，其養體之事歟？曾子之死，其言正顔色，動容貌，出辭氣，而其行至於易簀。子路之死不忘結纓，成子高之死不忘擇葬，是皆全一世之德，正一世之事，而天下後世之言君子者，必稽之矣。彼秦穆之死，其亂命及於三良；魏武子之死，其亂命欲及於其妾；魯僖薨於小寢，文公薨於臺下，其視君子之所處，不亦遠乎？

山陰陸氏曰：言細不言小者，與小人微異，其所見不巨耳。王文公曰：「姑息者，且止之詞。蓋未有不壞於且止者也。」聖人以義制禮，其詳見於牀笫之閒；君子以仁行禮，其勤見於垂死之際。

廬陵胡氏曰：「吾何求哉，吾得正而斃焉，斯已矣。」「朝聞道，夕死可矣。」士不聞道，竊知其無以死也。得正而斃，雖死，無餘事矣，故曰「斯已矣」。

廣安游氏曰：曾子之於始終雖一，簀之不正，不以疾亟而不易，此聖門學道、治心養氣之功也。以其治心養氣之功既至，則臨死生之際而不亂。自孔、孟而下，此學之失而近之者，釋氏有焉。故自唐以來，聰明睿知之士，無有不溺於學佛者，蓋上失其道，皇極不建，儒者專以誦讀、言語爲事，至於治心、養性之學，茫然而不得其原。其勢出於不得已，君子苟欲正之，必先立皇極之道，則道出於上，人知向方矣。苟爲不然，徒罪天下之溺於佛，則是坐視斯人失其性而死耳。

龍泉葉氏曰：曾子之學，堅定明篤，雖神已離形而不變異，死生若一致然。且改過甚勇，以正爲終，是後學鑒照準程處也。

**【吴氏纂言】**鄭氏曰：病，謂疾困。子春，曾參弟子。元、申，曾參之子。隅坐，不與成人並。簀，牀笫也。子春曰止，以病困不可動。呼，虚憊之聲。未之能易，己病故也。言「夫子」者，曾子親没之後，齊嘗聘以爲卿而不爲。革，急也。變，動也。幸，覬也。彼，童子也。德，謂成己之德。息，猶安也。姑息，言苟容取安也。

孔氏曰：華，光華。睆，謂睆睆然好也，詩傳云「睍睆，好貌」。我未之能易者，言未病時寢卧，既病後，氣力虚弱，未能改易。聞童子之言乃驚駭，已不爲大夫，依禮不得寢大夫之牀也。夫子，他人呼己爲大夫之稱。

長樂陳氏曰：未嘗爲大夫而死於大夫之簀，宜曾子之所不爲。童子以其非禮而發問，事師以義也。曾元知其非禮而不忍易之，事父以恩也。

山陰陸氏曰：細人，言其所見不巨。王文公云：「姑息者，且止之詞，事未有不壞於且止者也。」

張子曰：簀可易，必簟席之類。華而睆，以其陳之在上，顯露也。

澄曰：爾雅以「簀」爲「笫」，而疏釋「笫」爲「牀版」。按史記范睢傳「睢佯死，卷以簀置厠中」，簀可卷屍，則非牀版矣。司馬貞索隱謂「簀爲葦荻之薄」。此曾子所寢之簀，季孫所賜。若是牀版重滯之物，安可賜人，且在簟席之下，何以見其華睆，又豈可扶起病人而易之哉？古者牀笫之上有席，席之上有簟，簟最在上近膚，故顯露而見其美。「簀」字，從竹，疑爲竹簟之異名。張子所解盖是今人爲竹簟，或以竹膚之筠，或以竹肌之簇，或以玄、黄、赤、白諸色間雜如錦文。此簀之「華而睆」，必是其文如錦者也。考之於禮，寢簟之制，未聞有尊卑貴賤之殊，但貧者質素，富者華美。以季孫之簀賜曾子，自是與曾子平日所用不同。童子見之以其華睆，必是大夫之家所造作者，故曰：「大夫之簀與？」而曾子然之，謂此乃季孫所賜也。簀之華美與質素，大夫、士通用之。童子非謂此大夫之簀不是士之簀，但謂此必大夫禄厚家富者之所爲爾，其意非欲曾子易之也。使曾子不易此簀而終亦可，故子春、元、申皆不欲其易。而曾子一聞童子之言必欲易之者，蓋禮制雖無違戾，然不若終於常時所寢質素者之得其正也。古之君子，當臨終之際，其謹有加於平時。平時夜卧在燕寢，將終則必遷于正寢。平時亦有女侍，將終則一切屏去，而不死於婦人之手，皆與常時異。故曾子生時可寢季孫所賜華美之簀，至終則必易之，而但用常時所寢素質之簀也。諸儒舊説並謂曾子非大夫，不可終於大夫之簀，此誤解童子所云「大夫之簀」四字之意也。倘大夫之簀與士之簀有差等，則季孫之賜，曾子自不當受，受之亦不當用。今曾子用之寢卧，至于將死而猶不易，其於禮制無不可也明矣。若循襲舊説，是曾子自安於非禮而不知，子春陷師於非禮而不言，當時若無童子一語，曾子竟以非禮而終也，是曾子、子春、曾元、曾申之見，皆不及一童子也。彼童子何知焉？不過驚訝其簀之華美而已。陳氏所謂童子以其非禮而發問，曾元知其非禮而不忍易，其説皆非。是鄭注以曾元稱曾子爲「夫子」，遂謂齊嘗聘曾子爲卿，亦非是。「夫子」者，尊稱也。妻之尊其夫，弟子之尊其師，子之尊其父，皆可稱曰「夫子」，豈必大夫而後可稱「夫子」乎？曾子謂因彼一言，得以去華就質，安處吾素者，童子之愛我也。以父病劇甚，不可勞動，覬幸延引須臾之生者爾，元之愛我也。然吾今何所求，豈更求生哉？斃，死也。所求者，得其正而死，斯已矣。已，止也，謂所求止此，他無所求也。舉，謂擡舉其項，令起而不卧。扶，謂扶掖其身，令離其所坐。反，謂再還所卧之處。席者，所卧簟席之通稱。

**【陳氏集説】曾子寢疾，病。樂正子春坐於牀下。曾元、曾申坐於足。童子隅坐而執燭。**病者，疾之甚也。子春，曾子弟子。元與申，曾子子也。**童子曰：「華而睆，大夫之簀與？」子春曰：「止！」曾子聞之，瞿然曰：「呼！」曰：「華而睆，大夫之簀與？」曾子曰：「然。斯季孫之賜也，我未之能易也。元，起易簀。」曾元曰：「夫子之病革矣，不可以變，幸而至於旦，請敬易之。」曾子曰：「爾之愛我也，不如彼。君子之愛人也以德，細人之愛人也以姑息。吾何求哉？吾得正而斃焉，斯已矣。」舉扶而易之。反席未安而没。**華者，畫飾之美好。睆者，節目之平瑩。簀，簟也。止，使童子勿言也。瞿然，如有所驚也。呼者，歎而嘘氣之聲。曰，童子再言也。革，急也。變，動也。彼，謂童子也。童子知禮，以爲曾子未嘗爲大夫，豈可卧大夫之簀？曾子識其意，故然之。且言此魯大夫季孫之賜耳，於是必欲易之，易之而没，可謂斃於正矣。朱子曰：「易簀、結纓，未須論優劣。但看古人謹於禮法，不以死生之變，易其所守。如此便使人有行一不義，殺一不辜，而得天下不爲之心，此是緊要處。」又曰：「季孫之賜，曾子之受，皆爲非禮，或者因仍習俗，嘗有是事，而未能正耳。但及其疾病，不可以變之。時一聞人言，而必舉扶以易之，則非大賢不能矣。此事切要處，正在此毫釐頃刻之間。」

**【納喇補正】細人之愛人也以姑息。**

集説　「姑息」二字無解。

竊案　鄭注：「息，猶安也。姑息言苟且安息也。」孔疏：「不顧道理，且相寧息。」集説無解，想同之也。然以「姑」爲「姑且」之姑，以「息」爲「安息」之息，殊無所據。案尸子云：「紂棄黎老之言而用姑息之語。」注：「姑，婦女也。息，小兒也。」其義始明。楊慎丹鉛録亦辨之。

**【郝氏通解】**樂正子春，曾子弟子。曾元、曾申，曾子子也。華，文貌。睆，鮮明貌，詩云：「睆彼牽牛。」簀，臥簟也。瞿然，驚顧貌。呼，嘆聲。季孫，魯卿。革，急也，詩云：「如鳥斯革。」變，遷也。彼，指童子。姑息，苟安也。

按童子之言非有心也，簀之華睆，亦非傷禮也，曾子雖不易而終未遂失正也。使士與大夫異簟，則曾子必不以寢。使季孫之賜不義，則曾子必不受。使其當易，則曾元亦必不止。然而曾子易之者，何也？所謂充義之類之盡也。季孫之賜，非伯夷之樹也。華睆之物，非儉德之素也。衽席之安，非惕厲之志也。死之日，非生事之寬也，生不可以絶人，遺世而爲已甚。死則期無毫髮之憾，而纖垢之必浄也。故不以華靡之物損吾儉，不以季孫之賜傷吾廉，不以孺子之言蔽吾聰，不以衽席之安惰吾志，不以病革之危荒吾死。所謂「仁以爲己任，死而後已」者，曾子於是乎爲不可及矣。人誰無死，若曾子者死可矣。何以得此哉？子云：「未知生，焉知死。」平日三省克勤。動容貌，斯遠暴慢。出辭氣，斯遠鄙倍。正顔色，斯近信。生而忠信不欺，故死而安定不亂也。

**【江氏擇言】童子曰：「華而睆，大夫之簀與？」**

按，朱子嘗云：「季孫之賜，曾子之受，皆爲非禮。或者因仍舊習，常有是事，而未能正耳。」而吴氏謂「禮制寢簟，未聞有差等」，亦有理。

**【欽定義疏】** **正義** 鄭氏康成曰：病，謂疾困。子春，曾參弟子。元、申，曾參之子。隅坐，不與成人竝也。華，畫也。孔疏：凡繪畫，五色必有光華，故云「畫」。簀，謂牀第也。孔疏：爾雅釋器「簀謂之第」。睆，説者謂刮其節目，字或爲「刮」。孔疏：刮削節目，睆睆然好。禮記本有作「華而刮」者。　案：春官司几筵掌五几五席，筵國賓于牖前，莞筵紛純，加繅席畫純。儀禮公食記上大夫蒲筵，加萑席。賈氏曰：「國賓，謂筵孤也。」筵孤用莞筵繅席，卿大夫用蒲筵萑席，此孤與卿大夫坐席不同，則大夫與士不同可知。若卧席，經無其文，或謂士大夫席制不殊，則曾子何必乘疾革易之，然不可攷矣。爾雅「簀爲牀第」，郭景純以第爲牀板。牀板未嘗顯露，童子何由知？喪大記設牀襢第，蓋設牀冰上，故單其第以達冰氣。若板則無隙，氣不能達，非板可知。毛傳以簀爲積，朱傳以簀爲牀。棧、第繫於牀，欲易第當并易牀。記但言易簀，則非編木之第也。張子疑爲簟席，陳氏直斷爲簟。史記范雎傳云「卷以簀，置厠中」，司馬貞索隱以簀爲葦荻之薄。薄織葦爲之席，織蒲或竹爲之。是凡可卷，俱謂之「簀」，而蒲席不能華睆。舊説「刮其節目」，則竹席近之。今各存其説以備參攷。止。陳氏澔曰：「使童子勿言。」以病困不可動也。呼，虛憊之聲，未之能易，己病故也。革，急也。變，動也。幸，覬也。彼，童子也。以德，謂成己之德。息，猶安也，言苟容取安。斃，仆也。舉扶而易之，言病雖困，猶勤於禮。

孔氏穎達曰：此論曾子臨死守禮不變之事。

張子曰：簀必簟席之類，以其可易。華而睆，必陳之在上，顯露也。

程子曰：曾子易簀，須要如此乃安人。不能如此者，只爲不見實理。實見得是，實見得非，必不肯安於此。

朱子曰：季孫之賜，曾子之受，皆爲非禮。或者因仍習俗，嘗有其事而未能正耳。但及其疾病不可以變之時，一聞人言，而必舉扶以易之，則非大賢不能矣。此是切要處，正在此毫釐頃刻之間。

通論　孔氏穎達曰：韓詩外傳云：「曾子仕於莒，得粟三秉。方是之時，曾子重其禄而輕其身。親没之後，齊迎以相，楚迎以令尹，晉迎以上卿。方是之時，曾子重其身而輕其禄。」既言「輕其禄」，是未爲大夫。禮：「男子不死於婦人之手，婦人不死於男子之手。」故春秋魯僖公薨於小寢，譏即安也；成公薨於路寢，傳曰「言道也」。己不爲大夫，當依禮，不得寢大夫之簀也。

朱子曰：易簀、結纓，未須論優劣，但看古人謹於禮法，不以死生之變易其所守如此。

陳氏祥道曰：童子以其非禮而發問，事師以義也。曾元知其非禮而不忍易，事父以恩也。小恩不如大義之愈。孟子言曾元養口體。不易簀，其養體之事與？

**存疑** 楊氏慎曰：尸子「紂棄黎老之言，而用姑息之語」，注：「姑，婦女也。息，小兒也。」案：姑息，猶言姑婦，所謂「婦人之仁」也。鄭訓「苟容取安」，亦通。

**【杭氏集説】**孔氏穎達曰：韓詩外傳云：「曾子仕於莒，得粟三秉。方是之時，曾子重其禄而輕其身。親没之後，齊迎以相，楚迎以令尹，晉迎以上卿，方是之時，曾子重其身而輕其禄。」既言輕其禄，是未爲大夫。禮：「男子不死於婦人之手，婦人不死於男子之手。」故春秋魯僖公薨於小寢，譏即安也；成公薨於路寢，傳曰「言道也」。己不爲大夫，當依禮，不得寢大夫之簀也。

朱子曰：季孫之賜，曾子之受，皆爲非禮。或者因仍習俗，嘗有其事，而未能正耳。但及其疾病不可以變之時，一聞人言，而必舉扶以易之，則非大賢不能矣。此是切要處，正在此毫釐頃刻之間。又曰：易簀、結纓，未須論優劣，但看古人謹於禮法，不以死生之變易其所守如此。

楊氏慎曰：尸子「紂棄黎老之言，而用姑息之語」，注：「姑，婦女也。息，小兒也。」姑息猶言姑婦，所謂「婦人之仁」也。鄭訓「苟容取安」，亦通。

姚氏際恒曰：檀弓多毁曾子而譽子游，此一章亦毁曾子也。曾子于大夫之簀已不當受，即受之，亦不當服用，乃于臨没之頃，因人言而始易之，豈死不可僭踰，生獨可僭踰乎？使非執燭之童子，曾子不將以不正斃耶？且謂以執燭之童子能别服制之宜否，知義理之是非，而子春、曾元輩乃罔知匡正，且爲其隱諱，不即救止，是曾子之門人子弟尚不及童子之識，爲深可恥也。千載之下，動以此事嘖嘖，言曾子因于人死稱易簀奉爲美談，殊不知記文之誣焉耳。蓋附會論語「曾子有疾」章，造此一事，其云「舉扶而易之」，倣「啟予手，啟予足」而云也；曰「吾得正而斃焉，斯已矣」，放「而今而後吾知勉夫」而云也。

朱氏軾曰：童子再言大夫之簀，曾子謂其愛人以德，豈得謂童子非欲曾子之易？朱子云：「季孫之賜，曾子之受，皆爲非禮。或者因仍舊習，嘗有是事而未能正耳。但及其疾病，不可以變之時，一聞人言而必舉扶以易之，則非大賢不能。」此論最當。

姜氏兆錫曰：病者，疾甚也。子春，曾子弟子。元與申，曾子子也。華者，畫飾之美好。睆者，節目之平瑩。簀，簟也。止，使童子勿言也。瞿然，如有所驚也。呼，嘆吁之聲。又曰：曰者，童子再言也，以曾子未嘗爲大夫，豈可卧大夫之簀？是以禮告也。

故曾子然其言而命易之。　又曰：革，急。變，動也。彼，謂童子也。於是决不從曾元之言而易之也。易之而没，可謂斃於正矣。　又曰：朱子曰：「易簀、結纓，未須論優劣，但看古人謹於禮法，不以死生之變，易其所守。如此便使人有行一不義，殺一不辜，而得天下不爲之心，此是緊要處。」又曰：「季孫之賜，曾子之受，皆爲非禮。或者因仍習俗，嘗有是事，而未能正耳。但及其疾病不可以變之時，一聞人言而必舉扶以易之，則非大賢不能矣。此事切要處，正在此毫釐頃刻之間。」

任氏啟運曰：非禮不可一刻居，豈有因仍習俗姑且用之，積年積月至此始改耶？若非童子一問，曾子不終身非禮乎？考之於禮，簀不聞有君、卿、大夫、士之等，只過于華美，不如質素之爲可安耳。

**【孫氏集解】**鄭氏曰：病，謂疾困也。子春，曾參弟子。元、申，曾參之子。隅坐，不與成人並也。華，畫也。簀，謂牀笫也。説者以睆爲刮節目，字或爲「刮」。子春曰止，以病困不可動也。呼，虚憊之聲。未之能易，已病故也。革，急也。變，動也。息，猶安也。姑息，言苟容取安也。斃，仆也。言曾子病雖困，猶勤於禮。

孔氏曰：爾雅釋器云：「簀謂之笫。」

陳氏澔曰：華者，采飾之美好。睆者，節目之平瑩。

愚謂張子謂「簀在上顯露，必簟席之屬」。然簀之爲笫，見於爾雅。疑牀之簀，連著於桃，故并桃亦謂之簀也。大夫之簀，言此簀華美，乃大夫之所用。曾子未嘗爲大夫，則不當寢之，言此以諷之也。子春止之而童子又言者，以其言未達於曾子也。以德，謂成己之德。姑息，言苟且以取安也。

程子曰：曾子易簀，要須如此乃安人。不能如此者，只爲不見實理。實見得是，實見得非，必不肯安於此。

朱子曰：季孫之賜，曾子之受，皆爲非禮。或者因仍習俗，嘗有其事，未能正耳。但及其疾病，不可以變之時，一聞人言，而必舉扶以易之，則非大賢不能矣。此是切要處，只在毫釐頃刻之間。又曰：易簀、結纓，未須論優劣，但看古人謹於禮法，不以死生之變易其所守。便使人有行一不義，殺一不辜，而得天下不爲之心，此是緊要處。

**【朱氏訓纂】曾子寢疾，病。樂正子春坐於牀下。曾元、曾申坐於足。童子隅坐而執燭。**注：病，謂疾困。子春，曾參弟子。元、申，曾參之子。隅坐，不與成人並。**童子曰：「華而睆，大夫之簀與？」**注：華，畫也。簀，謂牀笫也。説者以睆爲刮節目，字或爲「刮」。方言：牀，齊魯之間謂之簀。釋文：睆，明貌。孫炎曰：「漆也。」臧氏琳曰：考工記「刮摩之工五」，故書「刮」作「捖」。説文手部無「捖」字，目部「睅，大目也」，「睆」即「睅」之重文。大目與明義相近。又土部：「垸，以泰和灰而鬆也。从土，完聲。」則孫説得之。**子春曰：「止！」**注：以病困不可動。**曾子聞之，瞿然曰：「呼！」**

注：呼，虛憊之聲。**曰：「華而睆，大夫之簀與？」曾子曰：「然。斯季孫之賜也，我未之能易也。元起易簀。」**注：未之能易，已病故也。**曾元曰：「夫子之病革矣，不可以變，幸而至於旦，請敬易之。」**注：革，急也。變，動也。幸，覬也。**曾子曰：「爾之愛我也，不如彼。君子之愛人也以德，細人之愛人也以姑息。吾何求哉？吾得正而斃焉，斯已矣。」**注：彼，童子也。成己之德。息，猶安也，言苟容取安也。斃，仆也。**舉扶而易之。反席未安而没。**注：言病雖困，猶勤於禮。

**【郭氏質疑】華而睆，大夫之簀與？**

鄭注：華，畫也。簀，謂牀笫也。睆，説者謂刮其節目，字或爲「刮」。

嵩燾案，爾雅釋器：「簀謂之笫。」郭注：「牀版也。」説文：「簀，牀笫也」「笫，簀也。」士喪禮「設牀笫，衽，下莞上簟」，「浴襢笫」，鄭注：「襢，袒也。袒簀去席。」是簀本爲牀棧，與簟席實別，而史記范睢傳「睢佯死而卷以簀」，索隱：「簀，謂葦荻之薄也。」小雅鄭箋：「竹葦曰簟。」陳氏集説因訓「簀」爲「簟」。周禮司几筵：「掌五几、五席之名物。」有朝席，有饗席，有祭席，而寢席無聞。鄭注：「繅席，削蒲蒻展之，編以五采。」疑此云「華而睆」者，繅席也。司几筵，諸侯酢席及筵國賓，皆莞筵，加繅席，王席又加次席，則大夫禮，席得專用繅席可知。説文：「睅，大目也。」徐鉉本「睅」下有「睆」字，云：「睅或從完。」詩邶風毛傳：「睍睆，好貌。」故孔疏於此云：「睆睆然好。」疑繅席編以五采，則織文相交處如目之相比，顯見於外，故曰「華而睆」。衛風毛傳：「簀，積也。」積蒲蒻與竹爲之，故席亦通名爲簀。鄭注云「牀第」者，非也，於簀言華，則亦不止刮削節目而已。間傳：「齊衰之喪，苄翦不納。」是惟喪席不加刮削，不當更以刮削節目爲言也。記禮者引此，見聖賢死生之際，猶一謹於禮，無所遷就，正不必辨其事之誠然否也。

三·一九 **○始死，充充如有窮。既殯，瞿瞿如有求而弗得。既葬，皇皇如有望而弗至。練而慨然，祥而廓然。** 皆憂悼在心之貌也。求，猶索物。○慨，苦愛反。廓，苦郭反，何云：「開也。」索，所白反。

**【疏】**「始死」至「廓然」。○正義曰：此記人因前有死事，遂廣説孝子形節也。事盡理屈爲窮。言親始死，孝子匍匐而哭之，心形充屈，如急行道極無所復去，窮急之容也。○「既殯，瞿瞿如有求而弗得」者，殯斂後，心形稍緩也。瞿瞿，眼目速瞻之貌。求，猶覓也。貌恒瞿瞿，如有所失而求覓之不得然也。

「既葬，皇皇如有望而弗至」者，又漸緩也。皇皇，猶栖栖也。至葬後，親歸草土，孝子心形，栖栖皇皇，無所依託，如有望彼人來而彼人不至也。

○「練而慨然」者，轉緩也。至小祥，但歎慨日月若馳之速也。

○「祥而廓然」者，至大祥而寥廓，情意不樂而已。

【衛氏集説】鄭氏曰：皆憂悼在心之貌也。求，猶索物。

孔氏曰：記人因前有死事，遂廣説孝子容節也。事盡理屈爲窮。言親始死，孝子匍匐而哭之，心形充屈，如急行道極無所復去也。既殯，心形稍緩矣。瞿瞿，眼目速瞻之貌。如有所失而求覓之不得也。既葬，又漸緩矣。皇皇，猶栖栖也。葬後，親歸草土，孝子心形，栖栖皇皇，無所依託，如望彼人來而人不至也。練則轉緩也。至小祥，但歎慨日月若馳之速也。至大祥而寥廓，情意不樂而已。

嚴陵方氏曰：下篇述顏丁之居喪，則言「皇皇」於始死，言「慨焉」於既葬。問喪則言「皇皇」於反哭。所言不同者，蓋君子有終身之喪，思親之心，豈有隆殺哉？先王制禮，略爲之節而已，故其所言不必同。

馬氏曰：親始死，惻怛痛疾，傷腎焦肺，而其志懣氣盛，袒踊無數，故曰「充充如有窮」。在牀爲尸，在棺爲柩，而人子之心猶望其反。及既殯也，尸柩不可見，魂氣不可復，而欲冀其聲容之髣髴，又不可得，則忽焉失之矣，故曰「瞿瞿如有求而弗得」。殯則在宫，葬則在野，宫則猶近，而雖不可復生，然且有所據依求索之。及葬於野，則遠矣，而魂氣無所依焉，入門弗見也，上堂弗見也，入室又弗見也，不可復見也已矣，於是爲甚。有虞以迎之，祔以安之，然猶不知鬼神之格歟！故曰「皇皇如有望而弗至」。

【吴氏纂言】鄭氏曰：皆憂悼在心之貌。澄曰：充充，滿悶填塞之意。有窮，如行而途窮，前無可去之地。瞿瞿，目視不定之貌。求，謂索物，如失物索之而不得也。皇皇，傍徨無依之貌，如望人之來而不至。慨者，慨嘆日月之速。廓者寥廓，情意不樂也。

【陳氏集説】疏曰：事盡理屈爲窮。親始死，孝子匍匐而哭之，心形充屈，如急行道極無所復去，窮急之容也。瞿瞿，眼目速瞻之貌，如有所失，而求覓之不得然也。皇皇，猶栖栖也。親歸草土，孝子心無所依託，如有望彼來而彼不至也。至小祥，但慨歎日月若馳之速也。至大祥，則情意寥廓，不樂而已。方氏曰：下篇述顏丁之居喪，則言「皇皇」於始死，言「慨焉」於既葬。問喪則言「皇皇」於反哭。所言不同者，蓋君子有終身之喪，思親之心，豈有隆殺哉？先王制禮，略爲之節而已。故其所言不必同。

【納喇補正】始死，充充如有窮。

集説　心形充屈。

竊案　陳氏從孔疏，以「心形充屈」解「充充」二字，其義未明。吴氏謂「滿悶填塞之意」，庶幾近之。

【郝氏通解】充充，憤懣之狀。窮，阻礙不得通也。瞿瞿，視不定貌，求尋索也。皇皇，猶栖栖悵望貌。親歸草土，望其來而弗至也。練，期年小祥，以練布易冠衰，故曰「練」。慨，嘆也，嘆去日漸遠也。兩期漸吉，故曰「祥」。廓，開也，窮塞之情至是稍開也。

【欽定義疏】**正義** 鄭氏康成曰：皆憂悼在心之貌也。求，猶索物。

孔氏穎達曰：記人因前有死事，遂廣説孝子容節也。事盡理屈爲窮。言親始死，孝子匍匐而哭之，心形充屈，如急行道極無所復去也。既殯，心形稍緩矣。瞿瞿，眼目速瞻之貌。如有所失，而求覓之不得也。既葬，又漸緩矣。皇皇，猶棲棲也。葬後，親歸草土，孝子心形，栖栖皇皇，無所依託，如望彼人來而人不至也。練，則轉緩也。至小祥，但歎慨日月若馳之速也。至大祥，而寥廓情意，不樂而已。

**通論** 方氏慤曰：下篇述顔丁之居喪，則「皇皇」於始死，「慨焉」於既葬。問喪則「皇皇」於反哭。所言不同者，蓋君子有終身之喪，思親之心，豈有隆殺哉？先王制禮，略爲之節而已，故其所言不必同。

【杭氏集説】姚氏際恒曰：鄭氏曰：「皆憂悼在心之貌。」顢頇不分，殊謬。按，廓，開也。廓然，閉塞之久，至此始稍開也。孔氏謂：「寥廓情意，不樂而已。」亦豈可通。大抵人子有終身之喪固然已，此文則從始死至大祥，别形孝子爲哀之隆殺。酌人情事理以言之，另是一義，初不相妨，解者必欲据終身之喪爲説，其亦固矣。

姜氏兆錫曰：充充，憤懣填塞之狀，親始死，心形充屈，如道極無所復去而窮也。瞿瞿，驚顧之貌，哀親在柩，如有所失而求之不得也。皇皇，猶栖栖也，柩歸草土，無所依托，如望而不見至也。慨，嘆。廓，落也。倏至小祥，撫而增慨。又至大祥，惟情意寥廓，不怡而已。蓋五者，情無窮而節漸殺也。又曰：方氏曰：「下篇顏丁居喪，則『皇皇』於始死，『慨焉』於既葬，問喪又言『皇皇』於反哭。先王制禮，畧爲之節而已，思親初非有隆殺也，故言又不同如此。」

【孫氏集解】鄭氏曰：皆憂悼在心之貌。孔氏曰：事盡理屈爲窮。親始死，孝子匍匐而哭，心形充屈，如急行道極無所復去，窮急之容也。殯後，心形稍緩。瞿瞿，眼目速瞻之貌。如有所失而求覓之不得然。既葬，又漸緩。皇皇，猶栖栖也。親歸草土，孝子栖栖皇皇，無所依託，如望彼人來而不至也。至小祥，但慨歎日月若馳之速。至大祥而寥廓情意，不樂而已。

【朱氏訓纂】注：皆憂悼在心之貌也。求，猶索物。正義：言親始死，孝子心形充屈，如急行道極，無所復去，窮急之容也。殯斂後，心形稍緩也。瞿瞿，眼目速瞻之貌。求，猶覓也。貌恒如有所失而求覓之不得也。至葬後，親歸草土，孝子心形栖栖皇皇，無所依託，如望彼人來而彼人不至也。至小祥，但歎慨日月若馳之速也。至大祥而寥廓情意，不樂而已。

# 檀弓注疏長編卷五

三·二〇 〇**邾婁復之以矢，蓋自戰於升陘始也。**戰於升陘，魯僖二十二年秋也。時師雖勝，死傷亦甚，無衣可以招魂。〇邾，音誅。婁，力俱反，或如字。邾人呼邾聲曰婁，故曰「邾婁」。公羊傳與此記同，左氏、穀梁但作「邾」。陘，音形。僖，許宜反。**魯婦人之髽而弔也，自敗於臺鮐始也。**敗於臺鮐，魯襄四年秋也。臺當爲「壺」，字之誤也，春秋傳作「狐鮐」。時家家有喪，髽而相弔。去纚而紒曰髽。禮，婦人弔服，大夫之妻錫衰，士之妻則疑衰與？皆吉笄無首，素總。〇髽，測瓜反。臺鮐，上音胡，下音臺。去，羌吕反。纚，所買反，又所綺反，黑繒韜。紒，音計。錫衰，上悉歷反，下七雷反。與，音餘。笄，音雞。總，音揔。

【疏】「邾婁」至「始也」。〇正義曰：此一節論二國失禮之事。〇注「戰於」至「招魂」。〇正義曰：魯僖公二十二年「春，伐邾，取須句。秋八月，及邾人戰于升陘。」左傳云：「邾人以須句故出師。公卑邾，不設備而禦之。臧文仲曰：

『國無少[一]，不可易也。無備，雖衆，不可恃也。先王之明德，無不懼也，況我小國乎？君其無謂邾小，蜂蠆有毒[二]，而況國乎！』不聽，公及邾師戰于升陘」是也。

○注「時師雖勝，死傷亦甚」者，則傳云「我師敗績，邾人獲公胄，縣諸魚門」是也。鄭云此者，解「復之以矢」之意。以其死傷者多，無衣可以招魂，故用矢招之也。必用矢者，時邾人志在勝敵，矢是心之所好，故用所好招魂，冀其復反。然招魂唯據死者，而鄭兼云「傷」者，以其雖勝，故連言「死傷」以浹句耳。若因兵而死，身首斷絶不生者，應無復法。若身首不殊，因傷致死，復有可生之理者，則用矢招魂。左氏直言「邾」，公羊云「邾婁」者，何休云：「夷言婁，聲相近也。」

○注「敗於」至「素總」。○正義曰：案左傳魯襄公四年，冬十月，邾人伐鄫，臧紇救鄫，侵邾，敗於狐駘。魯人怨而歌之，魯襄四年冬也。此云「秋」，鄭舉其初也。云「臺當爲『壺』，字之誤也」，春秋傳作「狐鮐」[三]。左傳云：「臧之狐裘，敗我於狐

---

[一] 國無少　閩、監、毛本同。惠棟校宋本「少」作「小」，與僖二十二年左氏傳合。○鍔按：「國無少」上，阮校有「邾婁復之以矢節」七字。

[二] 蜂蠆有毒　惠棟校宋本「蜂」作「蠭」，與左氏傳同。

[三] 春秋傳作狐鮐　閩、監本同，毛本「鮐」下有「者」字。

鮐。我君小子，朱儒是使[一]。侏儒侏儒，使我敗於邾。」臧紇，武仲也。言狐裘，武仲所服也。是時襄公年七歲，微弱，故云「我君小子」也。侏儒，短人也。臧武仲短小，故云「侏儒」。

云「去纚而紒曰髽」者，案士冠禮「纚，廣終幅，長六尺」，所以韜髮。今以凶事，故去之，但露紒而已。

云「禮，婦人弔服，大夫之妻錫衰」者，喪服傳云：「大夫弔於命婦，錫衰。命婦弔於大夫，亦錫衰。」是大夫之妻弔服錫衰也。

云「士之妻則疑衰與」者，以士妻弔服之文[二]，故云：「疑衰與？」必以疑衰者，案周禮司服有錫衰、緦衰、疑衰。錫衰爲上，緦衰次之，疑衰爲下。案喪服大夫弔服錫衰。喪服小記云：「諸侯弔，必皮弁錫衰。」則君弔大夫，大夫相弔皆錫衰，其服同也。錫衰之下，但有緦衰、疑衰。天子弔諸侯皆以緦衰，弔大夫士以疑衰。若諸侯弔大夫以錫衰，弔同姓之士緦衰，弔異姓之士疑衰。故鄭注文王世子云：「同姓士緦衰，異姓士疑衰」。以其士自相弔如一，皆疑衰。故鄭注司服云：「舊説士弔服素委貌冠，朝服。」此士不以

---

[一] 朱儒是使　監、毛本同，閩本「朱」作「侏」。案：閩本此「侏」字併下「侏儒」字，皆作「侏」；監、毛本并下皆作「朱」，此本惟此作「朱」，下皆作「侏」。

[二] 以士妻弔服之文　惠棟校宋本「之」作「無」，衛氏集説同。閩、監、毛本「弔」上有「無」字。

緦衰爲弔服者，以緦衰是士弔喪服[一]，不以弔也。故注喪服云：「士以緦衰爲喪服，其弔服則疑衰也。改其裳以素，辟諸侯。近庶人弔服，而衣猶非也。疑衰，變其裳以素耳。」以此言之，是士弔服疑衰素裳也，故以爲士妻弔服疑衰。必知弔服夫妻同者，以喪服大夫、命婦俱以錫衰弔故也。

云「皆吉笄無首，素總」者，大戴禮文也。

【衛氏集説】鄭氏曰：戰於升陘，魯僖二十二年秋也。時師雖勝，死傷亦甚，無衣可以招魂也。敗於臺鮐，魯襄四年秋也。臺當爲「壺」，字之誤也，春秋傳作「狐鮐」。時家家有喪，髽而相弔。去纚而紒曰髽。禮，婦人弔服，大夫之妻錫衰，士之妻則疑衰與？皆吉笄無首，素總。

孔氏曰：此一節論二國失禮之事。左傳云：「我師敗績。」故知邾勝。必用矢者，時邾人志在勝敵，矢是心之所好，故用所好招魂，冀其復反也。案士冠禮「纚，廣終幅，長六尺」，所以韜髮。今以凶事，故去之，但露紒而已。喪服傳云：「大夫弔於命婦，錫衰。命婦弔於大夫，亦錫衰。」是大夫之妻弔服錫衰也。士妻弔服無文，故鄭云：「疑衰與？」周禮司服有錫衰、緦衰、疑衰。喪服注云「士之弔服疑衰」，則知士妻亦疑衰也。「吉笄

[一]以緦衰是士弔喪服　閩、監本同，毛本「弔」作「之」。

無首，素總」，大戴禮文。

嚴陵方氏曰：矢所以施於射，非所以施於復，復則各以其衣而已。髽所以施於喪，非所以施於弔，弔則各以其衰而已。升陘之野戰，已無衣可用，故復之以矢。然邾婁因之而弗改，則非矣。臺鮐之敗，以家各有喪，故髽而弔。然魯婦人因之而弗改，則非矣。

廣安游氏曰：先王之世雖用兵，臨軍之際，未有不用禮者也。且禮者，行乎其所可行者也。孔子曰：「殺人之中，又有禮焉。」此古道也，惟其以禮相與，則兩軍交戰，殺人要有所止，未有若後世極兵力所至，至於僵尸百萬、流血千里而後已者也。故古者，雖身膏草野之人與夫死者之家，所謂喪弔之禮，猶得行乎其間。升陘以前，未嘗無戰死者，得復以衣而不復以矢；臺鮐以前，未嘗無戰死而相弔者，得弔以衰而不以髽。則是殺人之甚，必自升陘、臺鮐二者始，自是而遂以爲常，則再失之矣。嗚呼！自先王之禮廢，而兵禍之烈，至於六國、秦、漢之際，殺人至以數十萬計，天下塗炭，肝腦塗地，失禮之禍至於如此，是誠可歎也。大率先王之世，治出於一，而禮樂達乎天下。凡所謂禮者，行之廟堂，至乎州巷，達乎蒐狩，用乎軍旅，造次顛沛，無非禮者。生乎由是，死乎由是，上下、小大相與習乎此，而安乎此，於兩軍之戰而殺有所止，禮使然也。後世不然，其從容無事之時，固已廢禮，任其智力。及夫軍旅死生之際，苟可以自利而害人者，豈復恤哉！故古人殺有所止，與後世異，蓋禮之存亡故也。於復以矢，弔以髽，則知兵禍之甚烈。記禮者，記其失禮之甚也。

【吴氏纂言】鄭氏曰：戰于升陘，魯僖公二十二年秋也。時邾師雖勝，死傷亦甚，無衣可以招魂也。敗於臺鮐，魯襄公四年秋也。臺當爲「壺」，字之誤也，春秋傳作「狐鮐」。時家家有喪，髽而相弔。去纚而紒曰髽。禮，婦人弔服，大夫之妻錫衰，士之妻則疑衰與？皆吉笄無首，素總。

孔氏曰：「復之以矢」者，時邾人志在勝敵，矢者心之所好，故用所好招魂，冀其復反。然唯死者招魂，鄭兼言傷者，因兵而死，身首斷絶不生，應無復法。若身首不殊，因傷致死，復有可生之理，則用矢招魂也。按士喪禮「纚，廣終幅，長六尺」，所以韜髮。凶事去之，但露紒而已。

方氏曰：矢以施於射，非以施於復，復則各以其衣而已。髽以施於喪，非以施於弔，弔則各以其衰而已。升陘之野戰，以無衣可用，故復之以矢。然邾婁因之而弗改，則非矣。臺鮐之敗，以家各有喪，故髽而弔。然魯婦人因之而弗改，則非矣。

廣安游氏曰：先王之世雖用兵，臨軍之際，未有不用禮者也。唯其以禮相與，則兩軍交戰，殺人要有所止，故死者之家，喪弔之禮，猶得行於其間。升陘以前，未嘗無戰死者，得復以衣而不以矢；臺鮐以前，未嘗無戰死而相弔者，得弔以衰而不以髽。復以矢，弔以髽，則升陘、臺鮐必是殺人之甚，自是而遂以爲常，則再失之矣。

【陳氏集説】邾婁復之以矢，蓋自戰於升陘始也。魯僖公二十一年，與邾人戰于升陘，魯地也。邾師雖勝而死傷者多，軍中無衣，復者用矢。釋云：「邾人呼邾聲曰婁，故曰邾婁。」夫以盡愛之道，禱祠之心，孝子不能自已，冀其復生也。疾而死，行之可也。兵刃之下，肝腦塗地，豈有再生之理？復之用矢，不亦誣乎！魯婦人之髽而弔也，自敗於臺鮐始也。吉時以纚韜髮，凶則去纚而露其髻，故謂之「髽」。狐鮐之戰在魯襄公四年，蓋爲邾人所敗也。髽不以弔，時家家有喪，故髽而相弔也。方氏曰：矢所以施於射，非所以施於復。髽所以施於喪，非所以施於弔。因之而弗改，則非矣。

【郝氏通解】邾婁，近魯小國，即鄒也。邾人呼「邾」聲曰婁，猶「越」之云於越也。復，人初死，招魂也。升陘，魯地。魯僖公二十一年，與邾人戰于升陘，邾人勝，有戰死者，其招魂以矢，彰死者志在勝敵，用其所好也。髽，猶男子之免，吉則有纚以韜髮，凶則去纚而露髻，謂之「髽」。臺當作「壺」，壺鮐即狐鮐，地名。魯襄公四年，與邾人戰于狐鮐，魯師大敗，男子陣亡者多，婦人相弔無衰，故髽。皆一時之變禮，而後遂以爲常也。

按，人死，取其衣裳升屋以復，古之遺俗。戰死，則尸膏草野，猶以其矢復，容非誣與？戰士死，而弔者盡婦人，不可解。其夫死邪，不暇弔人，死非其夫邪？則魯豈盡無男子，而何婦人弔者之多與？記言難盡信也。

【江氏擇言】魯婦人之髽而弔也。

按，鄭注以髽爲露紒，恐未確。髽，蓋類於免，以下章「毋從從，毋扈扈」者推之。「從從」謂前太高，「扈扈」謂邊太廣。今人以布，廣充幅，方裁而斜疊之，自額結於項，前有尖角，又或摺去尖角，俗謂之包頭，豈古髽之遺象與？髽有麻、有布，斬衰麻髽，齊衰布髽。

**【欽定義疏】** **正義** 鄭氏康成曰：戰於升陘，魯僖二十二年秋也。時師雖勝，孔疏：傳云「我師敗績，邾人獲公胄，懸諸魚門」是也。死傷亦甚，無衣可以招魂。敗於臺鮐，魯襄四年秋也。孔疏：案傳冬十月，「邾人伐鄫，臧紇救鄫，侵邾，敗于狐鮐」。此云「秋」，舉其初也。臺當爲「壺」，字之誤也，春秋傳作「狐鮐」。案：誤「狐」爲「壺」，聲之似。又誤「壺」爲「臺」，形之似也。時家家有喪，髽而相弔。去纚而紒曰髽。孔疏：案士冠禮「纚，廣終幅，長六尺」，所以韜髮。今以凶事，故去之，但露紒而已。禮，婦人弔服，大夫之妻錫衰，士之妻則疑衰與？皆吉笄無首，素總。孔疏：喪服傳云：「大夫弔于命婦，錫衰。命婦弔於大夫，亦錫衰。」是大夫之妻弔服錫衰也。士妻弔服無文，故鄭云：「疑衰與？」周禮司服有錫衰、緦衰、疑衰。喪服注云「士之弔服疑衰」，則知士妻亦疑衰也。「吉笄無首，素總」，大戴禮文。

孔氏穎達曰：此論二國失禮之事。復必用矢者，時邾人志在勝敵，矢是心之所好，故用所好招魂，冀其復反也。

陳氏澔曰：升陘，魯地。釋云：「邾人呼邾聲曰婁，故曰邾婁。」

方氏慤曰：矢所以施於射，非所以施於復。髽所以施於喪，非所以施於弔。因之而不改，則非矣。

餘論 游氏桂曰：先王之世雖用兵，臨軍之際，未有不由禮者。孔子曰：「殺人之中，又有禮焉。」兩軍交戰，殺人要有所止，未有若後世之僵尸百萬、流血千里而後已者也。故死者之家，喪弔之禮，猶得行乎其間。升陘以前，未嘗無戰死者，得復以衣而不以矢；臺鮐以前，未嘗無戰死而相弔者，得弔以衰而不以髽。則是殺人之甚，必自升陘、臺鮐始，記禮者記其失禮之甚也。

存疑 孔氏穎達曰：因兵而死，身首斷絶不生者，應無復法。若身首不殊，因傷致死，復有可生之理，則用矢招魂。

陳氏澔曰：夫以盡愛之道，禱祠之心，孝子不能自已，冀其復生也。疾而死，行之可也。兵刃之下，肝腦塗地，豈有再生之理？復之用矢，不亦誣乎？

案 復招其魂，盡愛之道也。死不同，而生者不忍其魂之散則一，豈以肝腦塗地而廢之？

【杭氏集説】孔氏穎達曰：因兵而死，身首斷絶不生者，應無復法。若身首不殊，因傷致死，復有可生之理，則用矢招魂。

陳氏澔曰：升陘，魯地。釋云「邾人呼邾聲曰婁，故曰邾婁。」 又曰：夫以盡愛之道，禱祠之心，孝子不能自已，冀其復生也。疾而死，行之可也。兵刃之下，肝腦塗地，豈有再生之理？復之用矢，不亦誣乎？

萬氏斯大曰：左傳襄公四年：「邾人、莒人伐鄫，臧孫紇救鄫，侵邾，敗于狐駘。國人逆喪者皆髽，魯於是乎始髽。」據此是敗後，髽以逆喪，非敗後相弔以髽也。特自此之後，遂以髽行弔耳。故此本其始而言之，若謂敗後相弔以髽，則夫死之婦，自哀不暇，遑及弔人？夫存又不必婦人行弔，故當通於左傳，解方不泥。

顧氏炎武曰：復之以矢，猶有殺敵之心焉。致其志也，是亦無于禮者之禮也。

姚氏際恒曰：言婦人弔，意欲見無男子耳。然婦人夫死，又弔他人，于情事未協。

姜氏兆錫曰：邾人呼邾聲曰婁，故兼稱「邾婁」。魯與邾戰于升陘，在僖公二十一年。時邾師雖勝，多死傷，軍中無衣，故復用矢。然復者，孝子之不自已，冀其復生也。疾而死，以衣復之可矣。肝腦塗地，豈有復而再生之理？況又復之以矢乎？其誣甚矣。又曰：吉時以緇布韜髮謂之「纚」，凶則去纚，以布約之而露髻，謂之「髽」。魯爲邾敗於臺鮐，在襄公四年。髽非以弔，其時戰敗，家家有喪，故髽而相弔也。方氏曰：「矢以施於射，非施於復。髽以施於喪，非施於弔。因而弗改，皆非禮也。」

【孫氏集解】鄭氏曰：戰於升陘，魯僖二十二年秋也。時師雖勝，死傷亦甚，無衣可以招魂也。敗於臺駘，魯襄四年秋也。臺當爲「壺」，字之誤也，春秋傳作「狐駘」。時家家有喪，髽而相弔。去纚而紒曰髽。

孔氏曰：必用矢者，時邾人志在勝敵，矢是心之所好，故用所好以招魂，冀其復反。

若因兵而死，身首斷絶不生者，應無復法。若身首不殊，因傷致死，復有可生之理者，則用矢招魂。去纚而紒曰髽。案士冠禮「纚，廣終幅，長六尺」，所以韜髮。今以凶事，故去之，但露紒而已。

愚謂雜記曰：「大夫、士行而死於道，則升其乘車之左轂，以其綏復。」復於軍中者，其禮蓋亦如此。時邾師死傷者多，不能皆以綏復，而矢乃軍中之所用，故推用綏之義而用之。而其後邾人之復皆以矢，蓋雖死於家者亦然矣。「髽」者，去韜髮之纚而露髻也。小斂之後，五服婦人皆髽，既成服則唯齊、斬婦人有之。時魯人家家有喪，故婦人髽而相弔，而其後遂以此爲弔禮之常，蓋雖無喪者亦然矣。此記二國變禮之由。

○鄭氏曰：婦人弔服，大夫之妻錫衰，士之妻其疑衰與？皆吉笄無首，素總。 疏云：「吉笄無首，素總」，大戴禮文。

愚謂喪服傳曰：「大夫弔於命婦，錫衰。命婦弔於大夫，亦錫衰。」是大夫命婦自相弔，服錫衰，其弔於士亦疑衰耳。

**【朱氏訓纂】邾婁復之以矢，蓋自戰於升陘始也。**注：戰於升陘，魯僖公二十二年秋也。時師雖勝，死傷亦甚，無衣可以招魂。 釋文：邾人呼邾聲曰婁，故曰「邾婁」。**魯婦人之髽而弔也，自敗於臺鮐始也。**注：敗於臺鮐，魯襄四年秋也。臺當爲「壺」，字之誤也，春秋傳作「狐鮐」。時家家有喪，髽而相弔。去纚而紒曰髽。禮，婦人弔服，大夫之妻錫衰，士之妻則疑衰與？皆吉笄無首，素總。説文：「髽，喪結。禮，女子髽衰，弔則不髽。魯臧武仲與齊戰于狐鮐，魯人迎喪者始髽。」釋文：「纚，黑繒韜。」正義：案士冠禮「纚，廣終幅，長六尺」，所以韜髮。今以凶事，故去之，但露紒而已。喪服傳云：「大夫弔於命婦，錫衰。命婦弔於大夫，亦錫衰。」是大夫之妻弔服錫衰也。士妻弔服無文。鄭注喪服云：「士以緦衰爲喪服，其弔服則疑衰也。」改其裳以素，辟諸侯。」以此言之，是士弔服疑衰、素裳也。故以爲士妻弔服疑衰。

**【郭氏質疑】魯婦人之髽而弔也，自敗於臺鮐始也。**

鄭注：禮，婦人弔服，大夫之妻錫衰，士之妻則疑衰與？皆吉笄無首，素總。

嵩燾案，周禮司服：「王爲三公六卿錫衰，爲諸侯緦衰，爲大夫、士疑衰。」服問：「公爲卿大夫錫衰以居，出亦如之。當事則弁絰，大夫相爲亦然。爲其妻，往則服之，出則否。」似錫衰非但弔服而已，大夫爲大夫妻，乃專用以弔。喪服小記：「諸侯弔，必皮弁、錫衰。」儀禮喪服記：「大夫弔於命婦，錫衰。命婦弔於大夫，亦錫衰。」知大夫以上，弔服皆錫衰。周禮世婦：「掌弔臨於卿大夫之喪。」內司服：「凡命婦，共其衣服及喪衰。」是內命婦有相爲弔之禮。喪服記所謂「命婦者」，內命婦也。言弔，則知內命婦皆無服。大夫之有本服者，仍各服其服。士之相弔，朋友而已，喪服記「朋友麻」，則弔亦當以麻。鄭氏乃謂「士以緦衰爲喪服」「疑衰爲弔服」分言，似誤，又推其例於士之妻。周禮以「錫衰」「疑衰」爲天子服公卿、大夫、士之等，非以爲大夫、士弔服之等。士妻內、外宗親各有其服，髽而弔，爲親近也，安得專有疑衰爲士妻之制哉！喪服記：「女子子適人者爲其父母，婦爲舅姑，惡笄有首以髽。卒哭，子折笄首，布總。」喪服小記：「齊衰，惡笄以終喪。」惡笄云「有首」者，異於衰三年之「箭笄」也。案，喪服記：「布總，箭笄，髽，衰，三年。」箭笄，謂其似箭，無笄首，鄭注訓「箭」爲「篠」者，誤。「卒哭，子折笄首」，謂仍象笄而去其首，又異於惡笄也。惡笄之有首者，吉笄之無首者，蓋皆齊衰之笄。喪服小記曰：「男子冠而婦人笄。」凡弔，弁服而加環絰，則婦人弔當吉笄而加素總，未聞以弔服而折笄首者。曾子問：「三年之喪，練，不羣立，不旅行，而弔哭，不亦虛乎？」是既練而猶不弔也。雜記：「三年之喪，雖功衰，不弔，如有服而往哭之，則服其服而往。期之喪，練則弔，期之喪，未葬，弔於鄉人，不聽事。功衰，弔，待事於執事。小功、緦，執事，不與於禮。」婦人之髽，蓋喪服之重者，不得與於弔。經云「髽而弔」，明死者之衆而弔之速也，鄭注徒以弔服爲言，恐非經旨。

三·二一 ○**南宮縚之妻之姑之喪，**南宮縚，孟僖子之子南宮閱也[一]，字子容，其妻孔

[一] 南宮閱也　閩、監、毛本同，岳本、嘉靖本同，釋文「閱，音悅」。考文云：「古本『閱』作『濶』。」案：濶，非也。南宮閱，即下「南宮敬叔反」注之「仲孫閱」。同「閱」字，下注不作「濶」，而此注作「濶」，亦其滲漏處之顯然者。○鍔按：「南宮」上，阮校有「南宮縚節」四字。

子兄女。○縚，吐刀反。閱，音悦。○**夫子誨之髽曰：「爾毋從從爾！爾毋扈扈爾！**誨，教[一]。爾，女也。從從，謂大高。扈扈，謂大廣。爾，語助。○毋，音無，後同。從，音揔，高也。一音崇，又仕江反。扈，音户，廣也，大也。女，音汝。大，音泰，一音敕佐反，下「大廣已」「猶大夫重」同。**蓋榛以爲笄，長尺，而總八寸。」**總，束髮垂爲飾，齊衰之總八寸。○榛，側巾反，木名，又士鄰反。長，直亮反，凡度長短曰長，皆同此音。

**【疏】**「南宮」至「八寸」。○正義曰：此一節論婦人爲舅姑服髽與笄、總之法。

○「南宮縚之妻之姑之喪」者，之，並是語辭也。南宮縚妻姑喪，謂夫之母也。以是夫子兄之女，故夫子誨之作髽法。

○「曰：爾毋從從爾！爾毋扈扈爾」者，上「爾」爲女，下「爾」語辭。辭[二]言期之髽稍輕，自有常法。女造髽時，無得從從而大高，又無得扈扈而大廣。既教以作髽，又教以笄、總之法。其笄用木無定，故教之云，蓋用榛木爲笄，其長尺，而束髮垂餘之總垂八寸。

○注「南宮」至「兄女」。○正義曰：知孟僖子之子南宮閱者，案左氏昭七年傳云，

[一] 誨教　閩、監、毛本同，衛氏集説同。惠棟校宋本「教」下有「也」字，岳本同，嘉靖本同，宋監本同。

[二] 下爾語辭辭　補案：「辭」字誤重。

孟僖子將卒，召其大夫云「屬説與何忌於夫子，以事仲尼」，以南宮爲氏，故世本云「仲孫貜生南宮縚」是也。

云「字子容，其妻孔子兄女」者，論語云「以其兄之子妻之」是也。

○注「從從」至「大廣」。○正義曰：從從，是高之貌狀，故楚辭招隱云：「山氣巃嵸兮石嵯峨。」則「巃嵸」是高也[一]。扈扈，猶廣也。爾雅釋山云：「卑而大，扈。」郭云「扈是廣貌也」。此云無得高廣者，謂無得如斬衰高廣也。

○注「總束」至「八寸」。○正義曰：案喪服傳云「總六升，長六寸」，謂斬衰也。故此齊衰長八寸也，以二寸爲差也，以下亦當然，無文以言之。喪服箭笄長一尺，吉笄長尺二寸。榛笄長尺，斬衰、齊衰笄同一尺，降於吉笄二寸也。但惡笄或用櫛，或用榛，故喪服有櫛笄，故夫子稱「蓋」以疑之。

**【衛氏集説】**鄭氏曰：南宮縚，孟僖子之子南宮閲也，字子容，其妻孔子兄女。誨，教。爾，女也。從從，謂大高。扈扈，謂大廣。爾，語助。總，束髮垂爲飾，齊衰之總八寸。孔氏曰：此一節論婦人爲舅姑服髽與笄、總之法。妻之姑，謂夫之母也。以是夫子兄之女，故夫子誨之作髽法。期之髽稍輕，自有常法，毋得高廣如斬衰之髽也。既教以

[一] 則巃從是高也　閩、監、毛本「巃從」作「巃嵸」。

作髽，又教以笄、總之法。其笄用木無定，故教以用榛木爲笄，其長一尺，而束髮垂餘之總垂八寸。案喪服，吉笄長一尺二寸，齊衰之笄長一尺，降吉笄二寸也。但惡笄或用櫛，或用榛，故夫子稱「蓋」以疑之。喪服傳云「總長六寸」，謂斬衰也，故此齊衰長八寸，以二寸爲差也。

嚴陵方氏曰：總，則束髮之布也。

【吴氏纂言】鄭氏曰：孟僖子之子南宫閱也，字子容，其妻孔子兄女。誨，教。爾，汝也。從從，謂大高。扈扈，謂大廣。爾，語助。總，束髮垂爲飾，齊衰之總八寸。

孔氏曰：妻之姑，謂夫之母也。夫子兄之女，故夫子誨之作髽法。期之髽稍輕，毋得太高、太廣，如斬衰之髽也。既教以作髽，又教以笄、總之法，其笄用木無定，教以用榛木爲笄，其長一尺，而束髮垂餘之總垂八寸。按喪服吉笄長一尺二寸，齊衰之笄皆長一尺，降吉笄二寸也。但惡笄或用櫛，或用榛，故夫子稱「蓋」以疑之。喪服傳斬衰總長六寸，此齊衰長八寸，以二寸爲差也。

【陳氏集説】縚妻，夫子兄女也。姑死，夫子教之爲髽。從從，高也。扈扈，廣也。言爾髽不可太高，不可太廣。又教以笄、總之法。笄即簪也，吉笄尺二寸，喪笄一尺。斬衰之笄用箭竹，竹之小者也。婦爲舅姑皆齊衰不杖，則當用榛木爲笄也。束髮謂之總，以布爲之，既束其本，末而總之，餘者垂於髻後，其長八寸也。

【納喇補正】「爾毋從從爾！爾毋扈扈爾！」

集説 從從，高也。扈扈，廣也。言爾髽不可太高，不可太廣。

竊案 此解本注疏，非不是，但未明其所以爾。案孔疏：「從從是高之貌狀，故楚辭招隱云『山氣巃嵸兮石嵯峨』，則巃嵸是高也。扈扈猶廣也，爾雅釋山云『卑而大，扈』，郭云：『扈是廣貌也。』」又云：「期之髽稍輕，自有常在，毋得太高、太廣，如斬衰之高廣也。」如此，文義方白。

南宫縚之妻。

集説 縚妻，夫子兄女也。

竊案 南宫縚即孔子弟子南宫适，以兄女妻之者也，故孔子教縚妻爲髽。後所載南宫敬叔反必載寶而朝，集説敬叔即魯大夫孟僖子之子仲孫閲也，嘗失位去魯，後得反，載寶而朝，欲行賂以復其位，其爲兩人也，明矣。世本言「仲孫獲生南宫縚」，鄭氏云：「南宫縚，孟僖子之子南宫閲也，字子容，其妻孔子兄女。」論語注以南宫适爲南宫敬叔，先儒皆無異議，集説亦未有所辨。獨近世王麟州世懋深非之，其言曰：「案孔子弟子傳，南宫适字子容，而述論語二條以實之，初未嘗云是孟僖子之子，孟懿子之兄，而索隱注遽云是孟僖子之子仲孫閲，論語注遽云是敬叔，孟懿子之兄，史無其文，可疑一也。适見家語，一名縚，是适已有二名矣。而左傳孟僖子云『必屬説與何忌於夫子』，索隱又云『仲孫閱』，是又二名。天下豈有一人而四名者乎？可疑二也。孔子在魯，族姓頗微，而南宮敬叔公族元士，遣從孔子時定已娶於强宗矣，豈孔子得以兄女妻之？可疑三也。禮記檀弓載南宮敬叔反必載寶而朝，孔子曰：『喪不如速貧之爲愈也。』若而人豈能抑權力而伸有德，謹言行而不廢於有道之邦邪？可疑四也。愚以南宮敬叔之與南容皦然二人矣，後世孟浪者合而一之耳。」其言殊辨，殆不可易也。

**【郝氏通解】**縚之妻，夫子之兄之女也。夫之母曰姑。從從，太高也。扈扈，太廣也。儀禮「婦爲舅姑期」，期之髽稍輕，然毋得太高廣，蓋以下記者之辭。笄，簪也。吉笄尺二寸，喪笄一尺，用竹木爲之，兹蓋用榛木也。總，用布加于髽上，猶男子之喪冠也。

**【江氏擇言】南宮縚之妻之姑之喪，夫子誨之髽曰：「爾毋從從爾！爾毋扈扈爾！」**

孔疏云：言期之髽稍輕，自有常法，毋得從從太高、扈扈太廣。

按，注疏於高廣，未詳言其制。愚意高謂前當匈者，廣謂所叠之邊。期之髽毋太高太廣，則斬衰之髽宜高廣。又按婦人髽，猶男子免。免之制，宜亦有高有廣，舊説謂「以布一寸自項中而前，交於額，却繞髻」者，恐其太狹，非古制也。

**【欽定義疏】**正義　鄭氏康成曰：南宮縚，孟僖子之子南宮閱也，字子容，其妻孔子兄女。誨，教。爾，汝也。從從，謂大高。扈扈，謂大廣。孔疏：楚辭招隱云：「山氣巃嵸兮石嵯峨。」則從從是高之貌。扈扈，猶廣也，爾雅釋山云：「卑而大，扈。」爾，語助。總，束髮垂爲飾，齊衰之總八寸。

孔氏穎達曰：此論婦人爲舅姑服髽與笄、總之法。喪服傳云「總長六寸」，謂斬衰也。此齊衰長八寸，以二寸爲差也。以下無文，亦當然。喪服箭笄長一尺，吉笄長尺二寸。此榛笄亦長尺，是斬衰、齊衰笄同一尺，降吉笄二寸也。案：大功以下笄無文，賈氏公彦曰：「容差降。」但惡笄或用櫛，或用榛，故稱「蓋」以疑之。案：喪服傳「惡笄」者，櫛笄也。櫛非木名，以柳之木爲笄耳。玉藻云「沐櫛用樿櫛，髮晞用象櫛」是也。樿，白理無文。櫛笄宜用樿，無樿則榛可，故曰「蓋榛以爲笄」。

**【杭氏集説】**姚氏際恒曰：下二句是記者語，因言髽而笄、總之制，故加「蓋」字以別之，此檀弓用字法。篇中多有之，孔氏皆以「蓋」字爲疑辭，豈下章孔子「蓋寢疾七日而没」亦疑辭乎？孔之以此爲疑辭者，其説曰：「惡笄或用櫛，或用榛，故喪服有櫛笄，故夫子稱『蓋』以疑之。」此執儀禮之「櫛笄」，意謂不當云榛笄也。然則孔子讀儀禮不熟耶？可笑也。按櫛者，梳也，非木名，喪服鄭注云「以櫛之木爲之，或曰榛笄」，賈疏云：「玉藻云『沐用樿櫛，髮晞用象櫛』，故鄭云『櫛笄者，以節之木爲笄』，則是謂樿木也。」其説詳明。據孔意云，亦當惡笄，或用樿同櫛，或用榛。今但以「櫛」對「榛」，言混甚然，其誤實始于鄭也。喪服言櫛之木，檀弓言「榛」，禮言不同，何必輒爲附合，致妄以「蓋」字爲疑辭耶？

姜氏兆錫曰：縚妻，夫子之兄女也。從從，高也。扈扈，廣也。禮，婦爲舅姑齊衰，髽之高廣視斬衰而差，故其姑死而夫子教之爲髽之法也。笄，即簪也，吉髻尺二寸，喪髻一尺。斬衰笄用箭，齊衰笄用榛、竹。以布束髮謂之總，垂其餘於後，斬衰總垂六寸，齊衰垂八寸，此因教以爲笄總之法也。

【孫氏集解】鄭氏曰：南宮縚，孟僖子之子南宮閲也，字子容，其妻孔子兄女。從從，謂大高。扈扈，謂大廣。總，束髮垂爲飾，齊衰之總八寸。

孔氏曰：束髮垂餘之總八寸，惡笄或用櫛，或用榛，故喪服有「櫛笄」，故夫子稱「蓋」以疑之。

賈氏公彦曰：斬衰總六寸，南宮縚之妻爲姑總八寸，以下雖無文，大功當與齊衰同八寸，小功緦麻同一尺，吉總當尺二寸。斬衰箭笄長尺，南宮縚之妻爲姑榛笄亦一尺，則大功以下不容更差降。故五服畧爲一節，皆一尺而已。

愚謂世本「仲孫貜生南宮縚」，故鄭注以此南宮縚即孟僖子之子仲孫閲。然孔子生於襄公二十二年，孔子之兄孔子未生時已卒，則其女必稍長於孔子。而仲孫閲生於昭公十一年，至其可昏之年，孔子兄女蓋年逾四十矣，必無相爲夫婦之理。閲與其兄何忌同事孔子，然家語弟子解、史記弟子列傳並無何忌，不應獨載閲。是孔子所妻，家語、史記厠諸弟子之列者，必非閲也。

【朱氏訓纂】南宮縚之妻之姑之喪，注：南宮縚，孟僖子之子南宮閱也，字子容，其妻孔子兄女。**夫子誨之髽曰：「爾毋從從爾！爾毋扈扈爾！蓋榛以爲笄，長尺，而總八寸。」**注：誨，教。爾，汝也。從從，謂大高。扈扈，謂大廣。爾，語助。總，束髮垂爲飾，齊衰之總八寸。 説文：先，首笄也，簪，俗。 正義：案喪服傳云「總六升，長六寸」，謂斬衰也。故此齊衰長八寸，以二寸爲差也。

【郭氏質疑】南宮縚。

鄭注：南宮縚，孟僖子之子南宮閱也，字子容。

朱子論語集注因之云：「南容，居南宮，名縚，又名适，字子容，謚敬叔，孟懿子之兄也。」史記：「南宮适，字子容。」索隱云：「家語作『南宮縚』，是孟僖子之子仲孫閱也。」世本：「仲孫貜生南宮縚。」蓋皆以南容與南宮敬叔爲一人。漢書人物表列南容三等，南宮敬叔四等，顔師古注於南容云「南宮縚，字子容」，於南宮敬叔云「南宮适」，又分适、縚爲二人。 案，論語「南容」再見，「南宮适」一見，并記者之詞而名字互出，疑係兩人。古字多假借，聲形相近，皆可互通。近顧氏、江氏、段氏考定古音，「兑」「昏」二字同出一部，故疑南宮适爲南宮説。左氏傳稱孟懿子與南宮敬叔師事仲尼，家語并詳其事，而論語無敬叔名，意「适」「説」字本通，論語之南宮适即敬叔也。自世本合适、縚爲一人，於是南宮适之名遂屬之南容矣。 據左傳昭七年，「屬説與何忌於夫子」，故孟懿子與南宮敬叔師事仲尼。是敬叔名説，一作閱，亦孔門弟子。而史記、家語皆不列其名。 案昭十一年左傳，孟僖子會邾莊公，盟於祲祥，泉邱人有女。奔僖子，其僚從之。反，宿於薳氏，生懿子及南宮敬叔於泉邱人。其僚無子，使字敬叔。敬叔當爲懿子之弟。韋昭注國語云：「敬叔，懿子弟南宮閱也。」朱子謂「爲懿子之兄」，亦誤。敬叔自爲仲孫氏以居南宮，故亦稱南宮敬叔。而南宮之爲氏見於周書甚繁，君奭有南宮括，顧命有南宮毛，逸周書武王時有南宮忽、南宮伯達，左傳昭二十三年南宮極、二十四年南宮嚚爲周之南宮氏，莊十一年南宮長萬、十二年南宮牛爲宋之南宮氏。王肅注論語「南容，魯人」，孔安國亦云「魯人」，則魯亦當有南宮氏。説苑魯穆公時尚有南宮邊子，與敬仲之居南宮者自別。五代馮繼先春秋名號歸一圖稱仲孫閱即南宮敬叔，僖子之子，不及适、縚，自勝舊説，而南容自名縚。近世夏宏基弟子傳略辨正定适、縚爲一人，字子容，仲孫閱爲一人，字敬叔。王肅注論語亦云「名縚，字子容」。「适」或爲「説」，或爲「縚」聲之轉，或別爲一人，則所不可知也。

三·二二　○**孟獻子禫，縣而不樂，比御而不入。**可以御婦人矣，尚不復寢。孟獻子，魯大夫仲孫蔑。○禫，大感反。比，必利反，下「比及」同。蔑，迷結反。**夫子曰：「獻子加於人一等矣。」**加，猶踰也。

**【疏】**「孟獻」至「等矣」。○正義曰：此一節論獻子除喪作樂得禮之宜也。依禮，禫祭暫縣省樂而不恒作也，至二十八月乃始作樂。又依禮，禫後吉祭，乃始復寢。當時人禫祭之後則恒作樂，未至吉祭而復寢。今孟獻子既禫，暫縣省樂而不恒作，比可以御婦人而不入寢，雖於禮是常，而特異餘人，故夫子善之，云：「獻子加於人一等矣。」不謂加於禮一等。

其祥禫之月，先儒不同。王肅以二十五月大祥，其月爲禫，二十六月作樂。所以然者，以下云「祥而縞，是月禫，徙月樂」，又與上文「魯人朝祥而莫歌」，孔子云「踰月則其善」，是皆祥之後月作樂也。

又間傳云：「三年之喪，二十五月而畢。」又士虞禮「中月而禫」，是祥月之中也，與尚書「文王中身享國」，謂身之中間同。又文公二年冬，公子遂如齊納幣，是僖公之喪，至此二十六月，左氏云：「納幣，禮也。」故王肅以二十五月禫除喪畢。而鄭康成則二十五月大祥，二十七月而禫，二十八月而作樂，復平常。鄭必以爲二十七月禫者，以雜記云：「父在爲母爲妻十三月大祥，十五月禫。」爲母爲妻尚祥、禫異月，豈容三年之喪乃祥、禫同月？若以父在爲母，屈而不伸，故延禫月，其爲妻，當亦不申，祥、禫異月乎？若以「中月而禫」爲月之中間，應云「月中而禫」，何以言「中月」乎？案喪服小記云：「妾祔於妾祖姑，亡則中一以上而祔。」又學記云：「中年考校。」皆以中爲間，謂間隔一年，故以中月爲間隔一月也。下云「祥而縞，是月禫，徙月樂」是也。謂大祥者縞冠，「是月禫」，謂是此禫月而禫。二者各自爲義，事不相干。故論語云：「子於是日哭，則不歌。」文無所繼，亦云「是日」。

文公二年「公子遂如齊納幣」者，鄭箴膏肓：「僖公母成風主婚[一]，得權時之禮。」若公羊，猶談其喪娶。

其「魯人朝祥而莫歌」，及喪服四制云「祥之日，鼓素琴」，及「夫子五日彈琴不成聲，十日成笙歌」，并此「獻子禫縣」之屬，皆據省樂忘哀，非正樂也。

其八音之樂，工人所奏，必待二十八月也，即此下文「是月禫，徙月樂」是也。

其「朝祥莫歌」，非正樂，歌是樂之細別，亦得稱樂，故鄭云「笑其爲樂速」也。

其三年問云[二]：「三年之喪，二十五月而畢。」據喪事終，除衰去杖，其餘哀未盡，故更延兩月，非喪之正也。

王肅難鄭云：「若以二十七月禫，其歲未遭喪[三]，則出入四年，喪服小記何以云『再期之喪三年』？」如王肅此難，則爲母十五月而禫，出入三年，小記何以云「期之喪二年」？明小記所云，據喪之大斷也。

---

[一] 僖公母成風主婚　閩本同，監本「主」誤「王」。○鍔按：「僖公」上，阮校有「孟獻子禫節」五字。

[二] 其三年問云　閩、監本作「問」。此本誤「間」，毛本同。

[三] 其歲末遭喪　監、毛本作「末」。此本「末」誤「未」，閩本同。

又肅以「月中而禫」，案曲禮「喪事先遠日」，則大祥當在下旬，禫祭又在祥後，何得云「中月而禫」？又禫後何以容吉祭？故鄭云二十七月也[一]。戴德喪服變除禮「二十五月大祥，二十七月而禫」，故鄭依而用焉。

鄭以二十八月樂作，喪大記何以云「禫而內無哭者，樂作矣」？以禫後許作樂者[二]，大記所謂禫後方將作樂，釋其「內無哭者」之意，非謂即作樂。

大記又云：「禫而從御，吉祭而復寢。」間傳何以云「大祥，居復寢」？間傳所云者，去堊室，復殯宮之寢。大記云「禫而從御」，謂禫後得御婦人，必待吉祭，然後復寢。其吉祭者，是禫月值四時而吉祭，外而爲之，其祝辭猶不稱以某妃配，故士虞禮云：「吉祭猶未配。」

○注「孟獻子，魯大夫仲孫蔑」。○正義曰：知者案襄五年經書「仲孫蔑會吴于善道」，傳云「孟獻子會吴于善道」，是孟獻子爲仲孫蔑也。「仲」稱「孟」者，是慶父之後。鄭注論語云：「慶父輈稱死[三]，時人爲之諱，故云孟氏。」杜預以爲慶父是莊公長庶兄，庶長故稱「孟」。

---

[一] 故鄭云二十六月也　閩、監、毛本同。惠棟校宋本「六」作「七」，是也。

[二] 以禫後許作樂者　閩、監、毛本同。考文云：「宋板『以』作『似』。」續通解同。

[三] 慶父輈稱死　閩、監、毛本同，浦鏜校云：「『稱』疑『經』字誤。」

【衛氏集説】鄭氏曰：孟獻子，魯大夫仲孫蔑。可以御婦人矣，尚不復寢。加，踰也。

孔氏曰：此一節論獻子除喪作樂得禮之宜也。依禮，禫祭暫縣省樂而不作，至二十八月乃始作樂。又依禮，禫後吉祭，乃始復寢。當時人禫祭之後，則恒作樂，未至吉祭而復寢。今孟獻子既禫，暫縣省樂而不作，比可以御婦人而不入寢，雖於禮是常，而特異餘人，故夫子善之，云：「獻子加於人一等。」不謂加於禮一等也。

長樂陳氏曰：蓋三年之喪則久矣，故祥月而禫者，以義斷恩也。期之喪則近矣，故間月而禫者，以恩伸義也。記曰：「禫而内無哭者，樂作矣。」又曰：「禫而從御，吉祭而復寢。」由此觀之，孟獻子縣而不樂，比御而不入，則過乎此矣，故孔子稱之。今夫先王制禮，以中爲界，子夏、子張授琴於除喪之際，孔子皆以爲君子，伯魚、子路過哀於母姊之喪，孔子皆非之。然則孟獻子過於禮，孔子反稱之者，非以爲得禮也，特稱其加諸人一等而已。樂書。

山陰陸氏曰：孟獻子過而有子不及，其爲失一也。唯夫子爲能適中焉。鄭氏謂「琴以手，笙歌以氣」，固自有次第也。

李氏曰：設而不樂，比御而不入，加於人者也。絲屨、組纓，不及於人者也。同於人可也，加於人則非中道矣；及人可也，不及人非禮矣。孔子篤於仁，克之以禮，五日彈琴而不成聲，仁也。十日而成笙歌，禮也。有過不及，然後知其中。故言孟獻子、有若，而言孔子於其中。

【吴氏纂言】縣，設樂縣也。不樂，不作樂也。

鄭氏曰：可以御婦人矣，尚不復寢。加，踰也。

孔氏曰：依禮，禫祭暫縣省樂而不作，至二十八月乃作樂。依禮，禫祭後吉祭，始復寢。當時人禫祭之後則恒作樂，未吉祭而復寢。惟孟獻子既禫，暫縣省樂而不作，可以御婦人而不入寢，雖於禮是常，而特異餘人，故夫子善之，云：「加於人一等。」不謂加於禮也。

【陳氏集説】孟獻子，魯大夫仲孫蔑也。禫，祭名。禫者，澹澹然平安之意。大祥後，閒一月而禫，故云「中月而禫」。或云祥月之中者，非。小記云「中一以上而祔」，亦謂閒一世也。禮，大夫判縣，「縣而不樂」者，但縣之而不作也。「比御而不入」者，雖比次婦人之當御者，而猶不復寢也。一説，比，及也。親喪外除，故夫子美之。

【欽定義疏】正義 鄭氏康成曰：孟獻子，魯大夫仲孫蔑。孔疏：襄五年經書「仲孫蔑會吴於善道」，傳云孟獻子是也。「仲」稱「孟」者，慶父之後。鄭注論語云：「慶父輈稱死，時人爲之諱，故云孟氏。」杜預謂慶父是莊公長庶兄，庶長故稱「孟」。可以御婦人矣，尚不復寢。加，猶踰也。

孔氏穎達曰：此論獻子除喪得禮之宜也。依禮，二十八月始作樂，吉祭復寢。當時人禫祭之後則作樂，未至吉祭而復寢。今孟獻子既禫，暫縣省樂而不作，比可以御婦人而不入寢，雖於禮是常，而特異餘人，故夫子善之，云：「獻子加於人一等。」不謂加於禮一等也。

**通論** 孔氏穎達曰：祥禫之月，先儒不同。王肅以二十五月大祥，其月禫，二十六月作樂。下云「是月禫，徙月樂」。士虞禮「中月而禫」，是祥月之中也。鄭康成則二十七月禫，二十八月作樂，復常。喪服四制「祥之日，鼓素琴」，「夫子五日彈琴」，并此「獻子禫縣」之屬，皆據省樂忘憂，非正樂也。其八音之樂，工人所奏，必待二十八月。三年問云「二十五月而畢」者，據喪事終，除衰棄杖，其餘哀未盡，故更延兩月，非喪之正也。大記「禫而内無哭者，樂作矣」，謂禫後方將作樂，以釋内無哭者之義，非謂即作樂也。大記云「禫而從御，吉祭而復寢」，間傳云「大祥，居復寢」者，去堊室，復殯宫之寢耳。又大記云「禫而從御」，謂禫後得御婦人，必待吉祭，然後復寢也。

馬氏晞孟曰：三年之喪，人子之所自盡，而不可以死傷生，故期而小祥，再期而大祥。祥則禫，言祭有即吉之漸也。大祥之祭，可以從吉之時，而爲人子者，不忍一朝之閒釋衰絰而被玄黄，故又有禫以延之。雖然，祥禫之制施於三年之喪，則其月同，施於期之喪，則其月異。士虞禮曰：「二十五月大祥，中月而禫。」此三年之喪者也。父在爲母期，則哀戚不得致於三年之中，故祥禫異月。蓋三年所以爲極，而致於二十五月者，其禮不可過，以三年之愛，而斷以期者，其情猶可伸也。夫三年之喪既禫，而徙月可以作樂，故魯人朝祥莫歌，而孔子曰「逾月，則其善也」。至於孟獻子既禫而不樂，則孔子以爲加於人一等矣。雜記曰：「親喪外除。」故笙歌之樂不作於未禫之前。然則孔子既祥，五日彈琴而不成聲，十日而成笙歌。言「十日」者，蓋亦從月之閒也。

朱子曰：喪禮只是二十五月，祥便是禫，當如王説。又曰：今既定制二十七月，即此等細瑣處，不須尋討，自致其哀，足矣。

**存異** 陳氏祥道曰：記曰：「禫而内無哭者，樂作矣。」又曰：「禫而從御，吉祭而復寢。」由此觀之，孟獻子過於禮。孔子反稱之者，非以爲得禮也，特稱其加諸人一等而已。

**案** 漢儒鄭氏主二十七月，據服問「中月而禫」，援「中年考校」證之，謂中月，中間一月也。魏儒王肅主二十五月，據三年問「二十五月而畢」，且援「文王受命唯中身」，謂「中月」即在此月之中也。唐儒王元感謂三年之喪，必三十六月乃畢，據喪服四制「三年而祥」之文也。考之竹書，則唐、虞以上實是三年，以書陟、書元，中隔三甲子。孟子云「三年之喪畢」，其明證也。以書考之，則商二十五月。張柬之議引書可徵，周確是二十五月，蓋所謂「三年」者，由期而倍之。曰「三年」者，首尾必越三年也。鄭以父在爲母「十一月小祥，十三月大祥，十五月而禫」爲據，不知母本三年也。厭其正服，故期而小祥，爲此餘服使行大祥，三年之正服伸矣，不得援此復爲餘服。故本文「是月」即指祥也，而朱子亦謂「祥即是禫」也。但父母之喪，至痛無已。古人二十五月而畢，亦謂先王制禮不敢過耳。今自唐以來久矣，二十七月爲定，於人子之心獨無恔乎？則朱子所謂「自致其哀」者，尤不可不深長思也。戴德變除禮，今已無其書。夫親喪外除，二十五月免喪，二十七月復常，即在周時，亦原無過禮。禮，蓋免喪，而縣，而比御，亦賢者之俯而就矣，而猶必以「不樂」「不入」責其過禮，何耶？

【杭氏集説】孔氏穎達曰：祥禫之月，先儒不同。王肅以二十五月大祥，其月禫，二十六月作樂。下云「是月禫，徙月樂」。士虞禮「中月而禫」，是祥月之中也。鄭康成則二十七月禫，二十八月作樂，復常。喪服四制「祥之日，鼓素琴」，「夫子五日彈琴」，并此「獻子禫縣」之屬，皆據省樂忘憂，非正樂也。其八音之樂，工人所奏，必待二十八月。三年問云「二十五月而畢」者，據喪事終，除衰棄杖，其餘哀未盡，故更延兩月，非喪之正也。大記「禫而内無哭者，樂作矣」，謂禫後方將作樂，以釋「内無哭者」之義，非謂即作樂也。大記云：「禫而從御，吉祭而復寢。」間傳云「大祥，居復寢」者，去堊室，復殯宮之寢耳。又大記云「禫而從御」，謂禫後得御婦人，必待吉祭，然後復寢也。

馬氏晞孟曰：三年之喪，人子之所自盡，而不可以死傷生，故期而小祥，再期而大祥。祥則禫，言祭有即吉之漸也。大祥之祭，可以從吉之時，而爲人子者，不忍一朝之間釋衰絰而被玄黃，故又有禫以延之。雖然，祥禫之制施於三年之喪，則其月同。「中月而禫」，此三年之喪者。父在爲母期，則哀戚不得致於三年之中，故祥禫異月。蓋三年所以爲極，而致於二十五月者，其禮不可過，以三年之愛，而斷以期者，其情猶可伸也。夫三年之喪既禫，而徙月可以作樂，故魯人朝祥莫歌，而孔子曰「踰月，則其善也」。至於孟獻子既禫而不樂，則孔子以爲加於人一等矣。雜記曰：「親喪外除。」故笙歌之樂不作于未禫之前。然則孔子既祥，五日彈琴而不成聲，十日而成笙歌。言「十日」者，蓋亦徙月之間也。

朱子曰：喪禮只是二十五月，祥便是禫，當如王説。又曰：今既定制二十七月，即此等細瑣處，不須尋討，自致其哀，足矣。

姚氏際恒曰：按孔、孟之説，皆言三年之喪，未有二十幾月之説，亦未有大小祥、禫之名，其短折于二十幾月者，不知起于何時。自諸禮始有祥、禫之名，而短折者始一定，而不可復變矣。兹不具論，至于禫月以及作樂，禮又無明文，則所謂短折者，仍無一定之説。今從之者，不過東漢、晉儒懸揣臆斷而已，又可笑也。試詳之。鄭氏謂二十五月大祥，二十七月禫，二十八月作樂，孔氏疏之曰：「鄭據雜記云『父在，爲母、爲妻十三月大祥，十五月禫』。爲母、爲妻尚祥、禫異月，豈容三年之喪乃祥、禫同月？又据間傳、士禮云『中月而禫』，中月，間一月也。據喪服小記云：『妾附于妾祖姑，亡則中一以上而附。』又學記云：『中年考校。』皆以中間。又下云『祥而縞，是月禫，徙月樂』，謂大祥者縞冠，是月禫，謂是此月而禫，各自爲義。又文二年，公子遂如齊，納幣，公羊譏其喪娶。又以魯人朝祥而莫歌，及喪服四制云『祥之日，鼓素琴』，及孔子『五日彈琴不成聲，十日成笙歌』，併此，獻子禫縣之樂，皆據省樂忘哀，非正樂也。」此鄭氏之説也。王子雍謂二十五月大祥，其月爲禫，二十六月作樂。孔氏疏之曰：「王據下云『祥而縞，是月禫，徙月樂』，又與上『魯人朝祥而莫歌，孔子曰踰月則善』，是皆祥之後月作樂也。又據三年問云：『三年之喪，二十五月而畢。』又士虞禮『中月而禫』，是祥月之中也，與尚書文王『中身享國』，謂身之中間同。又文二年冬，公子遂如齊，納幣，是僖公之喪，至此二十六月，左氏曰：『納幣，禮也。』」此王氏之説也。按鄭氏、王氏二説皆謬，執于一，故未盡然。何則自聖人制三年之喪，其後變禮者又非一人，後人必欲執一説以概而通之，自有所不能也。今愚於記中凡言「禫」與「作樂」之不合者，悉平心意其文以解，不稍有牽强，而得其説爲三焉：三年問云：「三年之喪，二十五月而畢。」是謂禫即在祥月之内。又喪服四制云：「祥之日，鼓素琴。」又下「孔子既祥，五日彈琴而不成聲，十日而成笙歌」，此以二十五月爲禫，亦以二十五月作樂，一説也。上云「魯人朝祥而莫歌，孔子曰『踰月則善』」，二十五月大祥，踰月是二十六月，禫可以作樂，此云「孟獻子禫，縣而不樂」，亦當是二十六月禫，禫祭後即可作樂。又喪記云：「禫而内無哭者，樂作矣故也。」以此二十六月爲禫，亦以二十六月作樂，一説也。間傳及士虞禮皆云「中月而禫」，中月是間一月，二十五月大祥，則二十七月禫。又雜記云：「期十三月大祥，十五月禫。」與此亦合。又下云：「祥而縞，是月禫，徙月樂。」「是月」者，對「徙月」而言，若二十六月禫，則二十七月樂。鄭若依二十七月禫，則二十八月樂，此以二十七月爲禫，或二十七月、二十八月作樂，一說也。然則曷爲其説之或遲或蚤不同？若是曰變禮者，非一時，記禮者，非一人，故其言互異也。鄭、王各執一説，凡于諸禮文及他經事跡，其合可者合之，其不可合者，必逞其辭以强合，所以禮愈雜而多端，而後人究不得一是之從。予故悉取其不合者，疏列如右，使學者覽之，自可了然於心目之間，而亦可擇而從焉矣。其擇而從焉，奈何曰與爲其蚤者，寧爲其遲者，何也？昔者聖人之制三年之喪也，而何以短折之也？既以短折之，則本吾仁孝之心，從其短之長，猶愈乎其短之短也云爾。夫曰三年之喪，則是三期也。自春秋時，蔑禮成風，始有短折爲一期者，故宰我亦有「期可已矣」之問，而夫子力折之。孟子勸滕文公行三年之喪，而父兄百官皆不欲，此又可證也。于是秦漢諸儒起，而斟酌于其間，定爲二期，又加三月之禫，著于禮文，較之一期，雖若猶愈，而所歉者固已多矣。嗚呼！父母之喪，何事也而可以調停斟酌于其間乎！孔子曰：「子生三年，然後免于父母之懷。」不知此三年亦短折否？試以此詰之，應無不憮然者矣。昔者唐王元感曾建三年之議，而世迄無從之者，其亦滔滔之勢，固有所不可返者與？喪大記云：「禫而内無哭者，樂作矣故也。」又云：「禫而從御，吉祭而復寢。」則是禫祭後則可以樂，可以御，而獻子獨否，夫子所以歎其加于人一等也。此善之之辭，而陳晉之、陸農師之徒，皆言獻子過于禮，夫子非以爲得禮，特稱其加于人一等而已。嗚呼！禮雖不可過，不可不及，然喪禮非他禮可比，三年又非期功可比，喪過乎哀，不愈於不及乎？且可食而不食，則滅性，可除服而不除，則爲失禮，謂之過可也。此第不樂、不御耳，豈可謂之爲過哉！

姜氏兆錫曰：孟獻子，魯大夫仲孫蔑也。禫，祭名，大祥後間一月而禫。謂之禫者，澹澹然平安之意也。比，次也，猶言十五日之次，五日之次也。一曰及也，謂及當御之節也。縣而不樂，但縣其器而不作樂。比御而不入者，雖比次婦人之當御者，而猶不入寢也。雜記云「親喪外除」，故夫子美之。

【孫氏集解】鄭氏曰：孟獻子，魯大夫仲孫蔑。可以御婦人矣，尚不復寢。加，踰也。又士虞禮注曰：禫，祭名也，與大祥間一月。自喪至此，凡二十七月。禫之言澹澹然，平安意也。

孔氏曰：禫祭暫縣省樂而不恒作，至二十八月乃作樂。又依禮，禫後吉祭，乃復寢也。時人禫後即作樂，未至吉祭而復寢。獻子既禫，暫縣省樂而不恒作，比可以御婦人而不入寢，雖於禮是常，而特異餘人，故夫子善之。其祥禫之月，先儒不同。王肅以二十五月大祥，其月爲禫，二十六月作樂。以下云「祥而縞，是月禫，徙月樂」，又「魯人朝祥而莫歌」，孔子云「踰月則善」，是皆祥之後作樂也。又三年問云：「三年之喪，二十五月而畢。」又士虞禮「中月而禫」，是祥月之中，與尚書「文王中身享國」，謂身之中間同。又文公二年冬，公子遂如齊納幣，僖公之喪至此二十六月，左氏云：「納幣，禮也。」故王肅以爲二十五月禫除喪畢。鄭以爲二十七月禫者，以雜記云：「父在，爲母爲妻，十三月大祥，十五月禫。」爲母爲妻尚祥、禫異月，豈容三年之喪祥、禫同月？喪服小記云：「妾祔於妾祖姑，亡則中一以上而祔。」又學記云：「中年考校。」皆以中爲間，謂間隔一年，故以「中月而禫」爲間隔一月。下云「祥而縞，是月禫，徙月樂」，謂大祥者縞冠，「是月禫」謂是禫月而禫，二者各自爲義。文公納幣，公羊猶譏其喪娶。其「魯人朝祥莫歌」，及喪服四制云「祥之日，鼓素琴」，及「夫子五日彈琴而不成聲，十日成笙歌」，并此「獻子禫縣」之屬，皆據省樂忘哀，非正樂也。其八音之樂，工人所奏，必待二十八月。三年問「三年之喪，二十五月而畢」，據喪事終，除衰去杖，餘哀未盡，更延兩月，非喪之正也。曲禮「喪事先遠日」，則大祥當在下旬，禫祭又在祥後，何得云「中月即禫」？又禫後何以容吉祭？戴德喪服變除禮「二十五月大祥，二十七月而禫」，故鄭依而用焉。

愚謂祥禫之月，鄭、王二説各有據依，而先儒多是王氏，朱子亦以爲然。然魯人朝祥莫歌，孔子謂「踰月則善」，而孔子既祥十日而成笙歌，祥後十日已爲踰月。則孔氏據「喪事先遠日」，謂祥在下旬者，確不可易，而祥禫之不得同月，亦可見矣。祥後所以有禫者，正以大祥，雖除衰杖，而餘哀未忘，未忍一旦即吉。故再延餘服，以伸其未盡之哀，以再期爲正服，而以二月爲餘哀，此變除之漸而制禮之意也。若祥禫吉祭同在一月，則祥後、禫前不過數日，初無哀之可延，而一月之間頻行變除，亦覺其急遽而無節矣。父在，爲母、爲妻十一月而練，十三月而祥，十五月而禫。祥禫相去二月，此正準三年祥禫相去之月數，而制之者又何疑於三年之禫哉！

【朱氏訓纂】注：可以御婦人矣，尚不復寢。孟獻子，魯大夫仲孫蔑。加，猶踰也。說文：禫，除服祭也。正義：依禮，禫祭暫縣省樂而不恒作，吉祭乃始復寢。當時人禫祭之後則恒作樂，未至吉祭而復寢。今孟獻子特異餘人，故夫子善之。

三·二三　○**孔子既祥，五日彈琴而不成聲，**哀未忘。○彈，徒丹反。**十日而成笙歌。**踰月且異旬也。祥亦凶事，用遠日。五日彈琴，十日笙歌，除由外也。琴以手，笙歌以氣。○笙，音生。

【疏】「孔子」至「笙歌」。○正義曰：此一節論孔子除喪作樂之限。○「十日而成笙歌」者，上云「彈琴而不成聲」，此云十日而成笙歌之聲，音曲諧和也。

○注「五日」至「以氣」。○正義曰：此者解先彈琴後笙歌之意。由彈以手，手是形之外，故曰「除由外也」。祥是凶事，用遠日，故十日得踰月。若其卜遠不吉[二]，則用近日。雖祥後十日，亦不成笙歌，以其未踰月也。

【衛氏集說】鄭氏曰：不成聲，哀未忘也。十日則踰月且異旬也。五日彈琴，十日笙歌，除由外也。琴以手，笙歌以氣。

孔氏曰：此一節論孔子除喪作樂之限。祥是凶事，用遠日，故十日得踰月。若其卜遠不吉，則用近日。雖祥後十日，亦不成笙歌，以其未踰月也。

長樂陳氏曰：祥之日可以鼓素琴，君子所以與人同。五日彈琴而不成聲，君子所以與人異。彈之者，禮之所不可廢也。不成聲者，仁之所不忍也。

嚴陵方氏曰：祥之日，鼓素琴，故孔子五日而彈琴。徙月樂，故孔子十日而笙歌。

【吴氏纂言】鄭氏曰：不成聲，哀未忘也。五日彈琴，十日笙歌，除由外也。琴以手，笙歌以氣。

長樂陳氏曰：祥之日，可鼓素琴，君子所以與人同。五日彈琴而不成聲，君子所以與人異。彈者，禮也。不成聲者，仁也。

澄曰：成者，樂曲之一終。聲者，曲調之聲也。不成聲，謂不終曲也。祥後可以彈

[二] 若其十遠不吉　閩、監本同。毛本「十」作「卜」，是也，衛氏集說同。○鍔按：「若其」上，阮校有「孔子既祥節」五字。

琴矣，然猶有餘哀，故彈之不終一曲而又廢也。十日之後，則不但彈琴終曲，吹笙而歌亦終曲矣。哀情之殺以漸也。

【江氏擇言】鄭注：十日成聲歌，踰月且異旬也。祥亦凶事，用遠日。五日彈琴，十日笙歌，除由外也。琴以手，笙歌以氣。

孔疏云：祥是凶事，用遠日，故十日得踰月。若其卜遠不吉，則用近日。雖祥後十日，亦不成笙歌，以其未踰月也。

吴氏云：不成聲，謂不終曲也。

按，此章與「朝祥莫歌」章「踰月則善」之云似相妨，如注疏説，方可通。陳氏集説及吴氏説皆不載注疏「用遠日」之説，失之矣。

【欽定義疏】正義　鄭氏康成曰：不成聲，哀未忘也。十日，則逾月且異旬也。五日彈琴，十日笙歌，除由外也。琴以手，笙歌以氣。

孔氏穎達曰：此論孔子除喪作樂之限。祥是凶事，用遠日，故十日得逾月。若其卜遠不吉，則用近日。雖祥後十日，亦不成笙歌，以其未逾月也。

陳氏祥道曰：祥之日，可以鼓素琴，君子所以與人同。五日彈琴而不成聲，君子所以與人異。彈之者，禮之不可廢也。不成聲者，仁之所不忍也。

【杭氏集説】萬氏斯大曰：祥禫之説，鄭玄主異月，王肅主同月。今按此條及前「朝祥暮歌，孔子謂踰月則善」，喪服四制「祥之日，鼓素琴」，正合是篇所云「祥而縞，是月禫，徙月樂」及三年問所云「三年之喪，二十五月而畢」。王肅之言爲可據，士虞禮、間傳皆言「中月而禫」，謂禫在祥月中也。即令喪事先遠日，祥或在下旬，然祥後即禫，亦不害爲中月。鄭乃據喪服小記「中一以上」、學記「中年考校」兩文釋「中」爲「間」，遂定爲二十七月，而後世因之，不思三年問一篇出于荀子。荀子，周人也，二十五月而言，必非無據，奈何與之相背乎？然先儒多知二十七月之不合乎經，而不敢昌言正之者，親喪寧厚，且相沿已久，不能卒變也。

汪氏琬曰：此記禮之誣也。「祥而縞，是月禫，徙月樂」，祥禫之同日異月，吾姑不暇辨，然必俟徙月後而用樂，則已審矣。顧孔子之彈琴也，獨不當俟諸踰月之外乎？按，琴瑟之爲物，雖君子無故不徹者，然考之經，皆燕饗樂器也。其在鹿鳴之詩曰：「我有嘉賓，鼓瑟鼓琴。鼓瑟鼓琴，和樂且湛。」是宜從徙月之例，無惑也。況當大祥之時，其服則猶麻也，其寢則猶未床也。雖使加緩焉，以訖於踰月，何不可者？而孔子必欲彈之以干非禮乎？與其不成聲，不如其勿彈，與其彈于既祥之後，不如彈之於既禫之後也。魯人朝祥而暮歌，則孔子薄言其失。孟獻子禫而不樂，則謂其加于人一等。孰謂孔子者禮教之所從出，而反不如獻子，乃僅僅與魯人爭五日之先後乎？使孔子果琴之彈也，必不賢獻子而諷魯人，孔子既已賢獻子而諷魯人矣，决不身自彈琴以干非禮之誚也。曾子問曰：「廢喪禮可以與于饋奠之事乎？」孔子曰：「脱衰與奠，非禮也。」説者以爲大祥除服，不得與於他人饋奠之事。夫饋奠，且不得與，如之何可以彈琴乎哉！吾故曰誣孔子也。蓋記禮本非一人，故即檀弓一篇，往往彼此悖謬如此。

姚氏際恒曰：此與上「魯人朝祥而暮歌」章之義悖違，則記者之妄可知矣。鄭氏曰：「謂踰月且異旬，祥亦凶事，用遠日。」孔氏曰：「祥是凶事，用遠日，故十日得踰月。若其卜遠不吉，雖祥後十日，亦不成笙歌，以其未踰月也。」按，本文但言十日，不言踰月，鄭、孔雖極意斡旋，終是未通。

姜氏兆錫曰：復類引孔子之事以明之也。家語「十日」之下有「過禫」二字，謂「彈琴而不成聲」者，凡十日至過禫而後成笙歌也，當以家語爲正。此脱文耳。

**【孫氏集解】**鄭氏曰：不成聲，哀未忘也。十日則踰月且異旬也。五日彈琴，十日笙歌，除由外也。琴以手，笙歌以氣。

孔氏曰：祥是凶事，用遠日，故十日得踰月。若其卜遠不吉，則用近日。雖祥後十日，未得成笙歌，以其未踰月也。

**【朱氏訓纂】孔子既祥，五日彈琴而不成聲，**注：哀未忘。**十日而成笙歌。**注：踰月且異旬也。祥亦凶事，用遠日。五日彈琴，十日笙歌，除由外也。琴以手，笙歌以氣。

三·二四 ○**有子蓋既祥而絲屨、組纓。**譏其早也。禮，既祥，白屨無絇，縞冠素紕。有子，孔子弟子有若。○屨，音句。組，音祖。絇，其俱反。縞，古老反，又古報反。

**【疏】**「有子」至「組纓」。○正義曰：此一節明除喪失禮之事。有子，孔子弟子有若也。「蓋」是疑辭，録記之人傳聞有子既祥而絲屨，未知審否，意以爲實，故云「蓋既祥而絲屨，以組爲纓」也。

○注「譏其」至「有若」。○正義曰：此絲屨、組纓，禫後之服，今既祥而著，故云「譏其早也」。云「禮，既祥，白屨無絇」，戴德喪服變除禮文。云「縞冠、素紕」者，玉藻文。素紕當用素爲纓，未用組，今用素組爲纓，故譏之。案玉藻云云[一]「玄冠綦組纓」，知此非綦組纓者，若其綦組爲纓，則當以玄色爲冠，若既祥玄冠，則失禮之甚，不應直譏組纓也。案士冠禮「冬皮屨，夏用葛」，無云絲屨者。此絲屨，以絲爲飾絇、繶、純之屬。故士冠禮云：「白屨，緇絇、繶、純；纁屨，黑絇、繶、純。」鄭注屨人云：「絇，屨頭飾。繶是縫中紃。純，緣也。」此有子蓋亦白屨，以素絲爲繶純也。

**【衛氏集説】**鄭氏曰：譏其早也。禮，既祥，白屨無絇，縞冠素紕。有子，孔子弟子有

[一] 案玉藻云云　閩、監、毛本上「云」作「文」，惠棟校宋本「云」字不重。○鍔按：「案玉」上，阮校有「有子蓋既祥節」六字。

若。

孔子曰：此一節明除喪失禮之事。既祥，素紕當用素爲纓，未用組，今用素組爲纓，乃禫後之服，故譏之。案，士冠禮「冬皮屨，夏用葛」，無云絲屨者。此絲屨，以絲爲飾絇、繶、純之屬。鄭注屨人曰：「絇，屨頭飾也。」

嚴陵方氏曰：以絲爲屨之絇，以組爲冠之纓，則服之吉者也。而有子服之於既祥，固失之於早矣。然則既祥之屨如之何？亦曰「徹絇」而已。既祥之纓如之何？亦曰「用素」而已。有子爲孔門高弟，而失禮若是。疑或不然，抑記者或得於傳聞，故曰「蓋」焉。

【吴氏纂言】鄭氏曰：譏其早也。禮，既祥，白屨無絇，縞冠素紕。

孔氏曰：「蓋」者，疑辭，記人傳聞未知審否。絲屨者，以絲爲飾絇、繶、純之屬。素紕當用素爲纓，未用組。用組爲纓，乃禫後之服。

方氏曰：以絲爲屨之飾，以組爲冠之纓，服之吉者也。而有子服之於既祥，失於早矣。既祥之屨如之何？曰：徹絇。既祥之纓如之何？曰：用素。有子，孔門高第，而失禮若是。疑或不然，故曰「蓋」焉。

【陳氏集説】**孔子既祥，五日彈琴而不成聲，十日而成笙歌。有子蓋既祥而絲屨、組纓。**有子，孔子弟子有若也。禮，既祥，白屨無絇，縞冠素紕。組之文五采，今方祥，即以絲爲屨之飾，以組爲冠之纓，服之吉者也。此二者皆譏其變吉之速。然「蓋」者，疑辭，恐記者亦是得於傳聞，故疑其辭也。引孔子之事者，以見餘哀未忘也。

**【納喇補正】孔子既祥，五日彈琴而不成聲，十日而成笙歌。**

集說 引孔子事以見餘哀未忘也。

竊案 吴氏謂：「成者，樂曲之一終。聲者，曲調之聲也。不成聲，謂不終曲也。祥終可以彈琴矣，然猶有餘哀，故彈之不終一曲而又廢也。十日之後，則不但彈琴終曲，吹笙而歌亦終曲矣。哀情之殺以漸也。」然近日玉巖黄氏疑之，蓋以上文「魯人朝祥暮歌」章觀之，可見祥後踰月禫訖方可歌。聖人喪親，縱不敢越中道，亦宜如定制，豈有祥未踰月，但五日而即彈琴，十日而成笙歌，不又將爲子路所笑乎？集説以爲餘哀未忘，而不察記文之自相背戾。惟鄭玄略識此意，故於「既祥」下注云：「踰月且異旬也。」祥亦凶事，先遠日，五日彈琴，十日笙歌，由外除也。是以既祥爲踰月且異旬，故合正禮。但據本文是言祥祭之後，五日彈琴，十日笙歌，鄭注雖爲曲解，未免啟千古不決之疑，當闕以俟知者。

**【郝氏通解】孟獻子禫，縣而不樂，比御而不入。夫子曰：「獻子加於人一等矣。」孔子既祥，五日彈琴而不成聲，十日而成笙歌。有子蓋既祥而絲屨、組纓。**

此言除喪之禮。孟獻子，魯大夫仲孫蔑也。禫，祭名，言澹也。大祥後間一月而禫，初喪至禫，蓋二十七月。記曰「禫而内無哭」者，樂作矣。獻子樂雖懸而不作。又曰禫而從御，吉祭而復寢。比，及也。雖及當御之期，而獻子猶宿于外，故夫子稱其加常情一等，此微過於禮者也。孔子既祥，謂禫後既從吉也。五日彈琴不成聲，哀未忘也。十日成笙歌之聲，意漸平也。此言聖人適禮之中也，有子既祥，即以絲緣屨，以雜組爲冠纓，此又微不及於禮也。曲禮曰「生與來日」，欲其遲也，「死與往日」，悲其速也。故喪雖云二十四月祥，而祥祭乃在來月，實二十五月也。雖云祥後禫，而禫祭又閒一月，實二十七月也。蓋傷死者之易遠，不忍遽除，此制禮之意也。不及者不仁，而太過者難繼。故禮者，酌人情而制之中，記者之意也。

按，記者並舉三事，意以孔子爲法，然所記孔子事亦誣也。十日而成笙歌，與「朝祥莫歌」相去幾何？是子路所笑者。「踰月則善」，豈謂十日遂可歌乎？前後意相背。獻子禫猶不樂，不居内，誠知禮者，恒情所難，故曰「加人一等」，蓋美之。

【欽定義疏】**正義**　鄭氏康成曰：譏其早也。禮既祥，白屨無絇，孔疏：士冠禮「冬皮屨，夏用葛」矣。云「絲屨」者，此蓋以絲爲飾，如絇、繶、純之屬。士冠禮「白屨，緇絇、繶、純；纁屨，黑絇、繶、純」。鄭注屨人云：「絇，屨頭飾。繶是縫中紃。純，緣也。」此有子蓋白屨，以素絲爲繶純也。縞冠素紕。孔疏：既祥，素紕，當用素爲纓，未用組。今用素組爲纓，乃禫後之服。玉藻云「玄冠綦組纓」。知此非綦組纓者，綦組爲纓，當玄色爲冠。既祥玄冠，失禮之甚，不應直譏組纓也。

孔氏穎達曰：此明除喪失禮之事。有子，孔子弟子有若。

方氏慤曰：以絲爲屨之絇，以組爲冠之纓，服之吉者也。有子服之於既祥，則失之早矣。然則既祥之屨如之何？徹絇而已。既祥之纓如之何？用素而已。

陳氏澔曰：此二者皆譏其變吉之速，然「蓋」者，疑辭，恐記者亦得之傳聞，故疑其辭。

【杭氏集説】陳氏澔曰：此二者皆譏其變吉之速。然「蓋」者，疑辭，恐記者亦得之傳聞，故疑其辭。

楊氏慎曰：孟獻子、孔子、有子三章一聯爲義。獻子過，有子不及，舉孔子明祥禮之中制。

姚氏際恒曰：玩「蓋」字、「而」字，鄭氏譏有子，近是。孔子亦以爲疑辭，不知何疑之有。

姜氏兆錫曰：有子，孔子弟子有若也。禮，既祥，屨無絇，縞冠素紕。今即以絲爲屨飾，以采組爲冠纓，其變已速矣。然有若似聖人者，恐未然也，故稱「蓋」以疑之。

【孫氏集解】鄭氏曰：譏其早也。既祥，白屨無絇，疏云：變除禮文。縞冠素紕。有子，孔子弟子有若。

孔氏曰：「蓋」是疑辭，傳聞未審，故云「蓋」。案士冠禮「冬皮屨，夏用葛」，無云「絲屨」者。此云「絲屨」，以絲爲絇、繶、純之屬。有子蓋亦白屨，以素絲爲繶純也。縞冠素紕，當用素爲纓，未用組，今用素組爲纓，故譏之。玉藻云：「玄冠，綦組纓。」知此非綦組纓者，若用綦組爲纓，則當以玄色爲冠。若既祥玄冠，失禮之甚，不應直譏組纓也。

【朱氏訓纂】注：譏其早也。禮，既祥，白屨無絇，縞冠素紕。有子，孔子弟子有若。說文：「纓，冠系也。」「組，綬屬。其小者以爲冕纓。」正義：素紕，當用素爲纓，未用組。今用素組爲纓，故譏之。案士冠禮「冬皮屨，夏用葛」，無云絲屨者。此絲屨，以絲爲飾絇、繶、純之屬。蓋白屨以素絲爲繶純也。

【郭氏質疑】鄭注：譏其早也。禮，既祥，白屨無絇，縞冠素紕。

嵩燾案，三年問：「三年之喪，二十五月而畢。」士虞記：「中月而禫。」中月者，當祥月也。此經下云：「祥而縞，是月禫，徙月樂。」所云「既祥」者，據「禫」言之。間傳：「禫而纖，無所不佩。」方言：「繒帛之細者謂之纖。」鄭注：「黑經白緯曰纖。舊說『纖冠者，采纓也』。」士冠禮，緇布冠，青組纓；皮弁、爵弁，緇組纓。鄭注間傳「再期大祥，素縞麻衣」云：十五升布，深衣。謂之「麻」者，無采飾也。雜記：「除殤之喪，其祭也必玄。除成喪者，其祭也朝服縞冠。」除喪之祭，即祥祭也。祥而朝服、深衣，已即吉矣。鄭注「除殤喪」：玄端，黃裳，於成人爲釋禫之服。案，朝服亦玄端，所異者縞冠。似禫冠采纓，其得用組纓宜矣。而周禮屨人有赤舄、黑舄、素屨。士冠禮有黑屨、白屨、纁屨，不詳其爲絲、爲布。鄭司農注屨人「赤繶，黃繶」云：「以赤黃之絲爲下緣。」緣用絲，則屨亦絲。

案士冠禮，屨，夏葛，冬皮屨可也。舉冬、夏以明屨之異制，餘屨皆絲也。喪服傳，齊衰杖，疏屨；不杖，麻屨。凡深衣無緣曰麻衣，麻屨亦無緣。屨人之素屨，則絲屨之無緣者，互證之自明。孔疏乃據士冠禮「冬皮屨」「夏用葛」，無云「絲屨」者，此絲屨爲以絲飾絇、繶、純之屬，其誤甚矣。「絲屨、組纓」，蓋即緇布冠、玄端之類，所謂禫服也。此謂既祥後兼用禫服，非譏有子之失禮，疑絲屨猶當去飾，以別於純吉。疏申鄭義，以絲當絇、繶之屬者，誤也。

# 檀弓注疏長編卷六

三·二五 ○**死而不弔者三**：謂輕身忘孝也。**畏、**人或時以非罪攻己，不能有以說之死之者。孔子畏於匡。**厭、**行止危險之下。○厭，于甲反。**溺。**不乘橋舡[一]。○溺，奴狄反。

【疏】「死而」至「厭溺」。○正義曰：此一節論非理橫死，不合弔哭之事。○「畏」，謂有人以非罪攻己，己若不有以解說之而死者，則不弔。鄭玄注引論語以證之[二]，明須解說也。案世家云，陽虎嘗侵暴於匡，時又孔子弟子顏刻爲陽虎御車。後孔子亦使刻御車，從匡過，孔子與陽虎相似，故匡人謂孔子爲陽虎，因圍欲殺之。孔子自說，故匡又解圍也[三]。「自說」者，謂卑辭遜禮。論語注云「微服而去」，謂身著微服，潛

[一] 不乘橋舡 閩本同。監、毛本「舡」作「船」，岳本、嘉靖本同，衛氏集説同，疏同。○鍔按：「不乘」上，阮校有「死而不弔者節」六字。

[二] 鄭玄注引論語以證之 閩本同，惠棟校宋本同，監、毛本「玄」誤「云」。

[三] 故匡又解圍也 閩本同，監、毛本「又」作「人」。

行而去，不敢與匡人鬭，以媚悦之也。

○「厭」，謂行止危險之下，爲崩墜所厭殺也。

○「溺」，謂不乘橋舡而入水死者。何胤云：「馮河、潛泳[一]，不爲弔也。」除此三事之外，其有死不得禮，亦不弔。故昭二十年衛齊豹欲攻孟縶，宗魯事孟縶。是時齊豹欲攻孟縶，宗魯許齊豹攻之，不告孟縶，及孟縶被殺而死，宗魯亦死之。孔子弟子琴張欲往弔之，孔子止之，曰：「齊豹之盜，而孟縶之賊，女何弔焉？」杜預云：「言齊豹所以爲盜，孟縶所以見賊，皆由宗魯。」是失禮者，亦不弔也。

【衛氏集説】鄭氏曰：畏，謂人或時以非罪攻己，不能有以説之死之者。厭，謂行止危險之下。溺，謂不乘橋船。不弔，以其輕身忘孝也。

孔氏曰：此一節論非禮横死，不合弔哭之事。

王氏曰：孔子畏匡，德能自全也。設使聖人卒罹不幸，何得不痛悼而罪之乎？非徒賢者，設有罪愚人，亦不得不哀傷之也。王肅聖證論，見通典。

横渠張氏曰：知死而不知生，傷而不弔，畏、厭、溺，可傷尤甚也，故特致哀死者，不弔生者以異之，且「如何不淑」之詞，無所施焉。畏，畏懼而死者也。三者皆不得其死，

[一] 馮河潛泳　惠棟校宋本如此，此本誤「馬何潛氷」，閩本上三字不誤，惟「泳」字仍誤「氷」，監、毛本誤「水」。

故君子傷之之甚，但知憫死者而已，哀有餘而不暇於文也。

長樂陳氏曰：傷主於死者，弔主於生者，傷則傷其所終，弔則弔其所失。苟死者不足謂之終，則生者不足謂之失，此所以不足弔也。蓋怖畏而死則非勇，厭溺而死，則非智。是以戰死而葬者不以翣，失伍而死者不入兆域，凡此非勇者也。垂堂之坐，巖牆之立，動而徵病，行而招死，凡此非智者也。君子之所不弔者，不特此而已。宗魯賊於孟縶，及其死也，琴張不敢弔。季子專政於魯，及其死也，曾晳倚門而歌。君子之行無他，要在生不爲人之所不敬，死不爲人之所不弔而已。

嚴陵方氏曰：戰陣無勇，非孝也，其有畏而死者乎？君子不立巖牆之下，其有厭而死者乎？孝子舟而不游，其有溺而死者乎？三者之死，皆非正命也。

廬陵胡氏曰：畏，謂畏避，不能死難，而終不免於死者。

廣安游氏曰：古之君子，欲正人之過失，不專恃乎刑罰而已，使生者有所愧，死者有所憾，皆所以誅罰之也。生有所愧，若異其衣冠，坐諸嘉石，著之丹書，此類是也。死有所憾，若桐棺三寸，不入兆域，死而不弔，倚門而歌，此類是也。蓋禮樂行於天下，使人有所勸勉愧恥，而不麗於過惡，此其爲道，尊而不迫，亦後世所不能及也。

慈湖楊氏曰：畏，死於兵。厭，死於巖牆。溺，死於水。非不弔也，不忍爲弔辭，不忍言之也。使孔子果死於匡，則不可弔乎？屈原之死，亦不可弔乎？而先儒有謂直賤之而不弔，此乃固陋，執言失意，人心之所不安也。

【吴氏纂言】鄭氏曰：畏，謂人或以非罪攻己，不能有以説之而死者。厭，謂行止危險之下。溺，謂不乘橋船。不弔，以其輕身忘孝也。

孔氏曰：非理横死，不合弔哭。

方氏曰：三者之死，皆非正命也。

長樂陳氏曰：君子之所不弔者不特此，宗魯爲孟縶而死，孔子不許琴張弔之。君子之行無他，要在生不爲人之所不敬，死不爲人之所不弔而已。

王氏曰：孔子畏匡，德能自全也。設使聖人卒罹不幸，何得不痛悼而罪之乎？非徒賢者，設有罪愚人，亦不得不哀傷之也。

張子曰：知死而不知生，傷而不弔。畏、厭、溺三者，皆不得其死，可傷尤甚，君子但知憫死者而已，故特致哀死者，不弔生者以異之。且「如何不淑」之辭，無所施焉。蓋哀有餘而不暇於文也。

慈湖楊氏曰：畏，死於兵。厭，死於巖墻。溺，死於水。非不弔也，不忍爲弔辭，不忍言之也。使孔子果死於匡，則亦不可弔乎？屈原之死，亦可不弔乎？而先儒謂之賤之而不弔，此乃固陋，執言失意，人心所不安也。

【陳氏集説】方氏曰：戰陳無勇，非孝也，其有畏而死者乎？君子不立巖牆之下，其有厭而死者乎？孝子舟而不游，其有溺而死者乎？三者皆非正命，故先王制禮在所不弔。應氏曰：情之厚者，豈容不弔？但其辭未易致耳。若爲國而死，於兵亦無不弔之理。若齊莊公於杞梁之妻，未嘗不弔也。愚聞先儒言明理可以治懼，見理不明者畏懼，而不知所出，多自經於溝瀆，此真爲死於畏矣。似難專指戰陳無勇也。或謂鬬很亡命曰畏。

【納喇補正】集説 方氏曰：「戰陣無勇，非孝也，其有畏而死者乎？」應氏曰：「爲國而死於兵，亦無不弔之理。若齊莊於杞梁之妻，未嘗不弔也。愚聞見理不明者多自經於溝瀆，此真爲死於畏矣。或謂鬬很亡命曰畏。」

竊案 戰陣無勇，奔北而死，固謂之畏；見理不明，自經溝瀆，亦謂之畏。若鬬很亡命，書所謂「愍不畏死」者，豈得謂之畏乎？齊杞梁之死戰，非有畏而亡也，力不支也，不可入此例。又案慈湖楊氏曰：「畏，死於兵。壓，死於巖牆。溺，死於水。非不弔也，不忍爲弔辭，不忍言之也。使孔子果死於匡，則亦可不弔乎？屈原之死，亦可不弔乎？而先儒謂之賤而不弔，此乃固陋，執言失意，人心所不安也。」愚案楊氏此説與應氏説相類，皆誤認記文之意。蓋畏、壓、溺三者，皆謂死非正命，非如孔子之畏匡、屈原之沈汨羅者也。昔宗魯事孟縶，齊豹欲攻之，宗魯不告，及孟摯被殺而死，宗魯亦死之。琴張欲往弔，孔子止之曰：「齊豹之盜，而孟縶之賊，女何弔焉？」是死不合禮者，君子所不弔也。故應、楊二氏之説，皆未盡也。惟游氏謂古之君子欲正人之過失，不專恃乎刑罰，異其衣冠，使生有所愧，死而不弔，使死有所憾，於是人有所愧恥而不麗於罪惡。此説較長。白虎通義曰：「有不弔三何？爲人臣子，常懷恐懼，深思遠慮，志在全身，今乃畏、厭、溺死，用爲不義，故不弔也。禮曾子記曰：大辱加於身，皮體毀傷，即君不臣，士不友，祭不得爲昭穆之尸，食不得昭穆之牲，死不得葬昭穆之域也。」

【郝氏通解】畏，恐懼無聊自盡者也。厭，與壓同，行止危險之下，崩壓死者也。溺，謂馮河溺死者也。士君子行法俟命，三者皆非正命，所以不足弔。

【方氏析疑】傷死之禮，起於生前之恩義。設周親昵好而死於非命，則痛隱更深，豈反有不弔之禮？蓋奔赴而號泣，呼搶不復，置弔辭以重傷主人之心也。朱軾曰：孔氏云，非理横死，謂以非理而横死於畏、厭、溺者，非謂畏、厭、溺皆非理横死也。

【江氏擇言】按，此章多異論。長樂陳氏謂君子之所不弔者，不止此。臨川王氏謂畏而死者，雖有罪，愚人亦不得不哀傷之。張子謂三者可傷尤甚，但致哀死者，不弔生者。慈湖楊氏謂非不弔也，不忍爲弔辭。應氏謂情之厚者，豈容不弔？但其辭未易致耳。朱文端公辨之曰：「按孔氏云，非理横死，謂非理而横死於畏、厭、溺，非謂畏、厭、溺者皆非理横死。方氏云『三者之死，皆非正命』，謂非正命皆不弔，非謂三者之死盡非正命也。

非正命者不弔，正命者可不弔乎？又弔與哭異，經言弔不言哭，明非九族五服之親也。經文本無可疑，先儒紛紛詆議，又或曲爲之説，俱不通之論。」此説善矣。

【欽定義疏】正義　鄭氏康成曰：畏，謂人或以非罪攻己，不能有以説之而死之者。厭，謂行止危險之下。溺，謂不乘橋船。不弔，以其輕身忘孝也。

孔氏穎達曰：此論非理横死，不合弔哭之事。

方氏慤曰：戰陳無勇非孝也，其有畏而死者乎？君子不立巖牆之下，其有厭而死者乎？孝子舟而不游，其有溺而死者乎？三者皆非正命，故先王制禮在所不弔。

胡氏銓曰：畏，謂畏避，不能死難，而終不免於死者。

陳氏澔曰：先儒言明禮可以治懼。見理不明者，畏懼不知所出，多自經於溝瀆，此真爲死於畏矣。

通論　王氏肅曰：孔子畏匡，德能自全也。設使聖人卒罹不幸，何得不痛悼而罪之乎？

陳氏祥道曰：怖畏而死則非勇，厭溺而死則非智。是以戰死而葬者不以翣，失伍而死者不入兆域。垂堂之坐，巖牆之立，動而徵病，行而招死，凡此君子之所不弔者，不特此而已。宗魯賊於孟縶，及其死也，琴張不敢弔。季氏專政於魯，及其死也，曾晳倚門而歌。君子之行無他，生不爲人之所不敬，死不爲人之所不弔而已。

應氏鏞曰：爲國而死於兵，亦無不弔之理。齊莊公於杞梁之妻，未嘗不弔也。

**餘論** 游氏桂曰：古之君子欲正人之過失，不專恃乎刑罰而已。使生者有所愧，死者有所憾，皆所以誅罰之也。生有所愧，若異其衣冠之類。死有所憾，若死而不弔之類。使人勸勉愧恥，不麗於過，惡其爲道，尊而不迫，亦後世所不能及也。

**存異** 張子曰：知死而不知生，傷而不弔。畏、厭、溺，可傷尤甚，故特致哀死者，不弔生者以異之，且「如何不淑」之辭，無所施焉。哀有餘而不暇於文也。

**案** 三者之不弔，以其死非正命也。若因情厚薄，因人賢否以致哀戚，亦非禮之所禁。張子謂哀死者甚，故不弔生者以異之，恐無此理。禮，知死而不知生，傷而不弔。蓋因情生哀，自合如是，哭泣之痛，豈能施於不知之人？此涕之無從也。若謂哀死者甚，而於生者反漠然，豈人情耶？

**【杭氏集說】**陳氏澔曰：先儒言明理可以治懼，見理不明者，畏懼不知所出，多自經於溝瀆，此真爲死於畏矣。

應氏鏞曰：爲國而死於兵，亦無不弔之理。齊莊公於杞梁之妻，未嘗不弔也。

朱氏軾曰：孔氏云：「非理横死，謂非理而横死于畏、厭、溺者，非謂畏、厭、溺者皆非理横死。」方氏云「三者之死，皆非正命」，謂非正命皆不弔，非謂三者之死盡非正命也。非正命者不弔，豈正命者可不弔乎？縣賁父、杞梁、顏真卿、屈原之徒，死賢于生，豈但不可不弔乎？又弔與哭異，經言吊不言哭，明非九族、五服之親也。經文本無可疑，先儒紛紛詆議，又或曲爲之説，俱泥而不通之論也。

李氏光坡曰：夫子止琴張之弔宗魯，正罪其畏也。曰君子不食姦，不受亂，不爲利疚于回，不以回待人，不蓋不義，不犯非禮。深味之，曾直道而行，無所畏卻者，而肯爲此平充畏之念，可以弒父與君，如鄭公子歸生是也。

姜氏兆錫曰：方氏曰：「戰陣無勇，非孝也，有畏而死者乎？知命者，不立于巖墻之下，有厭而死者乎？孝子舟而不游，有溺而死者乎？三者皆非正命，故禮在所不弔也。」應氏曰：「情厚者，豈能不弔？但其辭未易致耳。」陳注曰：「明理可以治懼，見禮不明，則以畏懼而死者有矣，如自經於溝瀆之類是也。」愚按畏而死一説，以類推之，陳説較合。

齊氏召南曰：按注未確，陳氏集解稍明。

方氏苞曰：傷死之禮，起于生前之恩義。設用親昵好而死于非命，則痛隱更深，豈反有不弔之禮？蓋奔赴而號泣，呼搶不復，置弔辭以重傷主人之心也。

【孫氏集解】鄭氏曰：畏，謂人或時以非罪攻己，不能有以説之死之者，孔子畏於匡。厭，行止危險之下。溺，謂不乘橋船。三者不弔，以其輕身忘孝也。

愚謂畏，謂被迫脅而恐懼自裁者。厭，謂覆厭而死者。溺，謂川游而死者。琴張欲弔宗魯，孔子止之，君子之於所弔不敢苟如此。三者之死，皆非正命，故不弔。觀於此，則君子之所以守其身者，可知矣。

【朱氏訓纂】死而不弔者三：注：謂輕身忘孝也。畏、盧注：畏者，兵刃所殺也。厭、注：行止危險之下。溺。注：不乘橋船。　正義：何胤云：「馮河、潛泳，不爲弔也。」除此三事之外，其有死不得禮，亦不弔。故琴張欲弔宗魯，孔子止之，曰：「齊豹之盜，而孟縶之賊，女何弔焉？」是失禮者亦不弔也。

三·二六　**子路有姊之喪，可以除之矣，而弗除也。孔子曰：「何弗除也？」子路曰：「吾寡兄弟而弗忍也。」孔子曰：「先王制禮。行道之人皆弗忍也。」**行道，猶行仁義。○弗除，如字，徐治慮反。**子路聞之，遂除之。**

【疏】「子路」至「除之」。○正義曰：庾蔚云：「子路緣姊妹無主後，猶可得反服，推己寡兄弟，亦有申其本服之理，故於降制已遠而猶不除，非在室之姊妹，欲申服過期也。是子路已事仲尼，始服姊喪，明姊已出嫁，非在室也。」

【衛氏集説】鄭氏曰：行道，猶行仁義。

庾氏曰：子路緣姊妹無主後，猶可得反服。推己寡兄弟，亦有申其本服之理，故於降制已遠而猶不除，非在室之姊妹，欲申服過期也。蓋子路已事仲尼，始服姊喪，明姊已出嫁，非在室也。

廣安游氏曰：伯魚母死，期而猶哭。孔子曰：「嘻！其甚也。」與此同意。天下之禮，苟循乎情之所及而爲之，則將不知其所止。夫人有賢者、有不肖者，賢者過之，不肖者不及也。苟循其過而爲之禮，則子路、伯魚不知其所終；約其不及而爲之禮，則原壤、宰予不可以爲訓。故禮者，通乎賢、不肖而爲之，不可以過，不可以不及也。

嚴陵方氏曰：行道之人，與孟子「呼爾而與之，行道之人弗受」同義。先王制禮，於可除而必除之，行道之人於可除而弗忍焉。必除之者，公義也；弗忍焉者，私情也。

吴氏莘曰：聖人以中道抑人之情，非惡其過厚，懼其不可繼而已。

廬陵胡氏曰：行道，謂道路之人。

【吴氏纂言】鄭氏曰：行道，猶行仁義。

庾氏曰：子路緣姊妹無主後，猶可得反服。推己寡兄弟，亦有申其本服之理，故於降制已遠而猶不除，非在室之姊妹，欲申服過期也。蓋子路已事仲尼，始服姊喪，明姊已出嫁，非在室也。

澄曰：行道，謂稍知率性之道而行之者。其情必過厚，故以禮制其情，則皆有所不忍也。方氏、胡氏以此行道之人謂行於道路之人，與孟子所謂「行道之人弗受」者同，文義不通。伯魚於出母之喪，期後當不哭矣而猶哭；子路於嫁姊之喪，大功服滿當除矣而猶不除，皆情之過厚而於禮不可，故夫子皆抑其過。伯魚遂除之，除其哭也；子路遂除之，除其服也。

廣安游氏曰：天下之禮，苟徇其情之過而爲禮，則子路、伯魚不知其所終；約其不及之情而爲禮，則原壤、宰予不可以爲訓。故禮者，通乎賢、不肖而爲之，不可以過，不可以不及也。

【陳氏集説】行道之人，皆有不忍於親之心。然而遂除之者，以先王之制，不敢違也。

【納喇補正】行道之人皆弗忍也。

集説　行道之人，皆有不忍於親之心。然而遂除之者，以先王之制，不敢違也。

竊案　「行道」有兩説：鄭氏謂「行道」猶行仁義。臨川吴氏本之，謂「稍知率性之道而行之者，其性必過厚，故以禮制，其情則皆有所不忍也」。方氏、胡氏則以爲「行道之人」與孟子所謂「行道之人弗受」同。集説雖不分别言之，應是從鄭注之説，然而謬矣。

【郝氏通解】子路蓋過于厚者，故夫子裁之。

【方氏析疑】先王制禮。行道之人皆弗忍也。行道之人，猶言塗之人。塗之人寡兄弟者，皆有不忍之心。而不聞有易喪期者，以先王制禮，不敢過也。

【欽定義疏】正義　孔氏穎達曰：庾氏蔚之云：「子路因姊妹無主後，猶可得反服。

推己寡兄弟，亦有申其本服之理，故於降制已遠而猶不除，非在室之姊妹，欲申服過期也。蓋子路已事仲尼，始服姊喪，明姊已出嫁，非在室也。」

**通論** 游氏桂曰：伯魚母死，期而猶哭，孔子曰：「嘻，其甚也！」與此同意。人有賢、不肖，賢者過，不肖者不及。循其過而爲之禮，則子路、伯魚不知其所終；約其不及而爲之禮，則原壤、宰予不可以爲訓。故禮者，通乎賢、不肖而爲之。

**存疑** 鄭氏康成曰：行道，猶行仁義。

**案** 行道之人，與孟子「行道之人弗受」同義。家語載其説曰：「行道之人皆弗忍。先王制禮，過者俯而就之，不及者跂而及之。」

**【杭氏集説】** 姚氏際恒曰：行道，鄭氏謂「行仁義」，以道爲道理之道，非。方性夫、胡邦衡皆謂與孟子「行道之人弗受」同義，是指道路之人。然未免輕道路之人而重吾黨，亦失禮。今按先王制禮，宜作一頓，謂先王制禮如此，若論弗忍，即行道之人死亦不忍也，而任情而違禮乎？

陸氏奎勳曰：先王已制禮矣，若云弗忍，則於路人之死喪，皆弗忍也，欲其抑情守禮。

姜氏兆錫曰：姊，謂出嫁之姊。庾氏云：「子路弗除，蓋以姊無主後而已。又寡兄弟，故欲於降制，反其本服也。」行道，胡氏謂「道路之人也」。子謂此先王之制禮，忍不忍非所論也，彼行道者皆弗忍矣，豈獨子之於姊哉！以見其不可不除也。吴氏曰：「伯魚于出母之喪，期後當不哭矣，而猶哭；子路于姊之喪，大功服當除矣，而猶不除。皆情之過厚，故夫子並止之。」

方氏苞曰：行道之人，猶言塗之人。塗之人寡兄弟者，皆有不忍之心。而不聞有易喪期者，以先王制禮，不敢過也。

**【孫氏集解】**鄭氏曰：行道，謂行仁義。

孔氏曰：庾蔚云：「子路緣姑、姊妹無主後，猶可得反服。推己寡兄弟，亦有申其本服之理，故於降制已遠而猶不除，非在室之姊，欲申服過期也。」

愚謂喪服「爲姑、姊妹在室期，適人則大功」，子路之姊，蓋已適人者，可以除之，謂既踰大功之限也。子路以己既寡兄弟，而女子子適人者爲昆弟之爲父後者期，故欲緣報服之義，伸其本服也。孔子言服行道義之人，皆有不忍其親之意，然而不得不除者，則以先王制禮而不敢過焉耳。然論語稱子路爲季路，則非無兄弟，或雖有兄而早卒與？

**【朱氏訓纂】**正義：庾蔚云：「子路緣姊妹無主後，猶可得反服。推己寡兄弟，亦有申其本服之理，故降制已遠而猶不除，非在室之姊妹，欲申服過期也。」　彬謂行道之人，猶言行路之人。

三·二七　**大公封於營丘，比及五世，皆反葬於周。**齊大公受封，留爲大師，死葬於周，子孫生焉，不忍離也。五世之後，乃葬於齊，齊曰營丘。○大，音泰，注及下注「大史公」皆同。離，力智反，下「相離」同。**君子曰：「樂，樂其所自生。禮，不忘其本。」**言其似禮樂之義。○樂樂，並音岳。一讀下五教反，又音洛。**古之人有言曰：「狐死正丘首。」仁也。**正丘首，正首丘也。仁，恩也。○首，手又反，注同。

**【疏】**「大公」至「仁也」。○正義曰：此一節論忠臣不欲離王室之事。「太公封於營丘」者，周之大師大公封於營丘，及其死也，反葬於鎬京，陪文武之墓。其大公子孫，比及五世，雖死於齊，以大公在周，其子孫皆反葬於周也。言「反葬」者，既從周嚮齊，今又從齊反往歸周。君子善其反葬似禮樂之意，故云先王制禮樂者[一]，樂其所自生，謂愛樂己之王業所由生，以制樂名。若舜愛樂其王業所由[二]，能紹堯之德，即樂名大韶；禹愛樂其王業所謂[三]由，治水廣大中國，則樂名大

[一] 故云先王制禮樂者　閩、監、毛本同。惠棟校宋本無「禮」字，「制」上有「所」字，續通解同。○鍔按：「故云」上，阮校有「禮記注疏卷七校勘記」「阮元撰盧宣旬摘録」「檀弓上」「大公封於營丘節」等二十七字。

[二] 若舜愛樂其王業所由　閩、監、毛本作「舜」，此本「舜」誤「爲」。

[三] 禹愛樂其王業所謂　閩、監、毛本同。惠棟校宋本「謂」作「由」，續通解同。

夏。

○「禮，不忘其本」者，謂先王制禮，其王業根本由質而興，則制禮不忘其本而尚質也；若王業根本由文而興，制禮尚文也，是不忘其本也。禮之與樂，皆是重本。今反葬於周，亦是重本，故引禮樂以美之。

君子既引禮樂，又引古之人有遺言云「狐死正丘首而嚮丘[一]」，所以正首而嚮丘者，丘是狐窟穴根本之處，雖狼狽而死[二]，意猶嚮此丘，是有仁恩之心也。今五世反葬，亦仁恩之心也。但「樂」之與「禮」，兩文相互。樂云「樂其所自生」，則禮當云「反其所自本」；禮云「不忘其本」，則樂當云「不忘其生」也。樂云「樂其所自生」者，初生王業，因民之所樂而得天下。今王者制樂，自愛樂己之所由得天下。樂者，是王者自樂，不據民之所樂也。

○注「齊大公受封」至「齊曰營丘」[三]。○正義曰：知「留爲大師」者，案詩大雅云「維師尚父」，毛傳云：「師，大師也。」史記齊世家云：「大公望吕尚者，東海上人也。四嶽之後，尚佐武王伐紂爲大師。

[一] 狐死正丘首而嚮丘　閩、監、毛本同，惠棟校宋本作「狐死正丘首謂狐之死正丘而嚮丘」，續通解同。

[二] 雖狼狽而死　閩、監本同。毛本「狽」作「狽」，衛氏集説同，續通解同。

[三] 注齊大公受封至齊曰營丘　閩、監、毛本同，惠棟校宋本無「受封」「齊曰」四字。

云「死葬於周」，子孫是大公所生焉，故不忍離其先祖，非謂子孫生在於周。「子孫生焉」者，不忍離其生處。必五世者，五世之外則服盡也。然觀經及注，則太公之外爲五世，便是玄孫之子服盡亦反者，其實反葬正四世。知者，案世本，大公望生丁公伋[一]，伋生乙公得，得生癸公慈母，慈母生哀公不臣。案齊世家，哀公荒淫，被紀侯譖之周，周夷王烹哀公，亦葬周也。哀公是大公玄孫。哀公死，弟胡公靖立，靖死獻公山立，山死武公壽立。若以相生爲五世，則武公以上皆反葬於周。若以爲君五世，則獻公以上反葬周。二者未知孰是。

云「齊曰營丘」者，地理志云：「臨淄縣，齊大公所封。」案釋丘云：「水出其前而左曰營丘。」以水營遶，故曰營丘。然周公封魯，其子孫不反葬於周者，以其有次子在周，世守其采地，則春秋「周公」是也。故鄭康成作詩譜云「元子伯禽封魯，次子君陳世守采地。」下云「延陵季子葬於嬴博之間」者，古禮也。故舜葬蒼梧。周則族葬，故冢人云「先王之葬居中，以昭穆爲左右。凡諸侯居左右以前，卿大夫士居後，各以其族」是也。

**【衛氏集說】**鄭氏曰：齊大公受封，留爲大師，死葬於周，子孫生焉，不忍離也。五世之後，乃葬於齊，齊曰營丘。君子言其反葬，似禮樂之義。正丘首，正首丘也。仁，恩也。

[一] 大公望生丁公伋　監、毛本作「丁」。此本誤「下」，閩本同。

孔氏曰：此一節論忠臣不欲離王室之事。大公死，反葬於鎬京，陪文、武之墓，其子孫比及五世，雖死於齊，以大公在周，故皆自齊反歸周而葬之。先王之制禮樂，若舜能紹堯，即名大韶；禹治水，廣大中國，則名大夏。王業由質而興，則禮尚質；由文而興，則禮尚文。禮之與樂皆是重本，反葬於周，亦是重本之意。君子既引禮樂，又引古人遺言，謂丘是狐窟穴根本之處，雖狼狽而死，意猶嚮此丘，是有仁心也。

長樂陳氏曰：禮樂同出於人心，而仁者，人也，亦出於人心而已。故「人而不仁如禮何，人而不仁如樂何」，則禮樂之道，不過彰德報情而反始也。太公封於營丘，比及五世，皆反葬於周，夫豈僞爲之哉！行吾仁以全禮樂之道而已。狐死猶正丘首，況仁人孝子乎？

嚴陵方氏曰：周官冢人：「掌公墓之地。先王之葬居中，諸侯左右，各以其族。」故太公雖封於營丘，而五世之子孫皆得反葬於周，以從其祖焉。若是，則不背其所生之本，而得禮樂之道矣。雖然，豈特人有是心哉，而物亦有是性焉。既言禮樂而又言仁者，禮樂以仁爲本故也。

廬陵胡氏曰：禮樂皆以報本爲重。舜琴思父母之長養，是樂其所自生。烝畀祖妣以洽百禮，不忘本也。

**【吴氏纂言】**鄭氏曰：齊曰營丘，大公受齊封留爲大師，死葬於周，子孫不忍離也。

五世之後乃葬於齊，君子言其似禮樂之義。正丘首，正首丘也。仁，恩也。

孔氏曰：大公，周之大師，死葬鎬京，陪文武之墓。其子孫比及五世，雖死於齊，以大公在周，又從齊反歸葬於周也。先王樂己之王業所由生，以制樂名。舜由能紹堯，則樂名大韶；禹由治水，廣大中國，則樂名大夏。王業本由質而興則禮尚質，本由文而興則禮尚文。禮與樂皆重本，反葬於周亦是重本。君子既引禮樂，又引古人遺言，謂「丘」者，狐窟穴根本之處，雖狼狽而死，意猶嚮此丘，是心有仁恩也。五世者，五世則服盡也。按世本，大公望生丁公汲，汲生乙公得，得生癙公慈母，慈母生哀公不臣。齊世家，哀公荒淫，紀侯譖之，夷王烹哀公，亦葬周也。其實反葬止四世，若大公之外五世，是玄孫之子，服盡亦反。大公玄孫哀公死，弟胡公靖立，靖死獻公山立，山死武公壽立。以五君爲五世，則獻公以上反葬。以所生爲五世，則武公以上皆反葬。周公封魯，其子孫不反葬於周者，以有次子在周世，守其采地也。

方氏曰：周官冢人：「掌公墓之地。先王之葬居中，諸侯左右。各以其族。」故大公雖封營丘，而五世子孫皆得反葬，以從其祖焉。

澄曰：樂，樂其所自生。樂，謂歡悦之也。自，由也。天地祖考者，人物之所由以生也。祀天祭地、享祖考，必有樂以樂之，蓋以歡悦吾身所由以生之，鬼、神、祇也。禮不忘其本，不忘謂追念而報事之也。所由以生者，如木之本，木本乃木支所由以生也。人物之生，本乎天地、祖考，故以祀祭享之，禮報事之者，不忘吾身之所本也。本即所自生者，互言以備。如飲食必祭上世始爲飲食之人而後食，亦是不忘本。此言禮樂之用，非言制作時也，疏説誤。

**【陳氏集説】**太公雖封於齊，而留周爲太師，故死而遂葬於周。子孫不敢忘其本，故亦自齊而反，葬於周，以從先人之兆。五世親盡而後止也。樂生而敦本，禮樂之道也。生而樂於此，豈可死而倍於此哉！狐雖微獸，丘其所窟藏之地，是亦生而樂於此矣，故及死而猶正其首以向丘，不忘其本也。倍本忘初，非仁者之用心，故以仁目之。　疏曰：周公封魯，其子孫不反葬於周者，以有次子在周世守其采地，春秋「周公」是也。

**【納喇補正】太公封於營丘，比及五世，皆反葬於周。**

**集説**　太公雖封於齊，而留周爲太師，故死而遂葬於周。子孫不敢忘其本，故亦自齊而反葬於周，以從先人之兆。五世親盡而後止也。

**竊案**　太公五世反葬之説，心常疑之，顧寧人炎武云：「太公，汲人也，聞文王作，然後歸周，史之所言，已就封於齊矣。其復入爲太師，薨而葬於周，事未可知。使其有之，亦古人因薨而葬不擇地之常爾。記以首丘喻之，亦已謬矣。乃云『比及五世，皆反葬於周』，夫齊之去周二千餘里，而使其已化之骨跋履山川，觸冒寒暑，自東徂西，以葬於封守之外，於死者爲不仁。古之葬者，祖於庭，塴於墓，反哭於其寢，故曰『葬日虞，弗忍一日離也』。使齊之孤重趼送葬，曠日淹時，不獲遵五月之制，速反而虞，於生者爲不孝。且也入周之境而不見天子，則不度。離其喪次而以衰絰見，則不祥。若其孤不行，而使卿攝之，則不恭。勞民傷財，則不惠。此數者，無一而可。禹葬會稽，其後王不從，而殽之南陵有夏后皋之墓，豈古人不達禮樂之義哉？體魄則降，知氣在上，故古之事其先人於廟而不於墓，聖人所以知幽明之故也。然則太公無五世反葬之事，明矣。」

【郝氏通解】太公封齊營丘，身留周爲太師，死即葬於周，其嗣君居齊，死者亦反葬於周。比及五世，親盡而後已。樂由中出，懽欣愛樂，以進爲生；禮由外作，撙節退讓，以反爲本。生而樂此，死而可去此乎？狐穴于高丘，樂其所生也，死則正對其丘，以首向之，不忘本也。樂生反本者，仁之道也。

【江氏擇言】樂，樂其所自生。禮，不忘其本。

按，樂非必鐘鼓弦歌也，樂者，人情之歡樂也。人情安樂於所生，如離故土，即不樂矣。禮不忘本，重古初也。

【欽定義疏】通論　孔氏穎達曰：禮之與樂，皆是重本。若舜能紹堯，即名大韶；禹治水，廣大中國，則名大夏。王業由質而興，則禮尚質；由文而興，則禮尚文也。反葬於周，亦重本之意。周官冢人云：「先王之葬居中，以昭穆爲左右。凡諸侯居左右以前，卿大夫居後，各以其族。」周公封魯，其子孫不反葬於周者，以有次子在周，世守其采地，春秋「周公」是也。鄭作詩譜云：「元子伯禽封魯，次子君陳世守采地。」

胡氏銓曰：禮樂皆以報本爲重。舜琴思父母之長養，是樂其所自生。烝畀祖妣，以洽百禮，不忘本也。

存疑 鄭氏康成曰：齊大公受封，留爲大師，死葬於周，子孫生焉，不忍離也。孔疏：子孫是大公所生，故不忍離其先祖，非謂子孫生在于周也。五世之後乃葬於齊，齊曰營丘。孔疏：觀經及注，則大公之外爲五世，便是玄孫之子，服盡亦反者。其實反葬止四世，知者，案世本，大公望生丁公伋，伋生乙公得，得生𤵸公慈母，慈母生哀公不臣。齊世家，哀公荒淫，被紀侯譖之周，周夷王烹哀公，亦葬周也。哀公是大公玄孫。哀公死，弟胡公靖立，靖死獻公山立，山死武公壽立。若以相生爲五世，則武公以上皆反葬於周。若以爲君五世，則獻公以上反葬於周。未知孰是。營丘，臨淄縣以水縈遶，故曰營丘。案：𤵸公，齊世家作「癸公」。不臣，齊世家作「不辰」。君五世反葬，當自胡公以上，孔云獻公以上，誤。君子言其反葬，似禮樂之義。正丘首，正首丘也。

孔氏穎達曰：此一節論忠臣不欲離王室之事。大公死，反葬於鎬，陪文武之墓。其子孫比及五世，雖死於齊，以大公在周，故皆自齊反歸周而葬之。

案 皇覽呂尚冢在臨淄縣南十里，似大公不葬於周矣。然大公、周公冢現在咸陽文、武、成、康陵附近。臨淄，或其子孫葬衣冠，或後人傅會，未可以皇覽爲據。「五世反葬」之説，鄭、孔亦意爲解之，無確據。如謂君五世反葬，則當自胡公以上。據齊世家，

哀公同母弟山怨胡公與其黨，率營丘人襲攻殺之而自立，則胡公不死於周。水經淄水篇，

今胡公陵在廣固，是不反葬於周也。若生五世，則武公以上愈無可考。周官大司徒「以

本俗六安萬民，二曰族墳墓」，又「諸侯及諸臣葬於墓者，授之兆，爲之蹕，均其禁」，則諸侯子孫得族葬。禮有明文，而以史記及皇覽諸書攷之，則五世反葬又無的據，於事疑也。

【杭氏集説】孔氏穎達曰：周官冢人云：「先王之葬居中，以昭穆爲左右。凡諸侯居左右以前，卿大夫居後，各以其族。」周公封魯，其子孫不反葬於周者，以有次子在周，世守其采地，春秋「周公」是也。鄭作詩譜云：「元子伯禽封魯，次子君陳世守采地。」

顧氏炎武曰：太公，汲人也，聞文王作，然後歸周，史之所言，已就封于齊矣。其復入爲太師，薨而葬于周，事未可知。使其有之，亦古人因薨而葬不擇地之常耳。記者以首丘喻之，亦已謬矣。乃云「比及五世，皆反葬于周」，夫齊去周二千餘里，而使其已化之骨跋履山川，觸冒寒暑，自東徂西，以葬于封守之外，于死者爲不仁。古之葬者，祖於庭，堋於墓，反哭于其寢，故曰「葬日虞，勿忍一日離也」。使齊之孤重趼送葬，曠月淹時，不獲遂五月之制，速反而虞，於生者爲不孝。且也入周之境而不見天子，則不度。離其喪次而以衰絰見，則不祥矣。其君不行，而使卿攝之，則不恭。勞民傷財，則不惠。此數者，無一而可。禹葬會稽，其後王不從，而崤之南陵有夏后皋之墓，豈古人不達禮樂之義哉？體魄降，知氣在上，故古之事其先人于廟而不于墓，聖人所以知幽明之故也。然則

太公無五世反葬之事，明矣。水經注淄水下有胡公陵，「青州刺史傅弘仁言得銅棺隸書處」。胡公，太公之玄孫，未嘗反葬于周也。

陸氏奎勳曰：顧氏炎武云：「齊之去周二千餘里，而使已化之骨跋履山川，觸冒寒暑，自東徂西，以葬于封守之外，于死者爲不仁。古之葬者，祖于庭，塴于墓，反哭于其寢，故曰『葬日虞，弗忍一日離也』。使齊之孤重趼送葬，曠日淹時，不獲遵五月之制，速反而虞，於生者爲不孝。且入周之境而不見天子，則不度。離其喪次而以衰絰見，則不祥。若其孤不行而以卿攝之，則不恭。勞民傷財，則不惠。數者無一而可。」其論允矣。若據「水經注淄水下有胡公陵，『青州刺史傅宏仁得銅棺隸書』」，則自太公至胡公，業已六世，未可援此以駁難也。

姜氏兆錫曰：太公封於齊，而留周爲太師，故葬于周，子孫不忘本，故自齊反葬，至五世親盡而後止也。蓋樂生敦本，禮樂之道，生樂於此，豈死而倍之哉！丘爲狐獸窟藏之地，其死而正首以向，亦不忘本之意，故以仁目之也。又曰：疏曰：「周公封魯，其子孫不反葬於周者，以有次子在周，世守采地，春秋所載『周公』是也。」

【孫氏集解】鄭氏曰：齊大公受封，留爲大師，死葬於周，子孫生焉，不忍離也。五世之後，乃葬於齊，齊曰營丘。君子言反葬，似禮樂之義。仁，恩也。

孔氏曰：案五世反葬者，五世之外則親盡也。觀經及注，則大公之外爲五世。案世本，大公望生丁公伋，伋生乙公得，得生⿸疒酉公慈母，慈母生哀公不臣。案齊世家，哀公荒淫，被紀侯譖之周，周夷王烹哀公，亦葬周也。哀公是大公玄孫，哀公死，弟胡公靖立，靖死獻公山立，山死弟武公壽立。若以相生爲五世，則武公以上皆反葬於周。若以爲君五世，則獻公以上反葬周。樂，樂其所自生者，謂先王制樂，愛樂已之王業所自生。若舜愛樂其能紹堯之德，樂名大韶；禹愛樂其治水，廣大中國，樂名大夏也。禮不忘其本者，謂先王制禮，其王業本由質而興，則制禮尚質；王業由文而興，則制禮尚文也。禮樂皆是重本，今反葬於周，亦是重本，故引禮樂以美之。又引古之人遺言云「狐死，正其首而嚮丘」，丘是狐窟穴根本之處，死時猶嚮此丘，是有仁恩之心。今五世反葬，亦有仁恩之心也。

顧氏炎武曰：太公就封於齊，復入爲太師，薨而葬於周，事未可知。使其有之，亦古人因薨而葬不擇地之常爾。記以首丘喻之，亦已謬矣。乃云「比及五世，皆反葬於周」，夫齊之去周二千餘里，而使其已化之骨跋履山川，觸冒寒暑，自東徂西，以葬於封守之外，於死者爲不仁。古之葬者，祖於庭，塴於墓，反哭於其寢，故曰「葬日虞，弗忍一日離也」。使齊之孤重趼送葬，曠月淹時，不獲遵五月之制，速反而虞，於生者爲不孝。且也入周之境而不見天子，則不度。離其喪次而以衰絰見，則不祥。若其孤不行，而使卿攝之，則不恭。勞民傷財，則不惠。此數者，無一而可。禹葬會稽，其後王不從。而殽之南陵有夏后皋之墓，豈古人不達禮樂之義哉！體魄則降，知氣在上，故古之事其先人於廟而不於墓，聖人所以知幽明之故也。然則太公無五世反葬之事，明矣。

愚謂五世，蓋謂太公至其玄孫哀公也，周禮雖有族葬之法，然古之天子、諸侯皆即其所國而葬，不必皆從其祖宗也。文王葬豐，武王葬鎬，亦可見矣。太公爲周太師，丁公爲虎賁氏，蓋仕於王朝而死，而因葬焉者也。哀公則被烹死於周，而因葬焉者也。乙公、瘖公無可考，使果葬周，亦必其死於周耳。若死於其國，豈有越數千里而以柩往葬者？謂五世反葬爲不忘本，實附會之説爾。又案皇覽，呂尚冢在臨淄城南十里，與記所言不合。史記田和亦謚太公，豈皇覽所言者乃和之冢而誤以爲尚與？

**【朱氏訓纂】大公封於營丘，比及五世，皆反葬於周。**注：齊大公受封，留爲大師，死葬於周，子孫生焉，不忍離也。五世之後，乃葬於齊，齊曰營丘。　正義：案世本，大公望生丁公伋，伋生乙公得，得生瘖公慈母，慈母生哀公不臣。哀公是大公玄孫。哀公死，弟胡公靖立，靖死獻公山立，山死武公壽立。若以相生爲五世，則武公以上皆反葬於周。若以爲君五世，則獻公以上反葬周。二者未知孰是。地理志云：「臨淄縣，齊大公所封。」案釋丘云：「水出其前而左曰營丘。」然周公封魯，其子孫不反葬於周者，以其有次子在周守其采地，則春秋「周公」是也。**君子曰：「樂，樂其所自生。禮，不忘其本。」**王氏懋竑曰：周起於豳而化盛於南國，故二南之詩，用之鄉人，用之邦國。而逆暑迎寒，則歈豳詩。祈年田祖,則歈豳、雅。祭蜡則歈豳、頌。此所謂「樂其所自生」也。禮之報本反始,此不忘其本之大者,如尊用玄酒,器用陶匏,皆是。**古之人有言曰:「狐死正丘首。」仁也。**注:正丘首,正首丘也。仁,恩也。

**【郭氏質疑】大公封於營丘,比及五世,皆反葬於周。**

鄭注:齊太公受封,留爲太師,死葬於周,子孫生焉,不忍離也。

嵩燾案,史記齊世家:「太公子丁公吕伋,丁公子乙公得,乙公子癸公慈母,癸公子哀公不辰。紀侯譖之周,周烹哀公,立其弟胡公静,徙都薄姑。」是自太公以下都營丘者凡五世。周書顧命「齊侯吕伋以二干戈、虎賁百人」,傳稱「伋爲天子虎賁氏」。而齊自丁公、乙公、癸公三世,皆無謚。疑太公後當世爲虎賁,位下大夫,不甚顯,至哀公被誅於周,因亦葬周。此必當時傳聞太公有五世葬周之事,記禮者因以意擬之。鄭氏遂謂「子孫不忍離」,非也。顧氏日知録辨此甚詳,而引水經注淄水下有胡公陵,胡公,太公玄孫,未嘗反葬於周。則亦未知胡公之上有哀公,足爲五世葬周之證也。

三·二八 ○**伯魚之母死,期而猶哭。**伯魚,孔子子也,名鯉。猶,尚也。○期,音基。鯉,音里。**夫子聞之,曰:「誰與哭者?」門人曰:「鯉也。」夫子曰:「嘻,其甚也!」**嘻,悲恨之聲。○與，音餘，下「餘閣也與」同。嘻，許其反，又於其反。**伯魚聞之，遂除之。**

【疏】「伯魚」至「除之」。○正義曰：此一節論過哀之事。○注「嘻，悲恨之聲」。○正義曰：「悲恨之聲」者，謂非責伯魚悲恨之聲也。時伯魚母出父在，爲出母亦應十三月祥，十五月禫。言期而猶哭，則是祥後禫前，祥外無哭。于時伯魚在外哭，故夫子怪之，恨其甚也。或曰，爲出母無禫，期後全不合哭。

【衛氏集說】鄭氏曰：伯魚，孔子子也，名鯉。猶，尚也。嘻，悲恨之聲。

孔氏曰：此一節論過哀之事。伯魚母出，父在，爲出母，亦應十三月祥，十五月禫。期而猶哭，則祥後禫前，祥外無哭。伯魚在外哭，故夫子怪其甚也。或曰，爲出母無禫，期後全不合哭。

橫渠張氏曰：爲母期而猶哭，孔子怪鯉，何也？禮，期至練，必別有服，服練則不哭。時伯魚不除且哭，故夫子怪之。伯魚既聞之，遂除其服而不哭也。

【吴氏纂言】鄭氏曰：伯魚，孔子子也，名鯉。猶，尚也。嘻，悲恨之聲。

孔氏曰：伯魚母出父在，亦應十三月祥，十五月禫。言期而猶哭，則是祥後禫前，祥外無哭。時伯魚在外哭，故夫子怪其甚也。或曰，爲出母無禫，期後全不合哭。

澄曰：此一節不入孔氏喪葬章内者，以其與下文「子路不除姊喪」爲類也。

【陳氏集説】伯魚之母出而死，父在，爲母期而有禫，出母則無禫。伯魚乃夫子爲後之子，則於禮無服，期可無哭矣。猶哭，夫子所以歎其甚。

【郝氏通解】按父在，爲母齊衰期，亦十三月而祥，十五月而禫。若出母，則適子無服。伯魚之母舊謂爲見出，伯魚不聞有弟，是適子也。而此云期則出母無服之禮，不足信也。或者夫子特許鯉邪？不然則鯉母見出之説不足信也。且母死而期年哭，豈得爲甚？尤不足信也。

【方氏析疑】爲父後者爲出母無服，而伯魚得爲期，何也？爲出母無服，喪者不祭故也。父在，則父主祭，嗣舉奠之。禮輕，雖暫廢可也。此聖人緣情而變禮者，韓愈以兄命服嫂以期，未有非之者。故曰禮雖先王未之有，可以義起也。

【欽定義疏】正義 鄭氏康成曰：伯魚，孔子子也，名鯉。猶，尚也。嘻，悲恨之聲。

孔氏穎達曰：此論過哀之事。期而猶哭，則是祥後禫前，祥外無哭。伯魚在祥外哭，故夫子怪其甚也。

張子云：爲母期而猶哭，夫子怪鯉，何也？禮，期至練，必別有服，服練則不哭。時伯魚不除且哭，故夫子怪之。伯魚既聞之，遂除其服而不哭也。

存疑 孔氏穎達曰：伯魚父在，爲出母應十三月祥，十五月禫。或曰，爲出母無禫，期後全不合哭。

【案】家語本姓篇「孔子年十九，娶宋亓官氏，明年生子鯉」。素王事記「年六十六，亓官夫人卒」，無出妻之文。據禮，伯魚爲母，父在，降服期，十一月小祥，十三月大祥，十五月禫。禮，祥而外無哭者，既期猶哭，故夫子歎其甚，未見其爲出母也。舊説似誤。

【杭氏集説】姚氏際恒曰：母死期年哭而訝其甚，以禁抑之。雖常人亦不爾，又父豈不識其子之聲者，而問其爲誰？顯見其造作也。

湯氏三才曰：孔子年十九娶宋亓官氏，明年生伯魚，年六十六，亓官氏卒，則亓官氏未嘗出也，此必漢儒欲明出妻之義而托之聖人耳。

姜氏兆錫曰：禮，父没爲母齊衰三年，父在期而禫；爲出母，父在期而不禫，父没爲父後者無服。今伯魚父在，出母没而過期猶哭，夫子所以嘆其甚也。

方氏苞曰：爲父後者爲出母無服，而伯魚得爲期，何也？爲出母無服，喪者不祭故也。父在，則父主祭，嗣舉奠之。禮輕，雖暫廢可也。此聖人緣情而變禮者，韓愈以兄命服嫂以期，未有非之者。故曰禮雖先王未之有，可以義起也。

任氏啟運曰：父在爲母期，即不出亦不當過期猶哭也。此章于出母無明文，但後子上章喪出母難説耳。又考孔庭後記言「孔氏三世出妻，叔梁紇其一」，則孔子未嘗出妻也。

【孫氏集解】鄭氏曰：伯魚，孔子子也，名鯉。猶，尚也。嘻，悲恨之聲。

孔氏曰：悲恨之聲者，謂非責伯魚也。時伯魚母出父在，爲出母亦應十三月祥，十五月禫。言期而猶哭，則是祥後禫前，祥外無哭。於時伯魚在外哭，故夫子怪其甚也。或曰，爲出母無禫，期後全不合哭。

愚謂父在爲母十一月而練，十三月而祥，十五月而禫，出母雖服杖期，而虞祔、練祥之祭，皆不在己家，直於十三月而除之，無所謂練、祥、禫之祭，亦無所謂練、祥、禫之服也。此時伯魚服已除，但以哀尚未忘，猶有思憶之哭，故夫子怪之。除之者，謂不復哭耳，非除服也。若服猶未除，夫子應怪其服，不應聞其哭方怪之也。○或謂伯魚之母死，期而猶哭，夫子以爲甚，遂除之。此自父在爲母之制當然，疏以爲出母者，非。今按祥而外無哭者，禫而内無哭者，父在爲母十三月而祥，十五月而禫，則祥後禫前内應猶哭，夫子何以怪其甚？疏説未可非也。

【朱氏訓纂】注：伯魚，孔子子也，名鯉。猶，尚也。嘻，悲恨之聲。正義：言期而猶哭，則是祥後禫前。祥外無哭，于時伯魚在外哭，故夫子恨其甚也。顧氏炎武曰：此自父在爲母之制當然，疏以爲出母者非。李氏惇曰：儀禮喪服出妻之子爲父後者，則爲出母無服。伯魚既爲夫子後，則不當爲出母服。服期者，伯魚之過禮也。期而猶不除，則更過矣。前此過禮，而夫子不禁者，聖人善體人子之情，不忍奪之也。聞父言而遂除者，伯魚自知其過也。顧氏因出母之喪不當服，而疑此條爲父在爲母。果爾，則夫子自服期，伯魚當從夫子而除矣。雜記云：「十一月而練，十三月而祥，十五月而禫。」今時方及期，夫子何責其過甚而使之急除哉！

**【郭氏質疑】伯魚之母死，期而猶哭。**

孔疏：伯魚母出，期而猶哭，故夫子怪之。

嵩燾案，橫渠張氏以爲父在爲母之制，當然。疏言出妻者，非。年譜，哀公十年，夫人幵官氏卒。案漢禮器碑云：「幵官，聖配，在安樂里。」隸辨云：「家語，孔子娶於宋之幵官氏。」通志氏族略引白哀魯先賢傳「孔子娶於宋之幵官氏」。闕里文獻考作「亓官氏」。明刊家語亦作「亓官」。姓譜別有亓氏，而幵官氏或省作幵官，作「亓官」者，誤也。孔庭纂要：「哀公十六年六月初九日，葬夫子魯城北泗上，與夫人幵官氏合葬。」水經注：「夫子故宅一頃，所居之堂，後世以爲廟，夫子在西間東向，顏母在中間南向，夫人隔東一間東向。」家語稱孔子十九歲娶幵官氏，哀公十年幵官氏卒，距孔子卒七年，而合墓於泗上，安得有出妻之事！經言「期而猶哭」，統期以後祥禫之祭言也。正據儀禮「父在爲母期」言之，服除則不哭矣。鄭注未詳其義，疏乃據以爲出母，於此經前云「子之先君子喪出母乎」，亦引伯魚之母被出爲證。案，近世江氏永引豐城甘氏四書類典云：叔梁父初娶施氏，無子。家語後序所謂「叔梁公出妻」是也。其後施氏卒，夫子爲之服期，經云「子之先君子喪出母」，謂夫子自喪出母，非謂令伯魚爲出母服也。集說亦不知辨而仍之，誣謬甚矣。

三·二九　○**舜葬於蒼梧之野，**舜征有苗而死，因留葬焉。書説舜曰「陟方乃死」。蒼梧於周，南越之地，今爲郡。○梧，音吾。陟，知力反，升也。**蓋三妃未之從也。**古者不合葬。帝嚳而立四妃矣，象后妃四星，其一明者爲正妃，餘三小者爲次妃。帝堯因焉。至舜，不告而取，不立正妃，但三妃而已，謂之三夫人。離騷所歌湘夫人，舜妃也。夏后氏增以三三而九，合十二人。春秋説云天子取十二，即夏制也。以虞、夏及周制差之，則殷人又增以三九二十七，合三十九人。周人上法帝嚳，立正妃，又三二十七爲八十一人以增之，合百二十一人。其位：后也、夫人也、嬪也、世婦也、女御也。五者相參[一]以定尊卑。○嚳，苦毒反。高辛氏，帝也。騷，素刀反，一音蕭湘。差，初佳反，又初宜反。嬪，婢人反。**季武子曰：「周公蓋祔[二]。」**祔謂合葬，合葬自周公以來。○祔，音父。

【疏】「舜葬」至「蓋祔」。○正義曰：此一節論古者不合葬之事。

[一] 五者相參　閩、監、毛本同，嘉靖本同。惠棟校宋本「參」作「三」，宋監本同，岳本同。通典五十八引作「五者相參」。○鍔按：「五者」上，阮校有「舜葬於蒼梧之野節」八字。

[二] 周公蓋祔　閩、監、毛本同，岳本、嘉靖本同，衛氏集説同。惠棟校宋本「祔」作「附」，石經同。注放此。

「舜葬於蒼梧之野」者，舜南巡守，因征有苗而死，以古代不合葬，且天下爲家[一]，故遂葬於蒼梧之野。

○「蓋三妃未之從也」者，從，猶就也。古不合葬，故舜之三妃不就蒼梧與舜合葬也。云「蓋」者，録記之人傳云舜時如此，未知審也[二]，故云「蓋」。「未之從」者，記人以周公始附[三]，舜時未有此禮，故云「未之從也」。記者既論古不合葬，與周不同，引季武子之言，云周公以來蓋始附葬。附，即合也，言將後喪合前喪。武子去周公不遠，無可疑，亦云「蓋」者，意有謙退，不敢指斥，事雖不疑，亦云「蓋」也。故孝經夫子云「蓋天子之孝也」「蓋諸侯之孝也」，非是不知，謙爲疑辭。

○注「舜征」至「爲郡」。○正義曰：鄭案淮南子云：「舜征三苗而遂死蒼梧。」史記云：「舜踐帝位三十九年，南巡守[四]，崩于蒼梧之野，葬于九疑山，是爲零陵。」案尚書「竄三苗于三危」，在西裔，今舜征有苗，乃死於蒼梧者，張逸答焦氏問云：「初竄西

[一] 且天下爲家　閩本同，惠棟校宋本同，監、毛本「且」誤「目」。
[二] 未知審也　閩、監、毛本「也」作「悉」，衛氏集説作「未之審悉」。
[三] 記人以周公始附　閩、監、毛本「附」作「祔」，下「蓋始附葬」「附即合也」同。
[四] 南巡守　閩、監本同，毛本「守」作「狩」。

裔，後分之在南野。」漢書地理志有蒼梧郡，是今爲郡名也。

○注「古者」至「尊卑」。○正義曰：知帝嚳立四妃者，案大戴禮帝繫篇云：「帝嚳卜四妃之子，皆有天下。長妃有邰氏之女曰姜嫄，生稷。次妃有娀氏之女曰簡狄，生契。次妃陳豊氏之女曰慶都，生堯。次妃陬氏之女曰常宜[一]，生帝摯。帝嚳崩，帝摯即位。摯崩而堯立。」鄭此注用帝繫之文，稷爲堯之異母弟也。及注詩生民之篇，與此異也，以爲姜嫄是高辛之世妃，謂高辛後世子孫之妃，用命曆序之文，以爲帝嚳傳十世，姜嫄是帝嚳十世以後子孫之妃。

云「象后妃四星」，案援神契云：「辰極横，后妃四星縱，曲相扶。」案祭法云「帝嚳能序星辰以著衆」，明象星立妃也。

云「帝堯因焉」者，以此經云「舜三妃未之從」，明堯亦四妃也。

云「舜不告而取」者[二]，案孟子萬章問孟子云：「舜不告而取，何也？」孟子曰：「告則不得取。」父母終，不爲取妻，是絶其後也。

云「但三妃而已」者，案帝王世紀云「長妃娥皇無子，次妃女英生商均，次妃癸比[三]

[一] 次妃陬氏之女曰常宜　閩、監、毛本同。浦鏜云「『娵』下脱『訾』字」，從大戴禮校也。
[二] 云舜不告而取者　閩、監本同。毛本「取」作「娶」，下「而取何也」「不得取」「取妻」皆同。
[三] 次妃癸比　閩、監、毛本作「比」，此本誤「北」。

生二女，霄明、燭光」是也。

云「離騷所歌湘夫人」者，案楚辭九歌第三曰湘夫人，云「帝子降兮北渚，目眇眇兮愁予」是也。王逸注離騷云「娥皇、女英墮湘水溺焉。」又秦紀云：「死而葬焉，非溺也。」山海經以爲二女，此云三者，當以記爲正，山海經不可用。

云「周人上法帝嚳，立正妃」者，案昏義「后一、夫人三」是也。若然，案鄭注尚書，帝乙妾生微子，後立爲正妃，生紂。

殷已有后者，謂三妃裏之正，仍無后也。云「夫人也」者，即舜之三妃也。「嬪也」者，即夏所增九女也。「世婦也」者，即殷所增二十七人也。「女御也」者，即周所增八十一人也。自夏以下，節級三倍加之。

**【衛氏集説】**鄭氏曰：舜征有苗而死，因留葬焉。書説舜「陟方乃死」。蒼梧於周，南越之地，今爲郡。古者不合葬。帝嚳立四妃，象后妃四星，其一明者爲正妃，餘三小者爲次妃。帝堯因焉。至舜，不告而取，不立正妃，但三妃而已，謂之三夫人。離騷所歌湘夫人，舜妃也。夏后氏增以三三而九，合十二人。春秋説云天子取十二，即夏制也。以虞、夏及周制差之，則殷人又增以三九二十七，合三十九人。周人上法帝嚳立正妃，又三二十七爲八十一人以增之，合百二十一人。其位：后也、夫人也、嬪也、世婦也、女御也。五者相參以定尊卑。祔謂合葬，合葬自周公以來。

前喪也。

孔氏曰：此一節論古者不合葬之事。淮南子云：「舜征三苗而遂死蒼梧。」從，猶就也。三妃不就蒼梧與舜合葬也。云「蓋」者，傳聞如此，未之審悉。祔葬言將後喪合前喪也。

廬陵胡氏曰：書云舜陟方乃死。帝王之没皆曰陟。陟，昇也，謂昇天也。案，地之勢東南下，如謂舜南巡而死，宜言下方，不得言陟方也，以此謂舜葬蒼梧，皆不可信。考經傳，舜但二妃，蓋堯二女也，事見於書，甚明。孟子亦云「二女果」。秦博士對始皇帝云「湘君者，堯二女，舜妃也」。劉向、鄭氏亦以湘君爲二妃，而離騷、九歌有湘君、湘夫人，王逸解云：「湘君，水神。湘夫人，二妃也。」山海經「洞庭之山，帝之二女居之」，郭璞疑二女者，帝舜之后，不當降小君謂其夫人，因以二女爲天帝之女。韓子曰：「璞與逸俱失也。夫娥皇爲舜正妃，女英自宜降曰夫人也。故九歌辭謂娥皇爲君，謂女英爲帝子。」各以其盛者推言之，則知舜無三妃也，明矣。況后妃四星，其一明者正妃，餘三小者次妃，帝嚳象之立四妃，堯因而不改，則古亦無三妃之禮。鄭氏乃謂舜不告而娶，不立正妃，但三妃而已，若然曷不見於書傳？鄭解湘君，又何不云三妃而云二妃耶？

**【吴氏纂言】舜葬於蒼梧之野，蓋三妃未之從也。**

鄭氏曰：古者不合葬。舜征有苗而死，因留葬焉。蒼梧於周，南越之地，今爲郡。帝嚳立四妃，象后妃四星，其一明者爲正妃，餘三小者爲次妃。帝堯因焉。至舜，不立正妃，但三妃而已。夏后氏增以三三而九，合十二人。以虞、夏及周制差之，則殷人又增以三九二十七，合二十九人。周人法帝嚳立正妃，又三二十七爲八十一人，合百二十一人。其位：后也，夫人也，嬪也，世婦也，女御也。五者相參，以定尊卑。

孔氏曰：舜三妃，按帝王世紀：長妃娥皇，無子；次妃女英，生商均；次妃癸比，生二女，霄明、燭光。從，猶就也。三妃不就舜合葬，記之人未知審悉，故云「蓋」。

澄曰：孟子言「舜生於諸馮，遷於負夏，卒于鳴條」。而淮南子云「舜征三苗，遂死蒼梧」，鄭注因之。史記又云：「舜南巡守，崩於蒼梧之野。」韓文黃陵廟碑云：「書稱舜陟方，注謂舜昇道南方以死，地勢東南下。如言舜南巡而死，宜言下方，不得言陟方也。謂舜死葬蒼梧，不可信。」澄按，堯薦舜攝位，巡守等事皆舜代行。舜薦禹攝位後，亦當然也。故温國司馬氏詩云：「虞舜既倦勤，薦禹爲天子。安得復南巡，迢迢渡湘水。」然則謂舜南巡守而死者，妄也。舜未攝位時已竄三苗之君于三危，及禹治水時，三苗之居三危者已丕敘矣。惟有苗之餘民猶在，故處者不服從政役，故治水時頑不肯即功。及舜既爲天子，乃分北其民，自是無三苗之患矣，豈有舜之末年又征苗者哉？東晉古文書稱「禹征苗」已妄，況言舜自征苗尤妄也。知南巡征苗之説爲妄，而以孟子「卒於鳴條」之言證之，則舜之崩葬不在蒼梧也，明矣。鄭注所謂四妃、三妃，及夏、商、周遞增人數，當時援引，雖必有據，然今莫可考其是否也。

季武子曰：「周公蓋祔。」

鄭氏曰：祔謂合葬，自周公以來。

孔氏曰：記者既論古不合葬，與周不同，又引季武子之言云周公以來，始將後喪合前喪祔葬。武子去周公不遠，無可疑，謙退不敢指斥，雖不疑亦云「蓋」也。

澄曰：季武子之言見下文，蓋因杜氏來合葬於其西階之下，而武子云然。

【陳氏集説】天子以四海爲家，南巡而崩，故遂葬蒼梧之野。疏云：「舜長妃娥皇，無子；次妃女英，生商均；次妃癸比，生二女，霄明、燭光。三妃後皆不從舜之葬。」此記者言合葬之事，古人未有，因引季武子之言，謂自周公以來始祔葬也。書「陟方乃死」，蔡氏曰：「史記『舜崩於蒼梧之野』，孟子言『卒於鳴條』，未知孰是。今零陵九嶷有舜冢云。」

【郝氏通解】此言合葬之禮，古人無之，自周公始，即前章譏杜氏合葬之語。祔，合葬也。

按，尚書、孟子皆謂「舜妻堯二女」，未聞三妃也，鄭康成極力附會，推廣其説，以三爲準，蓋據昏義「天子三夫人」之説，然恐未足信也。

【欽定義疏】辨正　胡氏銓曰：考經傳，舜但二妃，蓋堯二女也。事見於書，甚明。孟子亦云「二女果」。秦博士對始皇帝云「湘君」者，堯二女，舜妃也。劉向、鄭氏亦以湘君爲二妃，而離騷九歌有湘君、湘夫人。王逸解云：「湘君，水神。湘夫人，二妃也。」山海經「洞庭之山，帝之二女居之」。郭璞疑二女者，帝舜之后，不當降小君謂其夫人，因以二女爲天帝之女。韓子曰：「璞與逸俱失也。夫娥皇爲舜正妃，女英自宜降曰夫人也。故九歌辭謂娥皇爲『君』，謂女英爲『帝子』」。各以其盛者推言之，則知舜無三妃也，明矣。鄭氏乃謂「舜不告而娶，不立正妃，但三妃而已」。若然，曷不見於書傳？鄭解「湘君」，又何不云「三妃」而云「二妃」也？

吴氏澄曰：堯薦舜攝位，巡守等事皆舜代行。舜薦禹攝位後，當亦然也。故温公司馬氏詩云「虞舜既倦勤，薦禹爲天子。安得復南巡，迢迢渡湘水。」然則謂舜南巡守而死者，妄也。

通論 姚氏舜牧曰：季武子常云：「合葬非古也，自周公以來，未之有改。」此云「周公蓋祔」者，祔自周公始定其制。武子前言，以文已之過耳，此所云，乃禮之正。記者並載之，正著其前日文過之罪。

存疑 鄭氏康成曰：舜征有苗而死，因留葬焉。書説「舜陟方乃死」。蒼梧，於周南越之地，今爲郡。帝嚳立四妃，孔疏：知立四妃者，大戴禮帝繫篇云長妃有邰氏之女，曰姜嫄，生稷。次妃有娀氏之女，曰簡狄，生契。次妃陳豐氏之女，曰慶都，生堯。次妃陬訾氏之女，曰常宜，生摯。此注用帝繫之文。象后妃四星，其一明者爲正妃，餘三小者爲次妃。孔疏：孝經援神契云：「辰極橫后妃四星，縱曲相扶。」祭法云「帝嚳能序星辰以著衆」，明象星立妃也。帝堯因焉。至舜不告而娶，不立正妃，但三妃而已，謂之三夫人。離騷所歌「湘夫人」，舜妃也。孔疏：帝王世紀云：「舜三妃，長妃娥皇無子，次女英生商均，次癸比生二女，宵明、燭光。」案山海經以爲二女，此云「三」者，當以紀爲正，山海經不可用。夏后氏增以三三而九，合十二人。春秋説云「天子取十二，即夏制也。」以虞、夏及周制差之，則殷人又增以三九二十七，合三十九人。周人上法帝嚳，立正妃，又三二十七爲八十一人以增之，合百二十一人。其位：后也、夫人也、嬪也、世婦也、女御也。五者相參，以定尊卑。

祝氏穆曰：檀弓云「舜葬於蒼梧之野」，習鑿齒云「虞舜葬零陵」，元和郡縣誌亦云「九疑，舜之葬也」。案太史公曰：「舜南巡行，死於蒼梧之野，歸葬於江南之九疑。」山海經云舜之所葬，在今道州零陵縣界。蒼梧、九疑，當是兩處，後人誤引舜死之地以爲舜葬之所耳。

陳氏澔曰：天子以四海爲家，南巡而崩，故遂葬蒼梧之野，三妃後皆不從舜之葬。此記者言合葬之事古人未有，因引季武子之言，謂自周公以來始祔葬也。書「陟方乃死」。蔡氏曰：「史記，舜崩於蒼梧之野，孟子言卒於鳴條，未知孰是。今零陵九嶷有舜冢云。」

案 孟子「舜卒於鳴條」。今安邑有鳴條陌，陳留平邱有鳴條亭，與此記蒼梧之説皆不合。史記云舜崩蒼梧之野，葬九疑山，則蒼梧在南越矣。今淮安海州實有蒼梧山，呂覽云舜葬於紀九疑山下，有紀邑海州蒼梧山近莒之紀城。然九疑距安邑、陳留皆數千里，海州距陳留亦千餘里，豈孟子之謂耶？史記云「舜南巡崩」，祭法云「舜勤民事而野死」，淮南子則云「征三苗死」，墨子則云「西教七戎，道死，南已之市」，皆說之不可解者。然書亦有「陟方乃死」之文，先儒以爲如登遐殂落云耳，亦似未確。山海經載帝王之冢，皆重見互出。郭璞云：「聖人久於其位，仁化廣及，至於殂亡，四海若喪考妣。故絶域殊俗之人聞天子崩，各自祭醊哭泣，起土爲冢，是以所在有焉。」理或如此，要其確可信者，孟子一語耳。帝堯四妃無可考，即世紀所載，但稱取散宜氏耳。若舜取堯二女，書有明文，未聞三妃。孔氏引世紀爲據，而以山海經二女之說不可用。攷山海經洞庭之山「帝之二女居之」，此中山經之文也。其海内北經云「舜妻登比氏生宵明、燭光，處河大澤」，又曰「登北氏」。此世紀之説所出，但癸比、登比、登北小異耳。古事荒闕不可意度，大率如此。至虞、夏、殷、周妃嬪之數，則鄭氏所據之書，殊不足信，況如殷增三九之説，出於臆度乎？

【杭氏集説】祝氏穆曰：檀弓云「舜葬於蒼梧之野」，習鑿齒云「虞舜葬零陵」，元和郡縣誌亦云「九嶷，舜之葬也」。案太史公曰：「舜南巡守，行死於蒼梧之野，既葬于江南之九嶷。」山海經云舜之所葬，在今道州零陵縣界。蒼梧、九嶷，當是兩處，後人誤引舜死之地以爲舜葬之所耳。

吴氏澄曰：堯薦舜攝位，巡守等事皆舜代行。舜薦禹攝位後，當亦然也。故温公司馬氏詩云：「虞舜既倦勤，薦禹爲天子。安得復南巡，迢迢渡湘水。」然則謂舜南巡守而死者，妄也。

姚氏舜牧曰：季武子常云「合葬，非古也，自周公以來未之有改」，此云「周公蓋祔」者，祔自周公始定其制。武之前言，以文已之過耳，此所云乃禮之正。記者竝載之，正著其前言文過之罪。

陳氏澔曰：天子以四海爲家，南巡而崩，故遂葬蒼梧之野，三妃後皆不從舜之葬。此記者言合葬之事，古人未有，因引季武子之言，謂自周公以來始祔葬也。書「陟方乃死，」蔡氏曰：「史記『舜崩於蒼梧之野』，孟子言『卒於鳴條』，未知孰是。今零陵九嶷有舜冢云。」

姚氏際恒曰：孟子云「舜卒于鳴條」，當以孟子爲正。此謂葬於蒼梧之野，不足信。堯二女，尚書、孟子皆同是二妃也，此三字或二字之誤。張衡思元賦「哀二妃之未從」，李善注引禮記亦云「二妃」。鄭氏直據三字爲解，引昏義「天子后一，夫人三」云：「不立正妃，但三妃謂之三夫人。」誕妄殊甚，昏義豈作于唐、虞之世乎！疏引帝王世紀之説，亦附會記文者，不足取證。

陸氏奎勳曰：沈約竹書紀年注：「鳴條有蒼梧之山，帝崩，遂葬焉。今屬海州。」鄭注引淮南子「征苗而死」，兼信史記「葬九嶷山」，是爲零陵之説，識已不精。若其以三妃爲湘夫人，則尤襲楚巫、秦博士之謬矣。

姜氏兆錫曰：葬於蒼梧之野者，舜南巡而崩，遂葬之也。三妃，長妃名娥皇，無子；次名女英，生商均；次名癸比，生二女，霄明、燭光。後皆不從舜葬也。祔，謂祔葬也，記季武子之言者，見古無合葬之禮，自周公以來始也。書蔡傳云：「史記『舜崩於蒼梧』，孟子言『卒于鳴條』，未知孰是。今零陵九嶷有舜塚云。」

齊氏召南曰：按鄭注，但以湘夫人目二女，則與王逸解楚辭同矣，而韓文公黄陵廟碑則云：「劉向、鄭玄皆以二妃爲湘君。」韓文公曰：「秦博士對始皇云：『湘君者，堯之二女，舜妃者也。』劉向、鄭玄亦皆以二妃爲湘君，而離騷、九歌既有湘君，復有湘夫人，王逸之解以爲湘君者，自其水神，而謂湘夫人乃二妃也。以余考之，堯長女娥皇爲舜正妃，故曰君其二女，女英自宜降曰夫人也。故九歌謂娥皇爲君，謂女英帝子，各以其盛者推言之也。禮有小君，君母，明其正，自得稱小君也。」

**【孫氏集解】**鄭氏曰：舜征有苗而死，因留葬焉。蒼梧，於周南越之地，今爲郡。祔謂合葬。

孔氏曰：三妃，帝王世紀云「長妃娥皇，無子；次妃女英，生商均；次妃癸比，生二女，霄明、燭光」是也。

愚謂記者引舜事以證古無合葬之禮，又引季武子之言，以明合葬之所自始也。○或問舜卒於鳴條，而竹書紀年有「南巡不反」，禮記有「葬於蒼梧」之説，何也？朱子曰：「孟子所言，必有依據，二書駁雜，恐難盡信，然無他考驗，則亦論而闕之可也。」

【朱氏訓纂】**舜葬於蒼梧之野**，注：舜征有苗而死，因留葬焉。書説舜曰：「陟方乃死。」蒼梧於周南越之地，今爲郡。**蓋三妃未之從也。**注：古者不合葬。舜不告而取，不立正妃，但三妃而已，謂之三夫人。離騷所歌湘夫人，舜妃也。**季武子曰：「周公蓋祔。」**注：祔謂合葬，合葬自周公以來。

三·三〇 **曾子之喪，浴於爨室。**見曾元之辭易簀，矯之以謙儉也。禮，死浴於適室。○爨，七亂反。矯，居表反。儉，其檢反。適，丁曆反。

【疏】「曾子」至「爨室」。○正義曰：此一節論曾子故爲非禮，以正其子也。

○注「見曾」至「適室」。○正義曰：案上易簀之後，反席未安而没，焉得有浴爨室遺語者？以反席之前，欲易之後，足可有言，但記文不備，必知謂「曾元之辭易簀，故矯之」者，曾子，達禮之人，應須浴於正寢，今乃浴於爨室，明知意有所爲，故云「矯之也」。

云「禮，死浴於適室」者，士喪禮「死於適室」，下云「甸人掘坎于階間，爲垼於西牆下。新盆、槃、瓶，造于西階下」，乃浴於適室也。於爨室爲謙，無甸人掘坎爲垼之事，是儉也。

【衛氏集説】鄭氏曰：見曾元之辭易簀，矯之以謙儉也。禮，死浴於適室。

孔氏曰：此一節論曾子故爲非禮，以正其子也。案上反席未安而没，焉得有浴爨室遺語？然反席之前，足可有言，記文不備耳。曾子，達禮之人，應浴正寢，今乃浴於爨室，明知意有所爲，故鄭云「矯之也」。士喪禮「死于適室」，下云「甸人掘坎于階間，爲垼于西牆下，新盆、槃、瓶造于西階下」，乃浴於適室也。

臨川王氏曰：此自元、申失禮，於記曾子無遺言，鄭何以知其矯之以謙儉也？

【吴氏纂言】鄭氏曰：見曾元之辭易簀，矯之以謙儉也。禮，死浴於適室。

孔氏曰：曾子，達禮之人，應浴於正寢。今乃浴於爨室，故爲非禮以正其子也。按上反席未安而没焉，得有浴爨室遺語，以反席之前有言，記文不備爾。

臨川王氏曰：此自元、申失禮，於記曾子無遺言。

澄曰：注云「矯之以謙儉」，疏云「故爲非禮以正其子」，皆非。

【陳氏集説】士喪禮浴於適室，無浴爨室之文。舊説曾子以曾元辭易簀，矯之以謙儉，然反席未安而没，未必有言及此。使果曾子之命，爲人子者亦豈忍從非禮而賤其親乎？此難以臆説斷之，當闕之以俟知者。

【郝氏通解】爨室，厨也。愚按親死於寢，移尸浴竈下，有是禮乎？記言本謬，而鄭康成謂曾子以曾元辭易簀，故矯之以謙，與解「檀弓免公儀仲子之喪」同迂。儀禮謂「掘坎爲垼，以新器，浴於適室」，近之。

【江氏擇言】按，曾子易簀，當在適室，喪事由近即遠，安有遷尸而浴於他室者？此必有誤字，疑是「奥室」之譌。禮器「臧文仲燔柴於奥」，「爨」可譌爲「奥」，則「奥」亦可譌爲「爨」。士喪禮始死，設牀當牖，本不當奥。蓋門人欲尊其師，謂室中以奥爲尊，故設牀於奥以浴，記此譏其變禮。「室」當爲衍字，又或本作「室奥」，因「奥」譌「爨」，故遂改作「爨室」耳。

【欽定義疏】**正義**　鄭氏康成曰：禮，死浴於適室。孔疏：士喪禮「死於適室」，下云「甸人掘坎於階間，爲垼於西牆下，新盆、槃、瓶造於西階下」，乃浴於適室也。

**存疑**　鄭氏康成曰：曾子見曾元之辭易簀，矯之以謙儉也。孔疏：於爨室是謙，無掘坎爲垼之事是儉。案上反席未安而没，焉得有浴爨室遺語？然反席之前足可有言，記文不備耳。曾子，達禮之人，應浴正寢。今乃浴於爨室，明知意有所爲。故鄭云「矯之」也。

孔氏穎達曰：此論曾子故爲非禮，以正其子也。

**辨正**　王氏安石曰：此自元、申失禮，於記曾子無遺言，鄭何以知其矯之以謙儉也？

陳氏澔曰：士喪禮浴於適室，無浴於爨室之文。舊説曾子以曾元辭易簀，矯之以謙儉。然反席未安而没，未必有言及此。使果曾子之命，爲人子者亦豈忍從非禮而賤其親乎？此難以臆説斷之，當闕之以俟知者。

**【杭氏集説】**陳氏澔曰：士喪禮浴於適室，無浴於爨室之文。舊説曾子以曾元辭易簀，矯之以謙儉，然反席未安而没，未必有言及此。使果曾子之命，爲人子者亦豈忍從非禮而賤其親乎？此難以臆説斷之，當闕之俟知者。

姚氏際恒曰：親死，不浴于適室，而浴於爨室。前文毁曾子，此又毁曾元一輩也。

朱氏軾曰：浴於爨室，非禮甚矣。此王孫、士安之所不爲，而謂曾子以此語其子乎？曾元以此言加於父乎？或曰喪大記「甸人爲垼於西墻下」，曾子之浴，爇湯爨室，故記者譏之。

姜氏兆錫曰：士喪禮浴於適室，今浴爨室，非禮也。舊説曾子易簀，矯以示謙，然此非大賢以上之所爲，且反席未安而没，未言及此。使果遺言，爲人子者亦豈忍曲從非禮而賤其親乎？蓋傳誤也。

任氏啟運曰：禮者，中而已矣，上踰下替，均非禮也。曾子知簀之必當易，即知爨室之必不可浴。謂曾子有意矯之，非也。且死于此室，即浴于此室之屋漏，飯于此室之牖下，小斂畢，乃出室户。曾子寢疾，未於爨室，安有舉尸出浴于他室者？檀弓多傳聞，此亦不作信。

【孫氏集解】鄭氏曰：見曾元之辭易簀，矯之以謙儉也。禮，浴於適室。

孔氏曰：曾子，達禮之人，應須浴於正寢。今乃浴於爨室，明知意有所爲，故知因曾元之辭易簀而矯之也。

愚謂凡死皆於適室，因即其中霤而浴焉。此上下之達，即不知禮者，亦不聞有改焉者也。曾子欲教其子，正當示之以禮，豈有使之以非禮治其喪耶？以「易簀」章觀之，則曾子之卒在於正寢明矣。乃移尸而浴於爨室，又移尸而反於正寢，以斂且殯焉，既違喪事即遠之義，又將使新死者内外遷徙，杌陧不安，必非人子之所忍出也。若時有君命之弔，賓客之襚，就爨室而行禮，則褻而不敬，就正室而行禮，則尸與主人皆在他所。此皆禮之所必不可者，此所記必傳聞之誤。〇此篇記曾子行禮之失者二：浴於爨室，襲裘而弔是也。言禮之失者二：弔於負夏，小斂之奠在西方是也。此章與「負夏」章決不可信。若襲裘而弔，與小斂之奠在西方，乃禮文之小失，固無害於曾子之賢。然以曾子問一篇觀之，其於禮文曲折之間，無不精究而明辨之，恐亦不當如此篇之所言也。

【朱氏訓纂】陳可大曰：士喪禮，浴於適室，無浴爨室之文。舊説曾子以曾元辭易簀，矯之以謙儉。然反席未安而没，未必有言及此。使果曾子之命，爲人子者亦豈忍從非禮而賤其親乎？難以臆斷，當闕之以俟知者。

【郭氏質疑】鄭注：見曾元之辭易簀，矯之以謙儉也。禮，死浴於適室。

嵩燾案，鄭意似謂曾子之遺命然也。據士喪禮，甸人掘坎於階間，少西，爲垼於西牆下，淅米於堂，煮瀋於垼，棄瀋濯於坎。鄭注所謂「重死事」是也。曾子蓋貧甚，不能備物，浴於爨室，謂煮所浴之瀋於爨室，不爲垼也。喪大記：「管人汲，授御者，御者差沐於堂上。君沐粱，大夫沐稷，士沐粱，甸人爲垼西牆下，陶人出重鬲，管人受沐，煮之，甸人取所徹廟之西北厞薪爨之，管人授御者沐。」禮文甚繁。曾元居曾子之喪，容有不能備禮者，以爨室供沐事，一以生道事之，而非薄於爲親也。記禮者無貶辭，注家以爲非禮，誤。

三·三一 ○大功廢業。或曰：大功，誦可也。許其口習故也。

【疏】「大功」至「可也」。○正義曰：此一節論遭喪廢業之事。「大功廢業」者，業，謂所學習業。則身有外營[一]，思慮他事，恐其忘哀，故廢業也。誦則在身所爲，其事稍静，不慮忘哀，故許其口習。

〔一〕謂所學習業則身有外營 閩、監、毛本同，惠棟校宋本「習業」下重「習業」二字。○鍔按：「謂所」上，阮校有「大功廢業節」五字。

言「或曰」者，以其事疑，故稱「或曰」。然録記之人必當明禮，應事無疑，使後世作法。今檢禮記[一]，多有不定之辭，仲尼門徒親承聖旨，子游裼裘而弔，曾子襲裘而弔。又小斂之奠，或云東方，或云西方。同母異父昆弟，魯人或云爲之齊衰，或云大功。其作記之人多云「蓋」，多云「或曰」，皆無指的，並設疑辭者，以周公制禮，永世作法，時經幽、厲之亂，又遇齊、晉之强，國異家殊，樂崩禮壞，諸侯奢僭，典法訛舛，是以普天率土不閑禮教。故子思，聖人之胤，不喪出母；隨武子，晉之賢相，不識殽烝。作記之人，隨後撰録，善惡兼載，得失備書，但初制禮之時，文已不具。略其細事，舉其大綱。況乃時經離亂，日月縣遠，數百年後何能曉達？記人所以不定，止爲失禮者多，推此而論，未爲怪也，亦兼有或人之言也。

【衛氏集説】鄭氏曰：誦，許其口習也。

孔氏曰：此一節論遭喪廢業之事。業，謂所學習業。學業則身有外營，思慮他事，恐其忘哀，故廢業也。誦則在身所爲，其事稍静，不慮忘哀，故許其口習。言「或曰」者，以其事疑，然亦恐有或人之言也。

横渠張氏曰：大功廢業，謂廢所治業也。讀喪禮、讀祭禮，祭禮、喪禮雖是讀書，然且用之，即是實事也。大功，喪禮簡，故廢其業而已。業，所誦書也，如連山、歸藏、周易、

[一] 今檢禮記　閩、監本同，毛本「檢」作「撿」。○按：作「撿」避所諱，全書皆然。

詩、書，皆古之所業也。

長樂陳氏曰：業者，弦、歌、羽、籥之事。誦者，詩、書、禮、樂之文。大功廢業而誦可，則大功而上，不特廢業，而誦亦不可。大功而下，不特誦可，而業亦不廢也。康誥，於父子則不戒之，以弗念天顯，於弟則戒之。以其天性之厚者，無事於戒。天性之將薄者，不可以不戒也。禮不曰哀期廢業，而曰「大功廢業」，其意如此而已。

新安朱氏曰：居喪初無不得讀書之文。古人居喪不受業者，業謂簨虡上一片板。不受業，謂不敢作樂耳。古人禮樂不離身，唯居喪然後廢樂，故曰「喪復常，讀樂章」。周禮有司業者，謂司樂也。

廣安游氏曰：古謂習樂者爲業。春秋時，魯宴寧武子，賦湛露及彤弓，寧武子曰：「臣以爲肄業及之。」晉屠蒯曰：「辰在子卯，君徹宴樂，學人舍業。」皆以歌詩言之也。古者，國子教以歌舞。歌者，雅、頌之詩是也。舞者，因歌而舞之也。唯其以歌舞、雅、頌爲學，少而習業於此，故謂之業。舍業者，舍歌舞之業，以爲哀也。或曰徒可口誦其詩而已。

**【吴氏纂言】**鄭氏曰：誦，許其口習也。

孔氏曰：業，謂所學習業。學業則身有外營，思慮他事，恐其忘哀，故廢業也。誦則在身，所爲其事稍静，不慮忘哀，故許其口習。「或曰」者，或人有是言也。

長樂陳氏曰：業者，弦、歌、羽、籥之事。誦者，詩、書、禮、樂之文。大功廢業而誦可，則大功以上不特廢業，而誦亦不可。大功而下，不特誦可，而業亦不廢也。

廣安游氏曰：古謂習樂者爲業。春秋時，魯宴甯武子，賦湛露及彤弓，甯武子曰：「臣以爲肄業及之。」晉屠蒯曰：「辰在子卯，君徹宴樂，學人舍業。」皆以歌詩言之也。古者，國子教以歌舞。歌者，雅、頌之詩也。舞者，因歌而舞之也。惟其以歌、舞、雅、頌爲學，少而習業於此，故謂之業。舍業者，舍歌舞之業，以爲哀也。或曰徒可口誦其詩。

朱子曰：業，謂簨簴上一片板。居喪不受業，謂不敢作樂爾，周禮有司業，謂司樂也。古人禮樂不離身，唯居喪然後廢樂，故曰「喪復常，讀樂章」。

【陳氏集説】業者身所習，如學舞、學射、學琴瑟之類。廢之者，恐其忘哀也。誦者口所習，稍暫爲之，亦可。然稱「或曰」，亦未定之辭也。

【郝氏通解】此亦喪不貳事之義。業者專攻志，移則廢。誦者口習，暫試爲之可也。大功廢業而可誦，則大功以上，不但廢業，誦亦不可矣。大功以下，不但誦可，業亦不廢矣。

【江氏擇言】孔疏云：業謂所學習業。學業則身有外營，思慮它事，恐其忘哀，故廢業。

朱文端公云：謂士人所習之業，如講道論德、射御書數之類。廢業，謂未葬以前，既葬，則期以下飲酒食肉，豈復廢業？

按，文端公從疏説推廣之，疑此説得之。先儒陳氏、游氏皆以廢業爲不習樂，而朱子則謂業爲簨上版，廢業者，不敢作樂也。恐非定説。

【欽定義疏】正義 鄭氏康成曰：誦，許其口習也。

孔氏穎達曰：此論遭喪廢業之事。業，謂所學習業。則身有外營，思慮他事，恐其忘哀，故廢業也。誦則在身所爲，其事稍静，不慮忘哀，故許其口習。「或曰」者，以其事疑，然亦恐有或人之言也。

陳氏澔曰：業者身所習，如學舞、學射、學琴瑟之類。廢之者，恐其忘哀也。誦者口所習，稍暫爲之亦可。然稱「或曰」，亦未定之辭也。

通論 陳氏祥道曰：大功廢業而誦可，則大功而上不特廢業，而誦亦不可。大功而下，不特誦可，而業亦不廢也。康誥於父子則不戒之，以弗念天顯；於弟則戒之，以其天性之厚者，無待於戒。天性之将薄者，不可不戒也。禮不曰「哀期廢業」，而曰「大功廢業」，其意如此而已。

游氏桂曰：古謂習樂者爲業。春秋甯武子曰：「臣以爲肄業及之。」晉屠蒯曰：「辰在子卯，君徹宴樂，學人舍業。」皆以歌詩言。古者，國子教以歌舞。歌者，雅、頌之詩。舞者，因歌而舞之也。少而習業於此，故謂之業。舍業者，舍歌舞之業，以爲哀也。或曰徒可口誦其詩而已。

【杭氏集説】陳氏澔曰：業者身所習，如學舞、學射、學琴瑟之類。廢之者，恐其忘哀也。誦者口所習，稍暫爲之，亦可。然稱「或曰」，亦未定之辭也。

姚氏際恒曰：詩大雅：「虡業維樅。」周頌：「設業設虡。」爾雅「大版謂之業」，乃縣鐘磬之架也。故謂習樂爲業誦，謂誦其詩，不作樂也。

朱氏軾曰：業，謂士人所習之業，如講道論德、射御書數之類。廢業，謂未葬以前，既葬，則期以下飲酒食肉，豈非廢業耶？

姜氏兆錫曰：業，游氏謂歌舞之業，廢之者，恐忘哀也。誦則誦詩而已，故得不廢。然稱「或」，蓋亦未定之詞與？

【孫氏集解】鄭氏曰：許其口習故也。

愚謂業謂弦誦之業也。誦可也者，謂可以誦詩，而不可以操琴瑟也。蓋大功之喪，有降服，有正服，有義服，其情不能無隆殺，故或弦、誦並廢，或不廢誦。説者各據其一偏而言之，故不同。曲禮曰：「喪復常，讀樂章。」然則父母之喪，除喪乃得業也。

【朱氏訓纂】注：許其口習故也。　正義：業，謂所學習業。習業則身有外營，思慮他事，恐其忘哀，故廢業也。誦則在身所爲，其事稍静，不慮忘哀，故許其口習。　陳用之曰：大功廢業而誦可，則大功而上，不特廢業，而誦亦不可。大功而下，不特誦可，而業亦不廢也。　游元發曰：古謂習樂者爲業。春秋傳甯武子曰：「臣以爲肄業及之。」晉屠蒯曰：「辰在子卯，君徹宴樂，學人舍業。」皆以歌詩言。　朱氏軾曰：廢業，謂未葬以前。既葬，則期以下飲酒食肉，豈復廢業？

# 檀弓注疏長編卷七

三·三二 ○**子張病，召申祥而語之曰：「君子曰終，小人曰死。** 申祥，子張子。欲使執喪成己志也。死之言澌也，事卒爲終，消盡爲澌。太史公傳曰「子張，姓顓孫」，今曰「申祥」，周、秦之聲，二者相近，未聞孰是。○語，魚據反。澌，本又作「斯」，音賜，下同。顓，音專。近，「附近」之近。**吾今日其庶幾乎！」** 言易成也。○易，以豉反。

【疏】「子張」至「幾乎」。○正義曰：此一節論子張將終，戒勗其子之事。子張病困，召子申祥而語之曰：「若君子之死，謂之爲終。」言但身終，功名尚在。「若小人之死，但謂之爲死。」無功名可録，但形骸澌盡也。子張言此，欲令子執治其喪，每事從禮，使我得成君子。

○「吾今日其庶幾乎」者，庶，幸也。幾，冀也。言吾若平生爲惡，不可幸冀爲君子之人。吾即平生以善自修〔一〕，今日將死，其幸冀爲君子乎！汝但執喪成禮，以助我意，則功名得存，但身終而已。

○注「申祥」至「孰是」。○正義曰：知「申祥，子張子」者，以病而召之，與曾子召申、元同〔二〕，故知子張子也。

云「大史公傳曰『子張，姓顓孫』」者，案史記，大史公姓司馬，名談，前漢人，作太史官，修史未成而卒。其子遷續成史記，作仲尼七十二弟子傳，云「子張，姓顓孫」。

「今曰申祥」者，謂今禮記作「申祥」。

云「周、秦之聲二者相近」者，謂周國、秦國之人，言「申」與「顓」聲音相近，今不知「顓」是，不知「申」是，故云「未聞孰是」也。

【衛氏集説】鄭氏曰：申祥，子張子，欲使執喪成己志也。死之言澌也，事卒爲終，消盡爲澌。太史公傳曰「子張，姓顓孫」，今曰「申祥」，周、秦之聲，二者相近，未聞孰是。

孔氏曰：此一節論子張將終，戒勗其子之事。庶，幸也。幾，冀也。言吾平生以善自修，今日將死，其幸冀爲君子乎！汝但執喪禮，以助我志，則功名得存，但身終而已。

〔一〕吾即平生以善自脩　閩、監、毛本同，浦鏜校云：「『即』當『既』字誤。」○鍔按：「吾即」上，阮校有「子張病節」四字。

〔二〕與曾子召申元同　閩本同，監、毛本「申元」作「元申」。

長樂黄氏曰：君子、小人曰終、曰死之别，蓋言人生斯世，當盡人道。君子之人，人道既盡，則其死也爲能終其事，故以「終」稱之。若小人，則無可盡之道，只是形氣消盡，故稱之曰「死」。終以道言，死以形言。子張言「庶幾」者，蓋以生平持身，唯恐有不盡之道。今至將没，幸其得以盡道而終，故以爲言，亦猶曾子「知免」之意。觀其將死喜幸之言，足以見其平生恐懼之意，正學者所當用力也。今注家以爲欲使執喪成己志，疏家又以爲但身終功名尚存。幾，本訓近，又訓爲冀，皆不可曉。學術不明，其弊至此，不可不辨。

長樂陳氏曰：君子盡人之道而異乎物，故曰終。小人非盡人道則物而已，故曰死。曲禮於大夫曰「卒」，於士曰「不禄」，於庶人曰「死」，與此同意。子張之病，自以庶幾於君子之終，而不爲小人之死者，蓋使申祥觀其行以自勵而已，孰謂「欲使執喪成己志」哉？書於舜言「死」，春秋於無道之大夫皆曰「卒」者，蓋以君子對小人，則小人爲死。通而言之，雖君子謂之「死」，可也。

馬氏曰：君子曰終，言以德業也。小人曰死，蓋形斃而化，則無所傳矣。子張病，召申祥語以此者，欲其修身謹行，以顯揚於己也。

廬陵胡氏曰：終，謂以禮終始。

廣安游氏曰：古之學者，貴乎行己而無愧怍其死也。貴乎得其正，得其正謂死於牖下，且不死於婦人之手也。觀人之法，不觀於無事之時，而觀於患難之際，不信其平居之時，而信其將死之日。苟行己無愧怍，將死而得其正，是得其死者也。苟得其死，在君子爲得其終，在小人爲得其死。雖有君子、小人之辨，然皆學者之道也。庶幾者，謂庶幾乎學者之道也。觀成王之顧命，則知成王所以學於周公之道；觀曾子、子張之言，則知曾子、子張所以學於孔子之道。

【吴氏纂言】鄭氏曰：申祥，子張子，大史公傳子張姓顓孫，今曰申祥，周、秦之聲，二者相近。事卒爲終，死之言澌也，消盡爲澌。

孔氏曰：形骸澌盡也。

澄曰：終者，全天地所與之性、父母所生之體，而無虧損於初，至今日終畢也。能知覺運動之謂生，不能知覺運動之謂死。小人之死，但身形不復知覺運動而已。庶幾，近也，言其可近於君子之終也。曾子將死，召門弟子曰：「啓予手、啓予足，而今而後，吾知免夫。」子張所言之意，亦猶曾子所言之意，蓋君子以得全其生而終爲幸也。

長樂黄氏曰：人生斯世，當盡人道。君子人道既盡，則爲能終，小人則只是形氣消盡。子張言「庶幾」者，蓋生平持身，唯恐不盡道。今至将没，幸其得終，猶曾子知免之意。

廣安游氏曰：觀成王之顧命，則知成王所以學於周公；觀子張、曾子之言，則知曾子、子張所以學於孔子。觀其將死喜幸之言，足以見其生平恐懼之意也。

子、子張所以學於孔子。

【陳氏集説】申詳，子張子也。終者，對始而言。死則澌盡無餘之謂也。君子行成德立，有始有卒，故曰終。小人與羣物同朽腐，故曰死，疾没世而名不稱爲是也。子張至此，亦自信其近於君子也。

【郝氏通解】終者，成就之義。死者，澌滅之名。子張，姓顓孫。鄭謂申祥，子張之子，顓孫、申祥，周、秦聲近，譸張附會，難信。

【欽定義疏】正義 鄭氏康成曰：申祥，子張子。太史公傳曰「子張姓顓孫」，今曰申祥，周、秦之聲，二者相近，未聞孰是。孔疏：二國人言「申」與「顓」相近，故曰「未聞孰是」。案或曰「顓孫」，合聲爲「申」。死之言澌也。事卒爲終，消盡爲澌。

孔氏穎達曰：此論子張將終，戒勖其子之事。庶，幸也，言平生以善自脩，今日將死，庶幾爲君子。

陳氏澔曰：君子行成德立，有始有卒，故曰「終」。小人與羣物同朽腐，故曰「死」，疾没世而名不稱謂是也。子張至此，亦自信其近於君子也。

通論 陳氏祥道曰：曲禮「大夫曰卒，士曰不禄，庶人曰死」，與此同意。書於舜言「死」，春秋於無道之大夫皆曰「卒」者，蓋以君子對小人，則小人爲死。通而言之，雖君子謂之「死」可也。

以自勵而已，孰謂欲使執喪成己志哉？

【存異】鄭氏康成曰：子張欲使申祥執喪成己志也。

【辨正】陳氏祥道曰：子張自以庶幾於君子之終，而不爲小人之死，蓋使申祥觀其行以自勵而已，孰謂欲使執喪成己志哉？

【杭氏集說】陳氏澔曰：君子行成德立，有始有卒，故曰終。小人與羣物同朽腐，故曰死，疾没世而名不稱謂是也。子張至此，亦自信其近於君子也。

姚氏際恒曰：此亦襲曾子「吾知免夫」之義，然其言有弊。生死者，人道之常，恒言曰生死，若死爲小人，則生爲君子乎？爲小人乎？書言舜「陟方乃死」，孔子謂「顔淵，吾以女爲死矣」，舜與顔子亦小人乎？曲禮曰「庶人曰死」，此分貴賤而言也。今分品詣而言，便不可通。且曾子述「戰兢」之詩而曰「吾知免夫」，何嘗自詡爲君子而詆世爲小人耶？

姜氏兆錫曰：申祥，子張之子。終，由曲禮所謂卒也。君子行成德立，有始有卒，故曰終。小人直與物朽，故曰死也。子張至此，亦自信其近于君子與？

齊氏召南曰：按顓孫是二字姓。其子名申祥，則二名也。何乃疑「申」聲近「顓」，爲一字姓乎？康成此注似誤。

【孫氏集解】鄭氏曰：申祥，子張子。太史公傳曰：「子張，姓顓孫。」今曰「申祥」，周、秦之聲，二者相近，未知孰是。死之言澌也，事卒爲終，消盡爲澌。

愚謂天之生人，氣以成形，而理具焉。惟君子全而受之，全而歸之，有始有卒，故曰終。小人不能全其所賦之理，則但見其身形之澌滅而已，故曰死。「吾今日其庶幾」者，言未至今日，猶不敢自信其不爲小人。蓋深明夫全受、全歸之不易以示申祥，使知爲善之不可以一日而怠也。與曾子啟手足以示門人同意。

【朱氏訓纂】注：申祥，子張子。死之言澌也，事卒爲終，消盡爲澌。太史公傳曰：「子張，姓顓孫。」今曰「申祥」，周、秦之聲，二者相近，未聞孰是。　正義：庶，幸也。幾，冀也，言平生以善自修，其幸冀爲君子乎。

三·三三　○**曾子曰：「始死之奠，其餘閣也與？」**不容改新。閣，庋藏食物。○奠，田練反。閣音各。庋，字又作「庪」，同九毁反，又居僞反。

【疏】「曾子」至「也與」。○正義曰：此一節論初死奠之所用之事。○「始死之奠」者，鬼神所依於飲食，故必有祭酹，但始死未容改異，故以生時庋閣上所餘脯醢以爲奠也。士喪禮復魄畢，以脯醢「升自阼階，奠于尸東」，此之謂也。○注「不容」至「食物」。○正義曰：閣，架橙之屬。人老及病，飲食不離寢，恐忽須

方始改新也。無當[一]，故並將近置室裏閣上也。若死，仍用閣之餘奠者，爲時期切促，急令奠酹，不容

【衛氏集説】孔氏曰：此一節論初死奠之所用。閣，架橙之屬。人老及病，飲食不離寢，恐忽須無常，故並將近置室裏閣上也。始死，未容改異，故以閣上所餘脯醢以爲奠也。

嚴陵方氏曰：閣與「大夫七十而有閣」同，以閣食物。人之始死，以禮則未暇從其新，以情則未忍易其舊。故其奠也，止以閣之餘物。

山陰陸氏曰：閣其餘者，幸其更生，若有待焉爾。如先儒説以其閣之餘奠，不唯於文不安，亦大夫七十而後有閣，則大夫死有無閣者矣。

【吴氏纂言】孔氏曰：士喪禮復魄畢，以脯醢「升自阼階，奠於尸東」，此之謂始死之奠，鬼神依於飲食，故必有祭酹。但始死未容改異，故以生時庋閣上所餘脯醢爲奠也。閣，架橙之屬。人老及病，飲食不離寢，恐忽須無常，竝將近置室裏閣上。若死，仍用閣之餘奠者，爲時期切促，急令奠酹，不容改新也。

方氏曰：閣，以閣食物。人之始死，以禮則未暇從其新，以情則未忍易其舊。故其奠也，止以閣之餘物。

[一] 恐忽須無常 閩、監、毛本同。惠棟校宋本「當」作「常」，衛氏集説同。○鍔按：「恐忽」上，阮校有「始死之奠節」五字。

山陰陸氏曰：閣其餘者，幸其更生，若有待焉爾。先儒説以其閣之餘奠，不唯於文不安，亦大夫七十而後有閣，則大夫死有無閣者矣。

【陳氏集説】始死以脯醢、醴酒，就尸牀而奠于尸東，當死者之肩，使神有所依也。閣，所以庋置飲食，蓋以生時庋閣上所餘脯醢爲奠也。

【納喇補正】始死之奠，其餘閣也與？

集説 閣，所以庋置飲食，蓋以生時庋閣上所餘脯醢爲奠也。

竊案 此注疏説也。山陰陸氏則曰：「閣其餘者，幸其更生，若有待焉爾。如先儒説以其閣之餘奠，不惟於文不安，亦大夫七十而後有閣，則大夫死有無閣者矣。」

【郝氏通解】人老疾，飲食不離寢，故有閣以自便。始死，即以其閣之餘饌奠之，望其復食也。儀禮「始死，以脯醢、醴酒奠于尸東，當肩」即此。

【欽定義疏】正義 鄭氏康成曰：不容改新也。閣，庋藏食物。孔疏：閣，架橙之屬。人老及病，飲食不離寢，恐忽須無常，故並將近置室裏閣上也。若死仍用閣之餘奠者，爲時切促，急令奠酹，不容方始改新也。孔氏穎達曰：此論始死奠之所用。鬼神所依於飲食，故必有祭酹，但始死未容改異，故以生時庋閣上脯醢以爲奠也。士喪禮復魄畢，以脯醢「升自阼階，奠於尸東」，此之謂也。案：記「即牀而奠，當腢，用吉器」，鄭氏曰：「腢，肩頭也。」孔氏曰：「就尸牀而設之。尸南首，則在牀東，當尸肩頭也。未忍異於生，故用吉器。至小斂奠，則用毼豆之等，爲變矣。」

方氏慤曰：人之始死，以禮則未暇從其新，以情則未忍易其舊。故其奠也，以閣之餘物。

**存異** 陸氏佃曰：閣其餘者，幸其更生，若有待焉耳。大夫七十而後有閣，如舊説，則死而無閣者，何物奠之？

**案** 分言之，則大夫曰「閣」，士曰「坫」。通言之，則凡庋飲食之板皆謂之「閣」。土坫之上，未嘗不用一板也。

**【杭氏集説】** 鄭氏康成曰：不容改新也。閣，庋藏食物。孔疏：閣，架橙之屬。人老及病，飲食不離寢，恐忽須無常，故並將近置室裏閣上也。若死仍用閣之餘奠者，爲時切促，急令奠酹，不容方始改新也。

孔氏穎達曰：此論始死奠之所用。鬼神所依於飲食，故必有祭酹，但始死未容改異，故以生時庋閣上脯醢以爲奠也。士喪禮復魄畢，以脯醢「升自阼階，奠於尸東」，此之謂也。

姚氏際恒曰：閣，庋藏食物之名。始死之奠，用閣之餘，此注疏説似是。閣餘，作餘閣，亦倒裝字法也。陸農師曰：「其餘，幸得更生，若有待焉。」如先儒説以閣之餘奠，不惟于文不安，亦大夫七十而有閣，則大夫死有無閣者矣。」此説新巧，然近牽强，至于大夫七十而有閣，乃王制之説，不當駁于此。

朱氏軾曰：奠以餘閣，不忍死其親也。

陸氏奎勳曰：舊解盡失其旨。餘閣者，貯物以供老疾也。始死而奠之尸東，孝子之心，猶若親存而冀其飲食爾。

姜氏兆錫曰：禮，始死奠用脯醢、酒醴，就尸床，奠于尸東，正當其肩，蓋使死者有所依也。其奠以生時閣上所餘之脯醴爲之，亦事死如生之意也。

【孫氏集解】鄭氏曰：不容改新。閣，庋藏食物。

朱子曰：自葬以前皆謂之奠，其禮甚簡，蓋哀不能文，而於新死者亦未忍遽以鬼神之禮事之也。

愚謂鬼神依於飲食，始死即設奠，所以依神也。士喪禮脯醢、醴酒「升自阼階，奠於尸東」是也。餘閣者，用閣上所餘脯醢以奠。一則以仍其生前之食而不忍遽易，一則以用於倉卒之頃而不及別具也。

【朱氏訓纂】注：不容改新。閣，庋藏食物者也。正義：始死，未容改異，故以生時庋閣上所餘脯醢以爲奠也。士喪禮復魄畢，以脯醢「升自阼階，奠于尸東」，此之謂也。閣，架橙之屬。人老及病，飲食不離寢，恐忽須無常，故並將近置室裏閣上也。

三·三四 **曾子曰：「小功不爲位也者，是委巷之禮也。」** 譏之也。位，謂以親疏敘列哭也。委巷，猶街里委曲所爲也。○街，音佳。**子思之哭嫂也爲位，**善之也。禮，嫂叔無服。○嫂，悉早反，注同。**婦人倡踊。**有服者，娣姒婦小功。倡，先也。○倡，昌尚反，注同。踴，音勇。娣姒，大計反，下音似。**申祥之哭言思也亦然。**」說者云：言思，子游之子，申祥妻之昆弟，亦無服。過此以往，獨哭不爲位。

**【疏】**「曾子」至「亦然」。○正義曰：此一節論無服爲位哭之禮。

○「小功不爲位也」者，曾子以爲哭小功之喪，當須爲位。時有哭小功不爲位者，故曾子非之云：若哭小功不爲位者，是委細屈曲街巷之禮。言禮之末略[一]，非典儀正法。既言其失，乃引得禮之人。子思之哭嫂，爲親疏之位。於時子思婦與子思之嫂有小功之服，故子思之婦先踊，子思乃隨之而哭。非直子思如此，其申祥哭妻之兄弟言思亦然，是亦如子思也。

○注「位謂」至「爲也」。○正義曰：知「位謂親疏敘列」者，以其子思哭嫂爲位，下云「婦人倡踊」，婦人既在先，明知爲位也。

云「委巷，猶街里委曲所爲也」者，謂庶人微賤，在街巷里邑委細屈曲所爲，不能方

[一] 言禮之末略　閩、監、毛本作「末」，此本「末」誤「未」。○鍔按：「言禮」上，阮校有「小功不爲位也者節」八字。

正也。此子思哭嫂，是孔子之孫，以兄先死，故有嫂也。皇氏以爲，原憲字子思。若然，鄭無容不注，鄭既不注，皇氏非也。孔氏連叢云「一子相承，以至九世」，及史記所説亦同者，不妨。雖有二子，相承者唯存一人，或其兄早死，故得有嫂。且雜説不與經合非一也。

○注「娣姒婦小功。倡，先也」。○正義曰：案喪服小功章「娣姒婦，報」，傳云：「弟，長也。」鄭注：「娣姒婦者〔一〕，兄弟之妻相名也。長婦謂穉婦爲娣婦，娣婦謂長婦爲姒婦。」謂據婦年之長幼，則不據夫年之大小，故成十一年左傳云：「聲伯之母不聘，穆姜曰：『吾不以妾爲姒。』」穆姜，魯宣公夫人，聲伯之母，魯宣公弟叔肸之妻，是弟妻爲姒。又昭二十八年左傳云：「子容之母走謁諸姑，曰：『長叔姒生男。』」子容之母，伯華之妻也。長叔姒是伯華之弟叔肸之妻，是亦謂弟妻爲姒也。皆不繫夫身長幼。云「倡，先也」者，案詩云「倡予和女」，是倡爲先。

○注「言思，子游之子，申詳妻之昆弟」者，謂妻之親昆弟也。自此以外，皆不爲位。故奔喪禮「哭妻之黨於寢」〔二〕，鄭引逸奔喪禮云：「一哭而已，不爲位矣。」

【衛氏集説】鄭氏曰：委巷，猶街里委曲所爲，譏之也。爲位，以親疏敘列哭也。稱

〔一〕 鄭注娣姒婦者　閩、監、毛本同，惠棟校宋本「注」下有「云」字。
〔二〕 故奔喪禮哭妻之黨於寢　閩、監、毛本如此，此本「禮」誤重。

子思爲位，善之也。禮，嫂叔無服，娣姒婦小功。倡，先也。言思，子游之子，申祥妻之昆弟，亦無服。過此以往，獨哭不爲位。

孔氏曰：此一節論無服爲位哭之禮。曾子以爲哭小功之喪，當爲位。時有不爲位者，曾子非之，以爲委巷之禮。既言其失，乃引得禮之人以證之。子思，孔子之孫，其哭嫂爲親疏之位。於時子思婦與子思之嫂爲娣姒，有小功之服，故子思之婦先踊，子思乃隨之而哭。鄭注喪服小功章云：「娣姒婦者，兄弟之妻相名也。長婦謂穉婦爲娣婦，娣婦謂長婦爲姒婦。」謂據婦年之長幼，不據夫年之大小。左傳曰：「聲伯之母不聘，穆姜曰：『吾不以妾爲姒。』」穆姜，魯宣公之夫人，聲伯之母，乃宣公弟叔肹妻，是弟妻爲姒也。又「子容之母走謁諸姑，曰：『長叔姒生男。』」子容之母，伯華之妻也。長叔姒是伯華之弟叔肹之妻，是亦謂弟妻爲姒。皆不繫夫年之長幼也。非直子思如此，其申祥哭妻之兄弟言思亦然。

横渠張氏曰：小功情疏，疏則容爲位而後哭。情重者始聞喪而哭，不暇爲位，哀甚也。

嚴陵方氏曰：位者，哭泣之位也。親有遠近，服有輕重，不可以無辨，故哭泣之際，各爲之位焉。迨乎周室之衰，典籍多失，而一時之禮或起於委巷，則有小功不爲位者，此曾子所以譏之。委巷，猶言委曲之巷也，子思之哭嫂也爲位，以言無服之喪猶且爲位，則知小功不爲位尤爲非矣。

馬氏曰：無服而爲位者，唯嫂叔。蓋無服者，所以遠男女近似之嫌，而爲位者，所以篤兄弟内喪之親。子思之哭嫂也爲位，婦人倡踊，以婦人相爲娣姒之義，而不敢以己之無服先之也。至於申祥之哭言思亦如子思者，蓋非禮矣。嫂爲内喪，故可以正哭位，婦人有相爲娣姒之道，故可以倡踊。妻之兄弟，外喪也，而既無服則不可爲哭位之主矣。記曰：「妻之昆弟爲父後者死，哭之適室，子爲主，袒免，哭踊，夫入門右。」由是言之，則哭妻之昆弟，以子爲主，異於叔嫂之喪也。以子爲主，則婦人不當倡踊矣。

山陰陸氏曰：婦人倡之而後踊，遠嫌也。

【吴氏纂言】鄭氏曰：位，謂以親疏敘別哭也。委巷，街里也。子思之哭嫂也爲位，善之也。禮，叔嫂無服。婦人，娣姒婦有小功服者。倡，先也。言思，子游之子，申祥妻之昆弟也，亦無服。過此以往，獨哭不爲位。

孔氏曰：曾子以哭小功之喪，當爲位。時有哭小功不爲位者，故曾子非之云「是委巷之禮」，言非禮儀正法。既言其失，乃引得禮之人。子思之哭嫂，爲親疏之位，子思婦與子思之嫂爲娣姒，有小功之服，故子思之婦先踊，子思隨之而哭。非直子思如此，其申祥哭妻之兄弟言思亦然。子思，孔子之孫，或其兄蚤死，故得有嫂。或云孔氏一子相承至九世，故皇氏以子思爲原憲。

方氏曰：位者，哭泣之位。親有遠近，服有重輕，不可以無辨，故哭泣之際，各爲之位焉。子思之哭嫂也爲位，以言無服之喪猶且爲位，則知小功不爲位，非矣。

澄曰：水下流之聚處爲委，言至此窮盡，無復可去。委巷，猶云窮巷，委巷之人，見小聞寡，無所知識。子思以下，記者所引先記曾子之言，後記二人所行之事，謂子思、申祥哭無服之親猶且爲位，況小功有服之親，而可不爲位乎？爲嫂無服，而其妻爲娣姒婦則有服；爲妻之兄弟無服，而其妻爲其兄弟則有服。故子思之哭嫂，申祥之哭妻兄弟，皆使其妻有服者倡踊於前，而己無服者隨哭於後也。

馬氏曰：無服而爲位者，唯嫂叔。蓋無服所以遠男女近似之嫌，而爲位所以篤兄弟内喪之親。子思之哭嫂也爲位，婦人倡踊，以婦人有相爲娣姒之恩，而不敢以己之無服先之也。申祥之哭言思亦如子思，蓋非禮矣。嫂爲内喪，故可以正哭位，婦人有相爲娣姒之道，故可以倡踊。妻之昆弟，外喪也，既無服則不得爲哭位之主矣。記曰：「妻之昆弟爲無後者死，哭之適室，子爲主，袒免，哭踊，夫入門右。」哭妻之昆弟，以子爲主，異於叔嫂之喪也。以子爲主，則婦人不得倡踊也。

【陳氏集説】委，曲也。曲巷，猶言陋巷。細民居於陋巷，不見禮儀而鄙朴無節文，故譏小功不爲位是曲巷中之禮也。言思，子游之子，申詳妻之昆弟也。馬氏曰：凡哭必爲位者，所以叙親疏恩紀之差。嫂叔疑於無服而不爲位。故曰無服而爲位者，惟嫂叔。

蓋無服者，所以遠男女近似之嫌，而爲位者，所以篤兄弟内喪之親。子思哭嫂爲位，婦人倡踊，以婦人有相爲娣姒之義，而不敢以己之無服先之也。至於申詳之哭言思亦如子思，蓋非禮矣。妻之昆弟，外喪也，而既無服則不得爲哭位之主矣。記曰：「妻之昆弟爲父後者死，哭之適室。子爲主，袒免，哭踊，夫入門右。」由是言之，哭妻之昆弟，以子爲主，異於嫂叔之喪也。以子爲主，則婦人不當倡踊矣。

**【納喇補正】小功不爲位也者，是委巷之禮也。**

**集説** 委，曲也。曲巷猶言陋巷，細民居於陋巷。

**竊案** 「委」當如「原委」之委，水上流之發處爲原，下流之聚處爲委，言至此窮盡，無復可去。委巷猶云窮巷，窮巷之人見小聞寡，無所知識。

**【郝氏通解】**哭之有位，所以敘親疏、辨恩紀也。委巷，曲巷也。小巷多曲，或曰，委，窮也。水下流之聚曰委，言至此窮盡也。窮巷之人，無所見聞，故曰「委巷之禮」。嫂叔無服，兄弟之妻相爲小功，故子思之哭嫂，其妻倡踊，己隨之。言思，子游之子，或云申祥妻之昆弟也。於禮亦無服，而申祥哭之亦爲位，亦妻倡踊。記舉二子無服之喪爲位，以明小功無位之非也。

按，哭妻昆弟之爲父後者于適室，子爲主，袒免，哭踊，夫入。則是申祥之哭，婦人倡踊，又非矣。大喪之禮，門内期功之服，衆人咸集，爲位、爲主可也。至于異姓之親，無服之喪，平居有父母在，聞門外緦功而輒爲位、爲主，免冠，袒、踊以哭，無乃駭觀聽與？故曰禮者，人情而已。

【江氏擇言】吳氏云：子思、申祥哭無服之親猶且爲位，況小功有服之親而不可爲位乎？爲嫂無服，而其妻爲娣姒婦則有服。爲妻之兄弟無服，而其妻爲其兄弟則有服。故子思、申祥皆使其妻有服者倡踊於前，而已無服者隨服於後也。

按，此以二子哭無服得禮之事，明小功不爲位之非禮。吳氏説得之，無譏申祥之意，而馬氏謂申祥哭言思非禮，引下篇「妻之昆弟爲父後者死，哭之適室，子爲主，袒免，哭踊」，以明婦人不得倡踊。愚謂妻之昆弟固當以子爲主，或申祥是時未有子，又或幼不能爲主，則其妻當倡踊矣。

【欽定義疏】正義　鄭氏康成曰：委巷，猶街里委曲所爲，譏之也。爲位，以親疏叙列哭也。稱子思爲位，善之也。禮，嫂叔無服。有服者，娣姒婦小功。　孔疏：鄭注喪服小功章「娣姒婦者，兄弟之妻相名也。長婦謂穉婦爲娣婦，娣婦謂長婦爲姒婦」。謂據婦年之長幼，則不據夫年之大小。成十一年左傳云：「聲伯之母不聘，穆姜曰：『吾不以妾爲姒。』」穆姜，魯宣公夫人，聲伯之母，魯宣公弟叔肸之妻，是弟妻爲姒。又昭二十八年左傳：「子容之母走謁諸姑，曰：『長叔姒生男。』」子容之母，伯華之妻也。長叔姒是伯華之弟叔肸之妻，亦謂弟妻爲姒。皆不係夫身長幼也。　倡，先也。説者云，言思，子游之子，申祥妻之昆弟亦無服。過此以往，獨哭不爲位。

孔氏穎達曰：此論無服爲位哭之禮。時有不爲位者，既言其失，乃引得禮之人以證之。子思婦與子思之嫂爲娣姒，有小功之服，故子思之婦先踊，子思乃隨之而哭。

陸氏佃曰：婦人倡之而後踊，遠嫌。

張子曰：小功情疏，疏則容爲位而後哭。情重者始聞喪而哭，不暇爲位，哀甚也。

【通論】馬氏晞孟曰：無服而爲位者，惟嫂叔。蓋無服者，所以遠男女近似之嫌，而爲位者，所以篤兄弟內喪之親。子思之哭嫂也爲位，婦人倡踊，以婦人相爲娣姒之義，而不敢以己之無服先之也。至於申祥之哭言思亦如子思者，蓋非禮矣。嫂爲內喪，故可以正哭位。婦人有相爲娣姒之道，故可以倡踊。妻之兄弟，外喪也，而既無服則不可爲哭位之主矣。記曰「妻之昆弟爲父後者死，哭之適室，子爲主」，由是言之，則哭妻之昆弟，以子爲主，異於叔嫂之喪也。以子爲主，則婦人不當倡踊矣。

【存疑】孔氏穎達曰：此子思哭嫂，是孔子之孫，以兄先死，故有嫂也。皇氏以爲原憲字子思，若然，鄭無容不注，鄭既不注，皇氏非也。孔氏連叢云：「一子相承，以至九世。」史記所説亦同。或其兄早死，故得有嫂，且雜説不與經合，不一也。

【杭氏集説】孔氏穎達曰：此子思哭嫂，是孔子之孫以兄先死，故有嫂也。皇氏以爲原憲字子思，若然，鄭無容不注，鄭既不注，皇氏非也。孔氏連叢云：「一子相承，以至九世。」史記所説亦同。或其兄早死，故得有嫂，且雜説不與經合，不一也。

姚氏際恒曰：馬彥醇曰：「記曰：『妻之昆弟爲父後者死，哭之適室，子爲主，袒免，哭踊。夫入門右。』異于叔嫂之喪，以子爲主，則婦人不當倡踊也。」愚按哭異姓之親而使其子爲主，亦迂，反不若使其妻倡踊而哭之可也。然以爲言思爲申祥妻之昆弟者，出鄭注，彼謂「說者云」，然是在鄭亦未定之辭，恐未可全據作解耳。曾子在聖門，首得聞道，後世有顏、曾之目，子思、申祥皆其後進。曾子乃舉二人以爲行禮之法，亦恐未然。

姜氏兆錫曰：委，曲也。居曲巷者，鄙陋無文，故以譏小功不爲位之人也。子思，皇氏謂原憲也，疏謂即孔子孫也。按，疏以下二條爲曾子所引皇氏說，是倡猶先也。言思，子游之子，申詳之妻昆弟也。引二子之事，蓋以見小功不爲位者之非禮。又馬氏謂：「凡哭必爲位，以叙服屬，嫂叔雖無服而爲位者，一以遠男女近似之嫌，一以篤兄弟內喪之親也。然子思哭嫂爲位而婦人先踊，蓋以娣姒有小功之服，而不敢以己之無服先之耳。至申祥之哭言思，乃妻之昆弟也，而如子思之哭嫂，則非禮矣。夫妻之昆弟無服，且外喪也，則不得如內喪爲哭位之主。記曰：『妻之昆弟爲父後者死，哭之適室，子爲主，哭踊。』子爲主而哭踊，則婦人又不當倡踊矣。」

齊氏召南曰：韓子與李泌書，引此經鄭玄注云：「以情責情。」似韓所據鄭注本不作「以己恩怪之也」。韓子曰：「小功服最多，親則叔父之下殤，與適孫之下殤，與昆弟之下殤，尊則外祖父母，常服則從祖祖父母。禮沿人情，其不可不服也明矣。君子之于骨肉，聞其死則悲哀，豈有間於新故死哉？特以行告不及時，聞死出其日數，則不服，其可乎？」

【孫氏集解】鄭氏曰：位，謂以親疏敘列哭也。委巷，謂街里委曲所爲，譏之也。子思哭嫂爲位，善之也。禮，嫂叔無服。婦人倡踊，有服者，娣姒婦小功。倡，先也。說者云，言思，子游之子，申祥妻之昆弟，亦無服。過此以往，獨哭不爲位。

愚謂哭而爲位者，以親疏敘列爲位，以親者一人爲主，在阼階下，西面，而疏者以次而南，如士喪禮「主人在阼階下，衆主人及卿大夫皆在其南」是也。若不爲位，則爲主者一人，南面，而弔者北面，後言「曾子北面而弔」，小記「哭朋友者於門外之右，南面」是也。委，曲也。哭有服者必爲位，時有哭小功不爲位者，曾子非之，言此乃委巷小人之禮，而非君子之所行也。奔喪云：「無服而爲位者，惟嫂叔。」此謂在外聞喪而已爲之主者。子思哭嫂，在家嫂叔無服，而娣姒婦相爲小功，故使婦人爲主而倡踊。妻之兄弟無服，而妻爲之期若大功，故申祥於言思亦爲位而哭，而使其妻爲主而倡踊也。凡踊以婦人居間，此皆使婦人倡踊者，以其爲爲位之禮之所自起也。嫂之喪，子爲之期，妻之兄弟，子爲之緦。今乃不使子爲主而使婦人者，蓋以未有子，或幼而未能爲主耳。記禮者因曾子譏小功不爲位，故引子思、申祥之事，以證哭必爲位之事。孔叢子，孔氏九世皆一子相承。此云子思哭嫂，孔疏謂「兄早卒，故得有嫂」。今案孔子弟子原憲、燕伋皆字子思，此所稱子思，或爲異人，未可知也。

**【朱氏訓纂】曾子曰：「小功不爲位也者，是委巷之禮也。**注：譏之也。位，謂以親疏序列哭也。委巷，猶街里委曲所爲也。**子思之哭嫂也爲位，**注：善之也。禮，嫂叔無服。**婦人倡踊。**注：有服者，娣姒婦小功。倡，先也。正義：曾子以爲哭小功之喪，當須爲位。時有不爲位者，故曾子非之。既言其失，乃引得禮之人。於時子思婦與子思之嫂有小功之服，故子思之婦先踊，子思乃隨之而哭。陸農師曰：婦人倡而後踊，遠嫌。**申祥之哭言思也亦然。」**注：説者云：言思，子游之子，申祥妻之昆弟，亦無服。過此以往，獨哭不爲位。正義：奔喪禮：「哭妻之黨於寢。」鄭引逸奔喪禮云：「一哭而已，不爲位矣。」吴幼清曰：爲嫂無服，而其妻爲娣姒婦則有服。爲妻之兄弟無服，而其妻爲其兄弟則有服。故子思、申祥皆使其妻有服者倡踊，而已無服者隨哭於後也。

**【郭氏質疑】子思之哭嫂也爲位，婦人倡踊。申祥之哭言思也亦然。**

鄭注：過此以往，獨哭不爲位。

嵩燾案，以經義求之，似凡哭皆爲位。伯高死，赴於孔子，孔子哭諸賜氏，而命子貢爲之主，爲主則爲位以受弔。喪服小記：「哭朋友者，於門外之右，南面。」是亦爲位也。奔喪云：「哭父之黨於廟，母妻之黨於寢，師於廟門外，朋友於寢門外，所識於野，張帷，爲位，不奠。」凡哭，無不爲位者，喪服傳，娣姒婦小功，女子子適人者爲衆昆弟大功，爲昆弟之爲父後者期，嫂叔無服，妻之昆弟亦無服。婦人倡踊，以妻之爲小功、大功者當爲之主。雖無服而可以情推之，以哭諸其位也。此爲在遠聞喪言之。凡喪之輕者，斷自小功。下云：「小功不稅。」禮有明文，此云「小功不爲位」，則亦禮文所未有也。記禮者因更引無服之爲位者以明之。奔喪云：「無服而爲位者，嫂叔及婦人降而無服者麻。」蓋以其情重於其服也。疏於子思之嫂引孔氏連叢云「一子相承，以至九世」，或其兄早死，二子相承，惟存一人，故得有嫂。家語：「孔弗，字子蔑，孔子兄孟皮之子。」史記作「孔忠」，孔忠子璇，子思之嫂爲同曾祖兄弟之妻。意或子思仕衞而聞嫂喪，緣情以爲之禮，而不嫌其過也。鄭注似未達經旨。

三·三五 〇**古者冠縮縫，今也衡縫。**縮，從也。今禮制，衡讀爲横。今冠横縫，以其辟積多。〇縮，所六反。縫，音逢，又扶用反，下同。衡，依注音横，華彭反。從，子容反。**故喪冠之反吉，非古也。**解時人之惑[一]。喪冠縮縫，古冠耳。〇解，佳買反。

【疏】「古者」至「古也」。〇正義曰：此一節論記者解時人之惑也。古者，自殷以上

[一] 解時人之惑 閩、監、毛本作「惑」，岳本、嘉靖本同。此本「惑」誤「感」。〇鍔按：「解時」上，阮校有「古者冠縮縫節」六字。

也。縮，直也。殷以上質，吉凶冠皆直縫。直縫者，辟積攝少[一]，故一一前後直縫之。○「今也衡縫」者，今，周也。衡，横也。周世文，冠多辟積，不復一一直縫，但多作攝而并横縫之。

○「故喪冠之反吉，非古也」者，周吉冠文，故多積襵而横縫也。若喪冠質，猶疏辟而直縫。是喪冠與吉冠相反，故云「喪冠之反吉」也。而時人因謂古時亦喪冠與吉冠反，故記者釋云「非古也」。正是周世如此耳，古則吉凶冠同從縫。

【衛氏集説】鄭氏曰：縮，從也。衡讀爲横。

孔氏曰：此一節記者解時人之惑也。古者，謂殷以上。殷上質，吉凶冠直縫，辟積襵少，故前後直縫之。今，周也。周世文，冠多辟積，不復一一直縫，但多作襵而并横縫之。周之吉冠如此，而喪冠猶疏辟而直縫。是喪冠與吉冠相反，故云「喪冠之反吉也」。時人謂古制如此，故釋之云「非古也」，正是周世如此耳。

黄氏曰：斯蓋作記之人，指亂世之禮不本周公之制，周公之制乃損益。斟酌古之禮也，謂古之喪冠直縫，吉冠横縫，爲周公之古禮。而衰世喪冠亦皆横縫，而失禮無别，故歎之曰「喪冠之反吉，非古。」是後之喪冠反同吉冠，爲非古。正文患喪冠無别，注義患

[一]辟積攝少　閩、監、毛本「攝」作「襵」，衛氏集説同，下「但多作攝」同。

喪冠與吉冠異製，誤辨其旨。餘義。

橫渠張氏曰：吉冠之制，豎搭過布，布幅以二尺二寸爲率，則前後共有四尺四寸，首圍所占之外，餘廣尚多。而爲縫以文多，故爲吉。凶冠則横繞布，直縫，無文。至後世不然，故曰「喪冠之反吉，非古也」。

長樂陳氏曰：一幅之材，順經爲辟積則少而質，順緯爲辟積則多而文。順經爲縮縫，順緯爲衡縫。古者吉凶之冠皆縮縫，今吉冠横縫而喪冠縮縫，是喪冠與吉反矣。故記者譏之，右爲陰，左爲陽。凶，陰事也。大功已上，右辟而縫之，所以明凶也。吉，陽禮也。小功已下，左辟而縫之，所以趨吉也。禮書。

【吴氏纂言】鄭氏曰：縮，從也。衡讀爲横。今冠横縫，以其辟積多。

孔氏曰：古者，謂殷以上。殷尚質，吉凶冠辟積襵少，故前後直縫之。周尚文，吉冠多辟積，不復一一直縫，但多作襵而并横縫之。喪冠猶疏辟而直縫，是喪冠與吉冠相反。周世如此爾，故云「非古也」。

長樂陳氏曰：一幅之材，順經爲辟積則少而質，順緯爲辟積則多而文。順經爲縮縫，順緯爲横縫。古者吉凶之冠皆縮縫，今吉冠横縫而喪冠縮縫，是喪冠與吉反矣。故記者譏之。

長樂黄氏曰：斯蓋作記之人，指亂世之禮不本周公之制。周公古禮，喪冠直縫，吉冠橫縫，而衰世喪冠亦皆橫縫，失禮無別，故歎之曰「喪冠之反吉，非古」。是後之喪冠反同吉冠，爲非古。正文患喪冠無別，注義患喪冠與吉冠異制，誤辨其旨。

【陳氏集説】疏曰：縮，直也。殷尚質，吉凶冠皆直縫。直縫者，辟積襵少，故一一前後直縫之。衡，橫也。周尚文，冠多辟積，不一一直縫，但多作襵而并橫縫之。若喪冠質，猶疎辟而直縫，是與吉冠相反。時人因言古喪冠與吉冠反，故記者釋之云「非古也」。止是周世如此耳，古則吉凶冠同直縫也。

【納喇補正】集説　疏曰：縮，直也。殷尚質，吉凶冠皆直縫。直縫者，辟積襵少，故一一前後直縫之。衡，橫也。周尚文，冠多辟積，不一一直縫，但多作襵而并橫縫之。若喪冠質，猶疏辟而直縫，是與吉冠相反。時人因言古喪冠與吉冠反，故記者釋之云「非古也」。止是周世如此耳，古則吉凶冠同直縫也。

竊案　此集説取孔疏，本亦可通。而衛氏集説復載陳、黃二説。長樂陳氏曰：「一幅之材，順經爲辟積則少而質，順緯爲辟積則多而文。順經爲縮縫，順緯爲橫縫。古者吉凶之冠皆縮縫，今吉冠橫縫而喪冠縮縫，是喪冠與吉反矣。故記者譏之。」長樂黃氏曰：「斯蓋作記之人，指亂世之禮不本周公之制，謂古之喪冠直縫，吉冠橫縫，而衰世喪冠亦皆橫縫，失禮無別，故歎之曰『喪冠之反吉，非古』。是後之喪冠反同吉冠，爲非古。正文患喪冠無別，注義患喪冠與吉冠異制，誤辨其旨。」疑黃説爲長。

【郝氏通解】布帛經爲直，緯爲横，直曰縮，横曰衡，横廣而直狹。縮縫，謂以直幅豎縫之，從省也。古者冠辟積少，故可豎縫，無吉凶，一也。後世冠辟積多，豎裁不足，必横廣而後可，習尚使然，實非爲凶縮、爲吉横也。後世遂謂喪冠質反吉，宜縮縫，非古也。按，冠莫重于冕，而以絲易麻，孔子猶從之，横與縮非甚害禮，且吉與喪無微不辨，安得喪冠不反吉？亦非至論。

【江氏擇言】鄭注：今冠横縫，以其辟積多。解時人之惑。喪冠縮縫，古冠耳。

孔疏云：殷以上質，吉凶冠皆直縫。直縫者，辟積襵少，故一一前後直縫之。周世文，冠多辟積，不復一一直縫，但多作襵而并横縫之。周吉冠文，故多積襵而横縫。若喪冠質，猶疏辟而直縫。是喪冠與吉冠相反，而時人因謂古時亦喪冠與吉冠反，故記者釋云「非古也」。正是周世如此耳，古則吉凶冠皆從縫。

長樂陳氏云：一幅之材，順經爲辟積則少而質，順緯爲辟積則多而文。順經爲縮縫，順緯爲横縫。

長樂黄氏云：斯蓋作記之人，指亂世之禮不本周公之制。周公古禮，喪冠直縫，吉冠横縫，而衰世喪冠亦皆横縫，失禮無别，故歎之曰「喪冠之反吉，非古」。是後之喪冠反同吉冠，爲非古。正文患喪冠無别，注義患喪冠與吉冠異制，誤辨其旨。

按，古者喪冠廣二寸，見儀禮喪服篇賈疏，則吉冠當亦如之，非若後世之帽，盡舉頭而蒙之也。聶崇義三禮圖：「喪冠，廣三寸。」已非古制矣。秦始皇自謂以水德王，改冠六寸，於是冠梁始闊。至漢又增爲七寸，故漢輿服志云：「委貌冠、皮弁冠同制，長七寸，高四寸，制爲覆杯，前高廣，後卑鋭。」此以委貌同皮弁，如後世之帽，於是古冠制盡失，唯喪冠略存制耳。縮縫狹辟，辟積必少；横縫長，辟積必多。而陳氏乃謂順經爲辟積則少，順緯爲辟積則多，是但以布論而不以冠梁之廣狹、長短論，誤矣。又冠之辟積與裳異，裳用辟積，蹙其要中使狹，冠之辟積所以爲飾，即古冠直縫三辟積，質中已有文。而文端公謂頂窄於武，故於其上爲辟積，使上狹下寬，亦非古人用辟積之意。古冠以一條布作穹形，雖縱横皆不爲辟積，亦未嘗不可，非謂必作辟積然後上狹下寬也。其云：「考古冠制，以布一幅爲冠，上連頂，下屬武。」此非古冠制，繪禮圖者誤以後世之帽當古冠耳。又攷文端公家禮圖附論云：「斬衰冠，褙厚紙爲冠梁，廣三寸，長足以跨頂，用稍細麻布裹之，就摺其布爲細輒之三條，直過梁上，其輒俱向右，是謂三辟積，其梁之盡處兩頭俱捲屈向外以及武，是謂外畢。」此猶得古人喪冠之制，此經附注非公定説也。此經當從注疏説，而黄氏謂「今喪冠亦横縫」，如此則當言喪冠同吉，非古，何以云「反吉」乎？反同於吉，非「反」字之義。且喪冠縮縫，尚有左右之異，斬衰右縫，大功以下左縫，使易爲横縫，則無左右矣。恐當時改制，未至無別若斯也。吉冠横縫，使異於喪冠，自是周人隨時改制得宜處。記者恐人見末而忘本，謂今人但知吉冠之與喪冠相反，不知古時吉凶皆同爲縮縫耳。其曰「喪冠之反吉」，自是屬辭之體，如是，蓋用倒句也。

【欽定義疏】正義 鄭氏康成曰：縮，從也。今禮制，衡讀爲横。今冠横縫，辟積多也。「反吉，非古」者，解時人之惑也。喪冠縮縫，古冠耳。

孔氏穎達曰：殷質，吉凶冠皆直縫，辟積襵少。周吉冠文，多積襵而横縫之。若喪冠，猶疏辟而直縫。是與吉冠相反，時人因謂古喪冠與吉冠反，故記者釋云「非古也」。周世如此耳，古者吉凶冠同從縫。

陳氏祥道曰：一幅之材，順經爲辟積則少而質，順緯爲辟積則多而文。順經爲縮縫，順緯爲横縫。

存疑 黄氏敏求曰：作記之人謂喪冠直縫、吉冠横縫爲周公之古禮。而衰世喪冠亦皆横縫，失禮無别，故嘆曰「喪冠之反吉，非古」。注義反患喪冠與吉冠異製，誤也。

案 縮縫、横縫，此泛舉冠制耳。古冠質，喪吉皆縮縫。周制文，吉冠多辟積横縫，故喪冠反吉，縮縫以别之，非古制如此也。鄭、孔之説本無弊，黄氏以此節專論喪冠，而謂「反吉」爲復古，似與經文語氣不合。

【杭氏集説】今冠横縫，辟積多也。「反吉，非古」者，解時人之惑也。喪冠縮縫，古冠耳。

姚氏際恒曰：孔氏曰：「古吉凶冠同，直縫。周吉冠横縫，若喪冠猶直縫，是喪冠與吉冠相反，故曰『喪冠之反吉』。恐時人因謂古亦喪冠與吉冠反，故釋云『非古也』。」按，吉凶之制，正宜有别，如其説「反」，謂古之無别爲是，而今之有别爲非矣，不可通。此蓋謂古之喪冠直縫，吉冠横縫，後世喪冠亦皆横縫，是喪冠反同於吉冠，非古也。

朱氏軾曰：古者，指周初，冠縮縫，謂喪冠。人知殷冠縮縫，周改爲衡，不知周初吉冠雖衡，喪冠則仍殷制，所以然者，原欲吉凶有别，豈至今喪亦衡縫，反同于吉，此衰世之越禮。周公初制，豈其然哉？又按縫謂辟積之縫，蓋摺而縫之也。考古冠制，以布一幅爲冠，上連頂，下屬武，頂窄于武，故于其上爲辟積，使上狹下寬。張子謂「喪冠横繞布，直縫，無文」，陳用之謂「一幅之布，順經爲辟積則少而質，順緯爲辟積則多而文。喪冠無文，故直縫」。直者，就布言之。直横，故縫順經而直也。

姜氏兆錫曰：縮縫者，襞積襵少，其前後一一直縫之也。衡縫者，多襞積，作襵而并衡縫之也。古謂周初，今謂周末。周以前尚質，吉凶冠皆直縫。周尚文，吉冠用横縫，惟喪冠仍直縫。而今則吉凶冠皆横縫，喪冠始反而爲吉，則非古矣，故記者譏之。黄氏謂「斯蓋謂喪冠直縫，吉冠横縫，爲周公之禮。而衰世喪冠亦皆横縫，爲非禮也」。愚按黄説，於句理最明，疏乃謂「周制，吉横，喪直。吉冠始與喪冠反，故記者釋其非古以明變禮，明也」。如此説，是乃吉與喪異，不是喪與古異，且喪冠只是仍舊，如何卻云「非古」耶？蓋周制吉冠雖尚文，喪則從質，其冠猶古，而後世乃非古，如此文義方足，學者詳之。

【孫氏集解】鄭氏曰：縮，從也。今禮制，讀衡爲横，今冠横縫，以其辟積多。

孔氏曰：古者，自殷以上。縮，直也。殷以上質，吉凶冠皆直縫，辟積襵少，故一一前後直縫之。今，周也。衡，横也。周吉冠多辟積，不復一一直縫，但多作襵而并横縫之。若喪冠，猶疏辟而直縫。是喪冠與吉冠相反。時人因謂古亦喪冠與吉冠反，故記者釋之。

【朱氏訓纂】古者冠縮縫，今也衡縫。注：縮，從也。今禮制，衡讀爲横。今冠横縫，以其辟積多。**故喪冠之反吉，非古也。**注：解時人之惑。喪冠縮縫，古冠耳。正義：殷以上質，吉凶冠皆直縫。直縫辟積襵少，故一一前後直縫之。周世文，冠多辟積，不復一一直縫，但多作襵而并横縫之。若喪冠質，猶疏辟而直縫。是喪冠與吉冠相反。而時人因謂古人亦喪冠與吉冠反，故記者釋云「非古也」。正是周世如此耳，古則吉凶冠同從縫。

【郭氏質疑】古者冠縮縫，今也衡縫。

鄭注：今冠衡縫，以其辟積多。

孔疏：直縫者，辟積襵少，故一一前後直縫之。今冠多辟積，不復一一直縫，但多作襵而並横縫之。

嵩燾案，續漢書輿服志：「委貌冠、皮弁冠同制，長七寸，高四寸，制如覆杯，前高廣，後卑鋭。」當猶係周之遺制。禮圖竝多作「襵縫」，蓋古布帛之幅二尺二寸，縮縫者，連一幅布爲廣狹之節。爾雅釋器：「繩之謂之縮之。」郭注：「縮者，約束之。」即此縮縫之義。衡縫則横幅爲之，可以加襵爲飾，是以横縫有辟積，縮縫竝無辟積。鄭注「今冠横縫，以其辟積多」，語簡而盡，疏申鄭義，以爲直縫辟積少。又以今冠下復直縫，多作襵而又横縫之，是謂加横縫於直縫之上也，於鄭注亦爲忤矣。

三·三六　**曾子謂子思曰：「伋，吾執親之喪也，水漿不入於口者七日。」**言己以疾時禮而不如[一]。○伋，音急。漿，子良反。**子思曰：「先王之制禮也，過之者，俯而就之；不至焉者，跂而及之。故君子之執親之喪也，水漿不入於口者三日，杖而后能起。」**爲曾子言難繼，以禮抑之。○俯，音甫。跂，丘豉反。爲，于僞反。

**【疏】**「曾子」至「能起」。○正義曰：此一節論曾子疾時居喪不能以禮，子思以正禮抑之之事。○曾子謂子思伋，誇己居親之喪能行於禮，故云「吾水漿不入於口七日」。意疾時人行禮不如己也。故子思以正禮抑之，云「古昔先代聖王制其禮法，使後人依而

[一] 言己以疾時禮而不如　閩、監、毛本同，岳本、嘉靖本同。浦鏜校從衛氏集説改「禮而不如」作「人之不然」，非也。正義云：「意疾時人行禮不如己也」，是正疏「禮而不如」。○鍔按：「言己」上，阮校有「曾子謂子思曰節」七字。

行之，故賢者俯而就之，不肖者跂而及之，以水漿不入於口三日，尚以杖扶病。」若曾子之言，即後人難爲繼也。

【衛氏集説】鄭氏曰：曾子言己執喪，以疾時人之不然。子思以曾子爲難繼，故以禮抑之。

長樂陳氏曰：道之不行也，知者過之，愚者不及也。道之不明也，賢者過之，不肖者不及也。君子知夫知之過，至於道之不行；賢之過，至於道之不明。故於其可行而不可言，則不言；可言而不可行，則不行。庸豈以己之所能者病人，以人之所不能者媿人耶？先王制爲喪親之禮，其服衰止於三年，其哭泣止於三月，其水漿不入於口止於三日。蓋三日可以怠而食，三月可以解而沐，三年可以祥而除，使過之者俯而就之，不至焉者跂而及之也。若夫以親之恩爲罔極，吾之情爲無窮，徇其無窮之情而不節之以禮，則在己者不可傳，在人者不可繼，是戕賊天下之人而禍於孝也。此曾子所以不爲子思取也。樂正子春之母死，五日而不食，既而悔之，況七日乎？

廬陵胡氏曰：謂曾子過禮，故舉禮之中。

【吴氏纂言】鄭氏曰：曾子言己執喪，疾時人之不然。子思爲曾子難繼，以禮抑之。

孔氏曰：居親之喪，水漿不入口三日，尚以杖扶病而后能起。若曾子之七日，後難繼也。

長樂陳氏曰：先王制爲喪親之禮，其服衰止於三年，其哭泣止於三月，其水漿不入口止於三日。蓋三日可以怠而食，三月可以解而沐，三年可以祥而除，使過之者俯而就，不及者跂而及。若以親之恩爲罔極，吾之情爲無窮，徇其無窮之情而不節之以禮，則在己不可傳，在人不可繼，是戕賊天下之人而禍於孝也。此曾子所以不爲子思取也。樂正子春之母死，五日不食，既而悔之，況七日乎？

**【陳氏集説】**三日，中制也。七日，則幾於滅性矣。有扶而起者，有杖而起者，有面垢而已者。

**【郝氏通解】**親喪之禮，服衰止三年，哭泣止三月，不食止三日。蓋三日可以怠而食，三月可以解而沐，三年可以祥而除矣。使過者俯而就，不至者可跂而及焉。若以親恩爲罔極，吾情爲無已。狥無已之情而不節以禮，在己者不可傳，而在人者不可繼，曾子所以不爲子思取也。樂正子春之母死，五日不食，既而悔之，況七日乎！

**【方氏析疑】曾子謂子思曰：「伋，吾執親之喪也，水漿不入於口者七日。」**是曾子至性過人，每疑古禮或失於寡恩，「小功不税」及「朋友之墓有宿草而不哭」是也。其問喪於夫子，時親尚存，未知孝子不食之情狀若何。其後身執親喪，自覺三日不食，於哀親之分尚若未盡，故與子思商論。而子思直言其不可過，所以能傳曾子之學、守孔子之道也。注謂「以疾時禮之不如己」，已失之，而疏云「誇己能執親之喪」，益誤矣。

【欽定義疏】**正義** 鄭氏康成曰：子思以曾子爲難繼，故以禮抑之。

孔氏穎達曰：言先王制禮，使後人依而行之，三日尚以杖扶而起。則曾子之言，後人難爲繼也。

陳氏澔曰：三日，中制也。七日，則幾於滅性矣。有扶而起者，有杖而起者，有面垢而已者。

秦氏繼宗曰：曾子篤實純孝，不自覺其過中。子思弟也，事師無隱，故以正對之。

**存疑** 鄭氏康成曰：曾子言己以疾時禮之不如。孔疏：誇己居喪能行禮，以疾時人不如己也。案：曾子自述居喪己事語子思耳。未見其夸己，以疾人之不如也。鄭、孔於此似深文矣。

**通論** 陳氏祥道曰：先王制爲喪親之禮，其服衰止於三年，其哭泣止於三月，其水漿不入口止於三日，使過之者俯而就之，不至者跂而及之也。若夫以親之恩爲罔極，吾之情爲無窮，徇其情而不節之以禮，則在己者不可傳，在人者不可繼，是戕賊天下之人而禍於孝。此曾子所以不爲子思取也。

【杭氏集說】孔氏穎達曰：言先王制禮，使後人依而行之，三日尚以杖扶而起。則曾子之言，後人難爲繼也。

陳氏澔曰：三日，中制也。七日，則幾於滅性矣。有扶而起者，有杖而起者，有面垢而已者。

秦氏繼宗曰：曾子篤實純孝，不自覺其過中。子思弟也，事師無隱，故以正對之。

姚氏際恒曰：曾子寧不達禮而過情若此，且以是誇于示人，迨子思以中道折之而始沮，安有此事乎？且水漿不入於口七日，亦無生理。

姜氏兆錫曰：三日，中制也。七日，則幾滅性矣。有扶而起者，有杖而起者，有垢面而已者。杖亦中制，子思蓋一以禮爲斷也。

方氏苞曰：曾子至性過人，每疑古禮或失于寡恩，「小功不稅」及「朋友之墓有宿草而不哭」是也。其問喪于夫子，時親尚存，未知孝子不食之情狀若何。其後身執親喪，自覺三日不食，于哀親之分尚若未盡，故與子思商論。而子思直言其不可過，所以能傳曾子之學、守孔子之道也。注謂「以疾時禮之不如己」，已失之，而疏云「誇己能執親之喪」，益誤矣。

【孫氏集解】鄭氏曰：曾子言此，以疾時禮之不如。子思爲曾子言難繼，以禮抑之。

愚謂此曾子自言其居喪之過禮，而子思就其意而申之，以明中制也。

【朱氏訓纂】曾子謂子思曰：「伋，吾執親之喪也，水漿不入於口者七日。」注：言己以疾時禮而不如。子思曰：「先王之制禮也，過之者，俯而就之；不至焉者，跂而及之。故君子之執親之喪也，水漿不入於口者三日，杖而后能起。」注：爲曾子言難繼，以禮抑之。説文：企，舉踵也。段氏玉裁曰：企，或作跂。方言：「跂，登也。梁、益之間語。」

三・三七　○**曾子曰：「小功不稅，**據禮而言也。日月已過，乃聞喪而服，曰稅。大功以上然。小功輕，不服。○稅，徐他外反，注同。上，時掌反。**則是遠兄弟終無服也，**言相離遠者，聞之恒晚。**而可乎？」**以己恩怪之。

**【疏】**「曾子」至「可乎」。○正義曰：此一節論曾子怪於禮小功不著稅服之事。曾子以爲，依禮，小功之喪日月已過，不更稅而追服，則是遠處兄弟聞喪恒晚，終無服而可乎？言其不可也。曾子仁厚，禮雖如此，猶以爲薄，故怪之。此據正服小功也。故喪服小記云「降而在緦、小功者則稅之」，其餘則否。鄭康成義，若限內聞喪，則追全服。若王肅義，限內聞喪，但服殘日，若限滿即止[一]。假令如王肅之義，限內祇少一日，乃始聞喪，若其成服，服未得成即除也。若其不服，又何名追服？進退無禮[二]，王義非也。

**【衛氏集説】**鄭氏曰：據禮而言也。日月已過，乃聞喪而服，曰稅。大功以上然。小功輕，不服。遠兄弟，謂相離遠者，聞之恒晚。

孔氏曰：此一節論曾子怪於禮小功不著稅服之事。曾子謂小功不追服，則遠處兄弟聞喪常晚，終無服而可乎？言其不可也。曾子仁厚，禮雖如此，猶以爲薄，故怪之。此

[一] 若限滿即止　閩、監、毛本作「即」，此本誤「節」。○鍔按：「若限」上，阮校有「小功不稅節」五字。

[二] 進退無禮　閩、監、毛本同，惠棟校宋本「禮」作「理」。

據正服小功也。故喪服小記云「降而在緦、小功者則税之」。鄭康成義，若限内聞喪，則追全服。

清江劉氏曰：韓子嘗弔於人，見其貌蹙、其意哀而其服吉者，問之曰：「何也？」曰：「小功不税也。」是以韓子疑之而作「小功不税」之書。夫爲服者，至親之恩以期斷，其殺至於大功；兄弟之恩以小功止，其殺至於緦；外親之服以緦窮，其殺至於袒免。聖人之制禮，豈苟言情哉，亦著其文而已矣。大功税，小功不税，其文至於是也。兄弟之服不過小功，外親之服不過緦，其情至於是也。因其情而爲之文，親疏之殺見矣。故禮，大功以上不謂之兄弟，兄弟有加而大功無加。無加者，親親也，有加者，報之也。親親者税，不親親者不税，是亦其情也。且禮專爲情乎？抑文乎？如專爲情也，則至親不可以期斷，小功不可以不税。如爲文也，則至親之期斷，小功之不税，一也。夫曾子、韓子隆於情而不及文，失禮之指而疑其説。雖然，韓子疑之是也，彼人之爲非也，何以言之耶？小功雖不税，亦不吉服而已矣。記曰：「聞遠兄弟之喪，既除喪而後聞之，則袒免，哭之成踊。」夫若是，奚其吉哉？故曰彼人之爲非也，韓子疑之是也。小功不税，禮也。然則袒免、成踊則已矣乎？猶有加焉，曰「我未之聞也」。雖然，降而無服者麻，不税是亦降而無服已。哀之以其麻，哭之以其情，逾月然後已，其亦愈乎吉也。

馬氏曰：曾子於喪有過乎哀，是以疑於此。然小功之服，雖不必税而税之者，蓋亦禮之所不禁也。昔齊王子請欲爲其母之喪，孟子曰「雖加一日愈於已」。推此，則不稅而欲稅之者，固可矣。

石林葉氏曰：鄭氏謂「大功以上則追服，小功則不追服」，此所謂以義斷恩者。而曾子以終無服疑焉。古者三年之喪不弔，大功未葬不弔，而有殯聞遠兄弟之喪，雖緦必往，謂弔也。緦服之至輕者也，然苟可及弔，猶服之。輕者必往，則不及弔而稅，豈先王之得已哉！殯當謂大功以下，所識雖兄弟之不同居者皆弔，非兄弟雖鄰不往，則固無嫌薄於遠兄弟，是以斷而不疑。曾子蓋察於恩，不察於義，信乎禮之難知也。其每事必請於夫子，有以也。

廬陵胡氏曰：小功之服最多，親則叔父之下殤，與適孫之下殤，與兄弟下殤；尊則外祖父母；常服則從祖父母，其不可不服明矣。韓愈之意似不可不追服。案喪服小記云：「降而在緦，小功者則稅之，其餘則否。」是據禮正服小功不稅也。稅者，謂日月已過始聞訃而服者，大功以上如此，小功否也。鄭義限内聞喪則追全服，王肅義限内聞喪但服殘日，若限滿即止。王義非也。然鄭亦不言限外聞喪則如何，是鄭亦不追服矣。竊欲追服以附韓說。

廣安游氏曰：古者卿士大夫同國而仕，庶人同鄉而耕，無相離之遠者。其間相離之遠者爲卿士大夫而出使，爲庶人而爲商，其所適亦不遠。非若後世出使及爲商者，遠至於萬里之外，小功容有不稅之理？春秋時，諸侯聘會不以其方，非復先王之制而商旅務致遠物，非若古者自鄭而賈於周、自楚而賈於鄭之近，於是兄弟始有相去之久，日月已過而後聞其喪者矣。曾子見世變不同，欲損益古禮以適當世之變，然後世所不能行也。

【吴氏纂言】鄭氏曰：日月已過，乃聞喪而服，曰稅。大功以上然。小功輕，不服，據禮而言也。遠兄弟，謂兄弟相離遠者，聞之恒晚。

孔氏曰：曾子怪小功不追服，則遠處兄弟聞喪常晚，終無服而可乎？言其不可也。曾子仁厚，禮雖如此，猶以爲薄，故怪之。此據正服小功也。喪服小記云：「降而在緦、小功者，則稅之。」

石林葉氏曰：鄭氏謂「大功以上則追服，小功以下則不追服」，此所謂以義斷恩者。而曾子以終無服疑焉。蓋察於恩，不察於義，信乎禮之難知也。

馬氏曰：曾子於喪有過乎哀，是以疑於此。然小功之服，雖不必稅而稅之者，蓋亦禮所不禁也。昔齊王子欲爲其母請數月之喪，孟子曰「雖加一日，愈於已」。推此，則不稅而欲稅之者，固可矣。

清江劉氏曰：韓子嘗弔於人，見其貌戚、其意哀而其服吉者，問之曰：「何也？」曰：「小功不稅也。」是以韓子疑之，而作「小功不稅」之書。夫爲服者，至親之恩以期斷，其殺至于大功；兄弟之恩以小功止，其殺至于緦；外親之服以緦窮，其殺至于袒免。

聖人之制禮，豈苟言情哉，亦著其文而已矣。大功稅，小功不稅，其文至于是也。兄弟之服不過小功，外親之服不過緦，其情至于是也。因其情而爲之文，親疏之殺見矣。故禮，大功以上不謂之兄弟，兄弟有加而大功無加。無加者，親親也，有加者，報之也。親親者稅，不親親者不稅，是亦其親也。且禮專爲情乎？亦爲文乎？如專爲情也，則至親不可以期斷，小功不可以不稅。如爲文也，則至親之期斷，小功之不稅，一也。夫曾子、韓子隆於情而不及文，失禮之指而疑其說。雖然，韓子疑之是也，彼人之爲非也，何以言之耶？小功雖不稅，亦不吉服而已矣。記曰「聞遠兄弟之喪，既除喪而后聞之，則免袒，哭之成踊」。夫若是，奚其吉哉？故曰彼人之爲非也，韓子疑之是也。小功不稅，禮也。然則免袒、成踊則已矣乎？猶有加焉。曰「我未之聞也」，雖然，降而無服者麻，不稅是亦降而無服矣。哀之以其麻，哭之以其情，逾月然后已，其亦愈乎吉也。

**【陳氏集說】**稅者，日月已過，始聞其死，追而爲之服也。大功以上則然，小功輕，故不稅。曾子據禮而言，謂若是小功之服不稅，則再從兄弟之死在遠地者，聞之恒後，時則終無服矣，其可乎？　疏曰：此據正服小功也。小記曰：「降而在緦、小功者，則稅之，其餘則否。」

**【郝氏通解】**稅者，追償之名，日月已過，聞喪而追服之，曰稅。小功五月，多衆兄弟之服，如相去遠，則聞喪有後時者，當世以爲服輕，過期則不稅，故曾子非之。

按，喪服小記云：「降而在緦、小功者，則稅。」然則正小功不稅，禮耳。曾子之疑，蓋用情之過，小功皆稅，何以别于上焉者乎？情無窮而文有節，所謂行道之人皆弗忍也。然則已諸？曰：易吉以承之，哭踊以哀之，逾月而已可也。

【江氏擇言】疏云：曾子仁厚，禮雖如此，猶以爲薄，故怪之。此據正服小功也。故喪服小記云「降而在緦、小功，則稅之」。

清江劉氏云：小功不稅，亦不吉服而已矣。記曰：「聞遠兄弟之喪，既除喪而後聞之，則袒免，哭之成踊。」夫若是，奚其吉哉？雖然，降而無服者麻，不稅是降而無服矣。哀之以其麻，哭之以其情，逾月然後已，其亦愈乎吉也。

按，曾子之説，於禮厚矣。劉氏所以折衷之者，亦善。

【欽定義疏】正義 鄭氏康成曰：據禮而言也。日月已過，乃聞喪而服，曰稅。大功以上則然。小功輕，不服。遠兄弟，謂相離遠者，聞之恒晚，終無服。而可乎，以己恩怪之。

孔氏穎達曰：此論曾子疑禮小功不著稅服之事。曾子仁厚，禮雖如此，猶以爲薄，故怪之。此據正服小功也。故喪服小記云「降而在緦、小功者，則稅之」。鄭義若限内聞喪，則追全服。王肅祇服殘日，非也。

存疑 韓氏愈曰：曾子稱「小功不稅，則是遠兄弟終無服也，而可乎？」鄭注云「以情責情」，今之士人遂引此，不追服小功。小功服最多，親則叔父之下殤，與適孫之下殤，與昆弟之下殤；尊則外祖父母；常服則從祖祖父母。禮洽人情，其不可不服也，明矣！古之人，行役不踰時，各相與處一國，其不追服，雖不可，猶至少也。今之人，男出仕，女出嫁，或千里之外。家貧，訃告不及時，則是不服小功者恒多，而服小功者恒鮮矣。君子之於骨肉，死則悲哀而爲之服者，豈牽於外哉？聞其死則悲哀，豈有間於新故死哉？今特以訃告不及時，聞死出其月數則不服，其可乎？愈常怪此。近出弔人，見其顏色慼慼類有喪者，而其服則吉，問之，則云「小功不稅」者也。禮文殘闕，師道不傳，不識禮之所謂「不稅」，果不追服乎？無乃別有所指，而傳注者失其宗乎？

**辨正** 劉氏敞曰：至親之恩以期斷，其殺止於大功；兄弟之恩以小功止，其殺止於緦；外親之服以緦窮，其殺止於袒免。聖人之制禮，豈苟言情哉，亦著其文而已矣。大功稅，小功不稅，其文止於是也。兄弟之服不過小功，外親之服不過緦，其情止於是也。因其情而爲之文，親疏之殺見矣。故禮，大功以上不謂之兄弟，兄弟有加而大功無加。無加者，親親也，有加者，報之也。親親者稅，不親親者不稅，是亦其情也。且禮專爲情乎？抑爲文乎？如專爲情也，則至親不可以期斷，小功不可以不稅。如爲文也，則至親之期斷，小功之不稅，一也。曾子、韓子隆於情而不及文，失禮之指而疑其說。雖然，韓子疑之是也。小功雖不稅，亦不吉服而已矣。記曰：「聞遠兄弟之喪，既除喪而後聞之，則祖免，哭之成踊。」夫若是，奚其吉哉？然則祖免、成踊，其已矣乎？降而無服者麻，不税是亦降而無服矣。哀之以其麻，哭之以其情，逾月然後已，其亦愈乎吉也。

【杭氏集説】韓氏愈曰：曾子稱：「小功不税，則是遠兄弟終無服也，而可乎？」鄭注曰「以情責情」，今之士人遂引此，不追服小功。小功服最多，親則叔父之下殤，與適孫之下殤，與昆弟之下殤；尊則外祖父母；常服則從祖祖父母。禮沿人情，其不可不服也，明矣。古之人，行役不踰時，各相與處一國，其不追服，雖不可，猶至少也。今之人，男出仕，女出嫁，或千里之外。家貧，訃告不及時，則是不服小功者恒多，而服小功者恒鮮矣。君子之于骨肉，死則悲哀而爲之服者，豈牽於外哉？聞其死則悲哀，豈有間於新故死哉？今特以訃告不及時，聞死出其月數則不服，其可乎？愈常怪此。近出弔人，見其顔色慼慼類有喪者，而其服則吉，問之，則云「小功不税」者也。禮文殘闕，師道不傳，不識禮之所謂「不税」，果不追服乎？無乃别有所指，而傳注者失其宗乎？

姚氏際恒曰：喪服小記云：「降而在緦、小功者，則税之。」是正小功不税也。與此異。

姜氏兆錫曰：税者，日月已過，始聞其死，追而爲之服也。大功以上則然，小功輕，故不税。曾子所言若是，則再從兄弟之死在遠地者終無服矣，其可乎？蓋以見禮不可執也。又疏曰：「不税，謂正服小功也。」小記曰：「降而在緦、小功者，則税之。」

齊氏召南曰：韓子與李泌書，引此經鄭注云：「以情責情。」似韓所據鄭注本不作

「以己恩怪之也」。

**【孫氏集解】**鄭氏曰：小功不稅，據禮而言也。日月已過，乃聞喪而服，曰稅。大功以上然。小功輕，不服。遠兄弟，言相離遠者，聞之恒晚。「而可乎」者，以己恩怪之。孔氏曰：此據正服小功也。喪服小記云：「降而在緦、小功者，則稅之。」鄭義限内聞喪，則追全服，王肅謂但服殘日。若如王義，限内止少一日，乃始聞喪，若其成服，服未得成即除也，何名追服？其義非也。

愚謂兄弟謂族親也。喪服，從祖祖父母、從祖父母、從祖兄弟爲三小功。先王之制服，以其實，不以其文，故有其服必有其情，非虛加之而已。小功恩輕，若日月已過而服之，則哀微而不足以稱乎其服矣。曾子篤於恩，故疑不稅之非，然先王之於禮，則以人之可以通行者制之也。

**【朱氏訓纂】曾子曰：「小功不稅，**注：據禮而言也。日月已過，乃聞喪而服，曰稅。大功以上然。小功輕，不服。**則是遠兄弟終無服也，**注：言相離遠者，聞之恒晚。**而可乎？」**注：以己恩怪之。賀循曰：謂喪月都竟乃聞喪者耳。若在服内，則自全五月。徐邈答王詢曰：鄭云：「五月之内追服。」王肅云：「服其殘月，小功不追，以恩輕故也。」正義：此據正服小功也，故喪服小記云：「降而在緦、小功者，則稅之，其餘則否。」鄭康成義，若限内聞喪，則追全服。劉原父曰：兄弟之服不過小功，外親之服不過緦，因其情而爲之文，親疏之殺見矣。小功雖不税，亦不吉服。記曰：「聞遠兄弟之喪，既除喪而後聞之，則袒免，哭之成踊。」

三·三八　○**伯高之喪，**伯高死時在衛，未聞何國人。**孔氏之使者未至，**謂賻賵者。○使，色吏反。賻，音附。賵，芳用反。**冉子攝束帛乘馬而將之。**冉子，孔子弟子冉有。攝，猶貸也。○乘，繩證反，四馬曰乘。貸，他代反。**孔子曰：「異哉，徒使我不誠於伯高。」**徒，猶空也。禮所以副忠信也，忠信而無，禮何傳乎？○副，音仆。傳，直專反，一本作「傅」，音附。

【疏】「伯高」至「伯高」。○正義曰：此一節論禮所以副忠信之事，各依文解之。

○注「冉子」至「貸也」。○正義曰：案仲尼弟子傳，冉有名求，魯人也。攝，猶貸也。謂冉子見孔子使人未至，貸之以束帛乘馬而行禮。

○「孔子」至「伯高」。○孔子既聞冉有貸之行禮，故怪恨之，云：「空使我不得誠信行禮於伯高。」

○注「徒猶」至「傳乎」。○正義曰：忠信由心，禮在外貌，若内無忠信，禮何所施？故云「忠信而無禮」，謂無忠信也。既無忠信，禮何傳乎？言不可傳行也。

冉有代孔子行弔，非孔子本意，是非孔子忠信，虛有弔禮。若孔子重遣人更弔，即彌爲不可，故云：「空使我不得誠信行禮於伯高。」

【衛氏集説】鄭氏曰：伯高死時在衛，未聞何國人。使者，謂賻賵者。冉子，孔子弟

子冉有。攝，猶貸也。徒，猶空也。禮所以副忠信也。

孔氏曰：此一節論禮所以副忠信之事。冉子見孔子使人未至，貸之以束帛乘馬而

行禮，非孔子本意也。孔子聞之，故云：「異哉，空使我不得誠信行禮於伯高。」若孔子

重遣人更弔，即彌爲不可也。

唐陸氏曰：四馬曰乘。

長樂陳氏曰：禮以誠爲本，誠以禮爲文，無本不立，無文不行。冉求足於藝而不足

於禮。足於藝則知文，不足於禮則不知本。此所以攝束帛乘馬而擅行之也。觀其益子

華之粟、謀顓臾之伐，則其所擅行者，豈特此哉！是皆不足於禮之過也。孔子曰：「冉求

之藝，文之以禮樂，亦可以爲成人矣。」

嚴陵方氏曰：將之，爲言送也。夫物所以將誠，而己誠苟不至，物將安用？以冉氏

之物而欲將孔子之誠，其可得乎？此孔子所以言「徒使我不誠於伯高」也。

江陵項氏曰：攝，代也。孔氏之賻賵未至，冉有爲之代出束帛乘馬也。冉子蓋厚於

恩而不講於禮者，如以其家粟五秉與子華之母，亦此意也。本其長於治財而又樂施，故

於師友如此。而夫子皆以禮折之，以爲此亂信而繼富也。

**【吴氏纂言】**鄭氏曰：使者，謂贈賻者。冉子，孔子弟子冉有。攝，猶貸也。徒，猶空也。禮所以副忠信也。

孔氏曰：冉子見孔子使人未至，貸之以束帛乘馬而行禮，非孔子本意也。孔子聞之，故云：「異哉，空使我不得誠信行禮于伯高。」若孔子重遣人更弔，彌爲不可也。

江陵項氏曰：攝，代也。孔子之賻贈未至，冉有爲之代出束帛乘馬也。冉子蓋厚於恩而不講於禮者，如以其家粟五秉與子華之母，亦此類。本其長於治財而又樂施，故於師友如此。而夫子皆以禮折之，以爲此亂信而繼富也。

澄曰：帛五匹爲束，馬四匹爲乘。以冉氏之物而假作孔氏之名以與人，是虚僞不實也，故曰「不誠於伯高」。

**【陳氏集説】**攝，貸也。十箇爲束，每束五兩。蓋以四十尺帛從兩頭各卷至中，則每卷二丈爲一箇，束帛是十箇。二丈，今之五匹也。乘馬，四馬也。徒，空也。伯高，不知何人，意必與孔子厚者。冉子知以財而行禮，不知聖人之心，則于其誠不于其物也。雖若自責之言，而實則深責冉子矣。

**【納喇補正】冉子攝束帛乘馬而將之。**

**集説** 攝，貸也。

**竊案** 鄭注：「攝，猶貸也。」孔疏：「孔子之使未至，貸之束帛乘馬而行禮。」此集說所本也。然以「貸」訓「攝」，於義未當。愚謂攝，猶攝祭、攝王、攝位之攝，江陵項氏曰「攝，代也。孔子之賻贈未至，冉有爲之代出束帛乘馬」是也。

【郝氏通解】伯高與孔子善而死于衛，孔子弔使未至，冉有代致束帛爲賻。四馬爲賵，而以夫子意將之。蓋輕於施而未深於禮也。禮以副情物，既不出于夫子，而夫子又終難自白，故曰「空使我不誠於伯高」。徒，猶空也。凡帛，五匹爲束，四丈爲匹。

【方氏析疑】徒使我不誠於伯高。

注宜作「忠信則無，禮何傳乎」。

【江氏擇言】疏云：冉有代孔子行弔，非孔子本意，故云「空使我不得誠信行禮於伯高」。

吴氏云：以冉氏之物而假作孔子之名以與人，是虚僞不實。

朱文端公云：不誠，謂束帛乘馬非本意所欲，所謂「儀不及物」也。

按，當從文端公説。

【欽定義疏】正義 鄭氏康成曰：伯高死時在衛，未聞何國人。使者，謂賻賵者。冉子，孔子弟子冉有。攝，猶貸也。項氏安世曰：「孔氏之賻賵未至，冉有爲之代出束帛乘馬也。」徒，猶空也。禮所以副忠信也，忠信而無禮，何傳乎？孔疏：「何傳」言不可傳行也，忠信在心，禮在外貌，内無忠信，禮何所施？ 案：傳，一作「傳」。

孔氏穎達曰：此論禮所以副忠信之事。代弔非孔子本意，是虛有弔禮也。若重遣人更弔，彌爲不可，故嘆之。

陸氏德明曰：四馬曰乘。

陳氏澔曰：十箇爲束，每束五兩。以四十尺帛從兩頭各卷至中，每卷二丈爲一箇，束帛是十箇。二丈，今之五匹也。伯高，不知何人，意必與孔子厚者。冉子知以財行禮，不知聖人之心，則於誠不於物也。雖若自責之心，而實則深責冉子矣。

【杭氏集説】陳氏澔曰：十箇爲束，每束五兩。以四十尺帛從兩頭各卷至中，每卷二丈爲一箇，束帛是十箇。二丈，今之五匹也。伯高，不知何人，意必與孔子厚者。冉子知以財行禮，不知聖人之心，則於誠不於物也。雖若自責之心，而實則深責冉子矣。

姚氏際恒曰：此倣論語冉子與子華之母「粟五秉」爲説，不足信。

朱氏軾曰：不誠，謂束帛乘馬非本意。所欲，所謂「儀不及物」也。

姜氏兆錫曰：攝，貸也。古者帛四尺，從兩頭卷各至中爲一兩，五兩爲一束，通計帛二十丈。乘馬，四馬也。徒，空也。冉子知以財行禮而已，聖人則惟其誠，不惟其物也。雖若自責，而實則深責冉有矣。

方氏苞曰：注宜作「忠信則無，禮何傳乎」。

【孫氏集解】鄭氏曰：伯高死時在衞，未知何國人。使，謂賻賵者。冉子，孔子弟子冉有。攝，猶貸也。禮所以副忠信也，忠信而無，禮何傳乎？

孔氏曰：代弔非孔子本意，是虛有弔禮。若遣人重弔，彌爲不可，故曰「徒使我不誠於伯高」。

**【王氏述聞】⊙不誠於伯高**

**伯高之喪，孔氏之使者未至，冉子攝束帛乘馬而將之。孔子曰：「異哉！徒使我不誠於伯高。」**

家大人曰：不誠於伯高，本作「不誠禮於伯高」。案鄭注云「禮所以副忠信也，忠信而無，禮何傳乎？」釋文：「傳，一本作傅，音附。」案，傅字是。正義云：「此一節論禮所以副忠信之事。」又云：「孔子聞冉有代之行禮，故怪恨之，云『空使我不得誠信行禮於伯高』。」又釋鄭注云：「『忠信由心，禮在外貌，若內無忠信，禮何所施？故云『忠信而無』。」舊本「無」下有「禮」字，乃後人不知句讀而妄加之，今據上下文義刪。謂無忠信也。既無忠信，禮何傳乎？言不可傳行也。冉有代孔子行弔，非孔子本意，是非孔子忠信，虛有弔禮。若孔子遣人更弔，即彌爲不可，故云『空使我不得誠信行禮於伯高』。」合注疏以考經文，則「誠」下原有「禮」字明矣。自唐石經始脱「禮」字，而各本皆沿其誤。聘禮記疏引此無「禮」字，亦後人依俗本禮記刪之。白帖六十五引作「不誠禮於伯高」，太平御覽布帛部五引作「不得誠其禮於伯高」，家語曲禮子貢問篇作「不成禮於伯高」，此改「誠」爲「成」。皆有「禮」字。

又曰：鄭以誠爲忠信，不忠信禮於伯高，頗爲不詞，故正義必加字以明之，曰「不得誠信行禮於伯高」也。余謂「誠」與「成」同，中庸云：「誠者，自成也。」又云：「誠者，非自成己而已也，所以成物也。」是誠、成同義，而可以互通。經解「衡誠縣」注「誠，或作成」。小雅我行其野篇「成不以富」，論語顔淵篇「成」作「誠」。逸周書官人篇「非成質者也」，大戴記文王官人篇「成」作「誠」。賈子胎教篇「素成」，大戴記保傅篇「成」作「誠」。冉有代孔子行弔，非孔子之意。若孔子遣人更弔，則彌爲不可，是使孔子不得成禮於伯高也。故家語改「誠」爲「成」。

**【朱氏訓纂】伯高之喪，**注：伯高死時在衞，未聞何國人。**孔氏之使者未至，**注：謂賻賵者。**冉子攝束帛乘馬而將之。孔子曰：「異哉！徒使我不誠於伯高。」**注：冉子，孔子弟子冉有。攝，猶貸也。徒，猶空也。禮所以副忠信也，忠信而無，禮何傅乎？　釋文：四馬曰乘。　正義：忠信由心，禮在外貌，若内無忠信，禮何所施？冉有代孔子行弔，非孔子本意，故云「空使我不得誠信行禮於伯高」。　朱氏軾曰：不誠，謂束帛乘馬非本意所欲，所謂「儀不及物」也。　王氏念孫曰：本作「不誠禮於伯高」，觀注疏可見。家語曲禮子貢問篇作「不成禮於伯高」，白帖六十五、太平御覽布帛部五引此，俱有「禮」字。